기독교문서선교회 (Christian Literature Center: 약칭 CLC)는 1941년 영국 콜체스터에서 켄 아담스에 의해 시작되었으며 국제 본부는 미국 필라델피아에 있습니다.
국제 CLC는 약 650여 명의 선교사들이 59개 나라에서 180개의 서점을 운영하며 이동 도서 차량 40대를 이용하여 문서 보급에 힘쓰고 있으며 이메일 주문을 통해 130여 국으로 책을 공급하고 있는 국제적 문서선교 기관입니다.

추천사 1

이영훈 목사
여의도순복음교회 당회장

　본서는 여의도순복음교회 파송으로 중국에서 30년째 선교하고 있는 권요셉, 윤정숙 선교사의 사역 연구서다. 두 분은 믿음으로 교회를 개척하여 제자를 훈련했고 그 제자들이 토착교회를 세워 나가도록 섬긴 성령 충만한 사역자다.
　저자가 세운 토착교회들은 이미 성장하여 복음의 빚을 갚기 위해 다른 민족과 족속들에게 복음을 전하고 있다. 저자는 수십 년의 선교 경험을 활용해서 이들과 효과적인 선교 협력을 모색하고 내부적인 동반자로 섬기고 있다.
　현대의 선교 방법은 콜라보레이션이다. 이것을 부정할 사람은 없다. 그러나 실제로 파트너십을 이루려면 환경적, 문화적 장벽이 높다고 생각한다. 그런 면에서 본서는 타문화와 효율적으로 파트너십을 맺는 방법과 전략을 제시하며 한중 협력의 길을 제공한 유용한 서적이다.
　중국은 우리나라와 가까운 이웃 나라다. 한국 교회의 중국 선교 역사도 어언 110년이 넘었다. 한·중 교회가 선교의 동반자로 굳게 서서 성령의 인도하심을 따라 땅 끝까지 복음을 전하게 되길 바라며 본서의 일독을 적극 추천한다.

추천사 2

박 기 호 박사
GMS 원로선교사
풀러선교신학대학원 원로교수

윤정숙 박사의 풀러신학교 선교학 박사학위 논문이 『타문화 사역 파트너십』이란 이름으로 기독교문서선교회(CLC)에서 출간됨을 기뻐하는 바다. 온유하고 겸손하며 학문적인 탁월함과 타문화권 사역의 모델이 되시는 윤정숙 박사의 책에 대한 추천사를 쓸 수 있게 됨을 영광으로 생각한다.

사역의 성공을 위해서 동일 문화권에서나 타문화권에서의 동반자 사역은 필수적인 요소다. 언어와 문화가 다른 사역자들 가운데서 동반자 사역이 쉽지 않은 것이 사실이다. 그러나 동반자 사역은 반드시 이루어져야 한다.

오늘날의 현실은 어떠한가?

복음 사역자들은 하나님의 나라가 이 땅에 임하고, 하나님의 뜻이 하늘에서 이루어짐과 같이 땅 위에서도 임하도록 협력과 동반자 사역을 이루어야 한다. 그러나 자기 왕국을 건설하느라 동반자 사역이 잘 이루어지지 않고 있다.

사역자들 간의 동반자 사역은 시대적 요청이기도 하다. 오늘날과 같이 선교 사역이 모든 곳에서 모든 것으로 가는 시대에 지구촌 교회들은 대위임령의 효과적인 수행을 위해 각 교회가 가지고 있는 은사들을 활용해 동반자 사역을 추구해야 한다.

그렇다면 동반자 사역은 무엇인가?

본서에서 저자가 정의하는 바와 같이 '다수의 기독교공동체가 공통의 목표를 달성하기 위해 상호 신뢰와 헌신의 관계를 형성하고 협력하여 선교에 참여하는 것'을 말한다.

이에 저자는 30년 가까이 경험한 타문화권 사역을 바탕으로 성경적, 선교학적, 사회과학적 그리고 상황적 관점으로 동반자 사역을 고찰하여 더욱 효과적인 사역을 위한 제언을 아끼지 않았다.

성공적인 동반자 사역을 위해서는 함께 일하는 사람들이 신뢰와 친밀감을 쌓고 명확한 목표와 비전을 설정하며 정기적인 만남과 소통을 이루고, 영적 리더십과 책임감이 있어야 한다. 또한, 기도와 영적 훈련을 함께하고 상호 존중과 경청 그리고 유연성 있는 계획과 실천이 필요하다.

그리스도의 대위임령 성취를 효과적으로 달성하고 성공적인 동반자 사역을 꿈꾸며 이를 추구하는 분들에게 꼭 읽어 볼 것을 권유한다.

추천사 3

이 상 훈 박사
America Evangelical University 총장
풀러신학교 겸임교수
MiCA 대표 및 Fresh Movement 공동대표

　21세기 선교가 진행되는 모든 장소에서는 동반자 관계가 일어난다. 과연 그렇다. 비단 선교 현장뿐 아니라 교회 안에서, 교회와 교회 사이, 목회자와 신자 사이에서 협력하는 것은 교회를 통한 하나님의 뜻을 이루는 데 필수적인 것이다.

　한국 교회는 눈부신 성장을 거듭했고, 세계 선교에도 주축을 이루고 있다. 그러나 교회 안에서, 선교사와 현지 사역자 관계에서 평등하고 상호적인 동반 관계를 이루지 못하고 있다는 평가를 받고 있다. 이런 고민에서 본서가 탄생했다고 본다.

　현장 선교사와 현지 리더십들의 바람직한 파트너십이 무엇인지 성경적, 선교학적, 사회과학적으로 탐색하였고 실험 연구를 통해 타문화 동반자 사역자들의 효과적 파트너십 형성을 촉진하고 실행할 수 있는 객관적 모델로서 '왕국 기반의 파트너십'(Kingdom Based Partnership)을 전략적 방안으로 제안하였다.

　나는 이 논문의 지도교수로서 하나님 나라 관점에서 파트너십 선교는 왕국 기반의 리더십이 먼저 준비되어야 함을 조언했다. 저자는 전략 모델에서 이 개념을 잘 발전시켰다.

　선교 기관과 교회가 현재의 사역을 성찰하고 보다 의미 있는 파트너십 사역을 모색하고 있다면 제3부에서 언급하고 있는 '변화 적용 모델'을 현장에 적용해 보기 바란다. 타문화 파트너십의 원리와 실제를 습득할 양서로서 적극 추천한다.

추천사 4

김에녹 박사
풀러신학대학원
선교학 박사 과정 주임
커뮤니케이션과 선교학 부교수

한국 선교의 경륜이 더해지면서 한국 선교계는 이제 어려운 문제들도 풀어야 하는 때가 되었다. 어쩌다 보니 어느새 장년이자 책임을 져야 하는 위치에 선 한국 선교계는 그동안 생각하지 못했던 문제와 어려워서 미뤄 왔던 숙제들을 해야만 하는 때가 된 것이다.

나와 다른 사람과 시너지를 내고 약점이 아닌 장점으로 협력할 수 있는가?

이 명제는 선교의 어려운 과제이자 오랫동안 한국 선교사들이 현장에서 해결하기 어려워 미뤄 왔던 숙제다.

근래에 풀러신학교에서는 한국 선교사들의 협력 사역과 관련한 논문이 계속해서 나오고 있다. 선교사들의 팀 사역, 갈등 해결, 갈등 전환, 문화 간의 소통, 타문화권과의 협력 모델, 국제 선교 단체 내의 한국 선교사들의 이슈 등이 좋은 예다.

한국인들의 협력 선교에 관하여 연구된 자료와 모델은 의외로 많지 않다. 그 이유는 협력 선교라는 명제 안에는 관련된 요소가 너무 많고 또 선교사들의 협력 관계는 기독교 안의 다른 동역 관계에 비해서도 유달리 복잡하고 유지하기 어렵기 때문이다.

선교사들은 각자 개인 생활비와 사역비를 모금하고 사역에 대한 자부심도 높다 보니 강력한 팀워크도 어렵고 협약이나 규칙을 엄격하게 하기도 어렵다.

여기에 얼마든지 혼자서 일을 해도 되는 환경은 신경을 많이 써야 하는 협력을 더욱 어렵게 만든다. 또한, 선교사 간의 협력에는 쉽게 가족 전체가 노출되기 때문에 어른들은 물론 자녀들 간의 관계까지 연결되어 일이 더 복잡해진다.

종합적으로 말해 선교사 간의 파트너십은 본래부터 안정도가 매우 낮기에 이를 지속 가능하도록 하기 위해서는 섬세한 방침, 소통 능력, 비전의 확인, 사역 능력, 성숙한 인격, 안정된 가정과 부부 관계 등이 반드시 선행되어야 한다.

한국 선교사들의 협력 사역에 있어 또 다른 불리한 점은 동료와 친구에 대한 기대가 비현실적으로 높다는 것이다. 이것은 '가까운 관계'라는 개념 때문이다. 즉, 사회적으로 공통점도 많고 신뢰할 수도 있어서 마치 운명공동체처럼 삶의 모든 면을 노출하고 공유해야 한다고 생각하기 쉽다.

인류학자 메리 더글라스(Mary Douglas)의 계층과 집단 이론(Grid and Group)을 빌리자면, 한국인과 일본인, 만주의 민족들은 대단한 고집단과 고계층성(high grid and high group)을 보이는 민족이다. 이런 고집단과 고계층성을 가진 사람들은 우리 그룹에게는 훨씬 더 친절하면서 남에게는 훨씬 더 불친절하고 무관심한 성향을 보인다는 특징이 있다.

이런 문화적 배경을 가진 한국 선교사들이기 때문에 협력하기도 어렵고 협력을 해도 유지하기가 어렵다. 그러므로 이런 현상은 어쩌면 당연한 것이며 그들 개인의 미성숙만으로 치부할 수는 없는 일이라 하겠다. 이러한 배경을 가진 한국의 선교학계를 위해 윤정숙 박사가 선교학 박사 과정(Doctor of Intercultural Studies)에서 협력 선교를 주제로 했던 연구는 대단히 의미 있다 하겠다.

저자가 한평생에 걸쳐 발전시킨 중국 내 GMCM(Global Mission Community Ministry: 글로벌선교공동체사역원)은 여러 아시아 계통의 선교사와 현지 리더들이 협력 사역을 하는 선교 단체이자 협력 기구다. 이처럼 고집단과 고계층의 배경을 가진, 즉 협력하기 어려운 아시아 계통의 선교사들이 하나의 협약 기구를 중심으로 활동해 온 GMCM 선교회와 그에 대한 연구는 이제 한국 선교계를 넘어 아시아 선교의 시급한 필요를 채운 좋은 모델이라 하겠다.

인생의 동반자이면서 중국 내 한인교회 담임이신 권요셉 목사님과 한평생을 일궈 온 GMCM 사역의 아름다움이 묻어나는 저자의 연구 작품인 본서는 읽는 분들의 선교적 지평을 넓힐 수 있는 귀한 책이 될 것이다.

추천사 5

이승종 목사
한인세계선교협의회(KWMC) 대표 의장

윤정숙 박사님의 저서는 중원 대륙에서 눈물과 감사, 은혜로 청춘의 시간을 하나님께 드린 '생명 섬김 사역'의 열매다. 28년 전 중국 소주한인연합교회를 개척하고 GMCM을 설립, '동반자 사역-세계 선교 파트너십'의 현장을 중심으로 중국 선교의 새로운 시각을 열어 준 저서다.

본서는 동반자 사역의 구체적인 분석을 위하여 성경적, 사회과학적, 상황적, 선교학적, 신학적 시각에서 정리된 방향을 제시하고 있다.

본서의 특징 몇 가지는 다음과 같다.

첫째, 중국 대륙을 향한 동반자 섬김의 새로운 출구를 자상하게 밝힌다. 오랫동안 동반자 파트너십 현장에서 마주한 문제와 갈등 요소를 성경적으로 재해석함으로 중국 선교에 관심 있는 분들에게 명료한 안내가 되리라 확신한다.

둘째, 선교학자로서 다양하고 방대한 연구 자료를 신학적으로 분석, 세계 선교와 공동체 사역의 효율성과 팀 사역의 방향을 제시한다. 이것은 중국인, 한국인, 타 문화권 사람들이 함께하는 동반자 사역의 탁월한 모델이다.

셋째, 선교학 교과서로서 학문적 가치를 지니며 풍부한 자료를 소개한다.

넷째, 선교 현장의 실제 체험과 학문적인 조화를 매끄럽게 집대성한 한국 교회의 기념비적 저서다.

추천자가 소주한인연합교회를 방문, 말씀을 전하면서 느낀 점은 무엇보다도 윤 박사님 부부의 팀 목양의 생명력 넘치는 복음 증거의 열정과 사랑이었다. 영혼 사랑과 복음 전파를 위한 지혜롭고 담대한 모습을 목격했다. 중국 선교 현장의 엄혹한 통제를 유연하게 대처함이 커다란 감동으로 다가왔다. 그리고 부부의 환상적인 '어깨동무 팀 사역'(Shoulder to Shoulder Ministry)이 돋보였다.

중국 전 지역에서 사역하는 제자들과의 만찬 자리에 함께했는데 윤 박사님의 유창한 중국어 실력과 사랑과 존경이 넘치는 제자들과의 만남은 가슴을 뜨겁게 했다. 그리고 팀 사역 저변에 흐르는 겸양한 자세와 성실하게 준비된 팀 사역 목회가 압권이었다.

30여 년 전, 중국 선교에서 이미 수십 개의 토착교회를 개척한 수고와 선교학자로서의 신학적, 학문적 견고함이 한국 교회와 세계 선교의 새로운 지평을 여는 데 크게 쓰임받을 것을 확신하며 축하의 마음을 전한다.

추천사 6

조용중 박사
KWMC 사무총장

   윤정숙의 『타문화 사역 파트너십』은 한국과 중국 선교사 간의 협력을 중심으로, 선교 현장에서 타문화적 파트너십을 어떻게 형성하고 발전시킬 수 있는지를 심도 있게 탐구한 탁월한 연구서이며 파트너십의 간증이다.
   글로벌 선교 현장이 날로 복잡해지고 다양한 문화권의 협력이 절실해진 지금, 본서는 하나님 나라를 위한 연합과 협력의 필요성을 재조명하며 그 길을 구체적으로 제시한다.
   저자는 성경적 가치, 선교학적 원리 그리고 사회과학적 분석을 통합하여 타문화적 파트너십의 본질과 전략을 풍부하게 설명한다. 특히, GMCM에서 수행된 실질적인 현장 연구와 결과물은 이론을 현장에 적용할 수 있는 실천적 지침을 제공한다.
   본서가 제시하는 '왕국 기반 파트너십' 모델은 신뢰 구축, 효과적인 의사소통 그리고 리더십 개발과 같은 복잡한 타문화적 도전 과제를 극복하는 데 실질적인 도움을 준다. 무엇보다 이 모델이 실제 사역 현장에서 적용된 사례들과 그로 인한 긍정적인 변화를 보여 주는 부분은 매우 감동적이다.
   본서는 선교 지도자, 목회자 그리고 학자들이 타문화적 파트너십에 대한 깊은 이해를 바탕으로 글로벌 선교에 능동적으로 참여할 수 있도록 도와줄 귀한 자원이다.
   복음의 지평을 넓히고자 하는 모든 이에게 본서를 진심으로 추천한다.

추천사 7

김 만 태 박사
전 미국 ITS 신학대학원 부총장
현 글로벌선교연구원 원장

본서를 효과적인 한국 교회 선교 및 글로벌 선교를 위한 정밀한 연구로서 적극 추천한다. 저자는 오랜 선교 현장 경험과 탁월한 성경적, 신학적, 선교학적 이해를 종합하여 글로벌 선교 협력의 원리와 방향을 제시하고 있다.

한국과 중국의 문화적 차이의 이해 및 하나님 나라에 기반한 협력 사역 모델은 중요한 원리와 실제적 방안을 제시한다.

본서가 한국 교회의 선교뿐 아니라 아시아 교회들의 선교 참여와 협력에 귀한 이정표 역할을 할 것을 의심치 않는다.

추천사 8

김병기 박사
순회선교사
아틀란타순복음교회 원로목사

저자의 30년 사역을 옆에서 지켜본 추천자는 "지구상에는 아직도 여러 겹의 장벽 안에 숨겨져 있는 수많은 미전도 종족 그룹과 미전도 방언 종족들에게 천국 복음이 전파되기 위해서는 국가와 지역, 교단과 교회와 선교 단체들이 개인의 마음과 힘을 모아 글로벌 미션 파트너십을 구축하고 역량을 집중해야 한다"라는 저자의 결론에 전적으로 동의한다.

이에 선교에 관심이 있는 모든 분께 일독을 강력히 추천한다.

주님 다시 오시는 그날에 갈기갈기 찢긴 몸이 아니라 성령 안에서 사랑으로 하나 된 몸으로 머리 되신 그리스도를 맞이해야 할 것이다.

추천사 9

정 아브라함 박사
오랄로버츠대학(D.Min)
C국 선교사
전 순복음 C국 총회장
현 THN(Trans Himalaya Network)시니어 코디네이터

추천자는 윤정숙 박사님을 1992년에 만나 32년이라는 짧지 않은 세월 동안 한 주님을 바라보며 동역할 수 있는 축복을 받았다. 윤 박사님은 남편 권요셉 목사님과 함께 C국에서 가장 모범적으로 디아스포라 한인교회를 목회해 왔다고 평가할 수 있다.

저자는 교육자, 목회자, 설교자로서 탁월하다. 특히, 추천자가 저자의 사역을 C국 디아스포라 교회 중에서 가장 모범적인 교회 중 하나로 평가하는 이유는 수많은 현지인 제자들을 직접 가르치고 훈련하며 세우고 동역자로 만들어 가는 그 규모와 질적인 면에서 놀랍고 탁월한 사역을 보여 주셨기 때문이다.

이번에 동반자 사역에 관한 귀한 교과서라고도 할 수 있는 본서를 출판함으로 저자의 또 다른 면인 학자로서의 예리함과 탁월함을 보여 주었다. 그 사이의 헌신과 수고를 지근거리에서 지켜본 추천자로서는 감히 글로는 다 표현할 수 없는 칭찬과 격려를 보내는 바다.

추천자가 추천사를 부탁받았을 때는 마침 C국 사역을 마치고 돌아오는 비행기였다. 동반자 사역이라는 생소한 분야가 성경적으로, 이론적으로, 실천적으로 잘 정리되어 있어 참으로 흥미롭게 읽을 수 있다. 이에 인생의 후반기 사역을 준비하는 저자와 같은 분들과 현재 사역을 진행하는 분들은 반드시 읽고 자신의 사역을 정리해 보아야 할 귀한 책이라는 마음이 들었다.

선교의 사명감으로 동반자 사역을 진행하시려는 선교사, 목회자와 평신도 리더들께 강력하게 추천하며 본서를 필독하는 행운이 있기를 기도 드린다.

추천사 10

최 규 남 박사
그레이스미션대학교 총장

풀러신학교에서 선교학으로 박사학위를 받은 윤정숙 박사의 연구가 책으로 출판되는 것을 매우 기쁘게 생각하며, 본서는 독자들에게 큰 유익을 줄 것을 확신한다.

윤 박사의 연구는 중국과 한국 문화에 있어 사역자들 간의 협력 전략을 다룬다. 특히, 글로벌선교협력체(GMCM) 내에서의 <미셔널 커뮤니티 연합>을 중심으로 예수 그리스도의 대위임령 실천이 중요한 기여를 하고자 하는 목적을 지니고 있다.

이 연구는 복음주의 선교의 핵심적 사명을 구현하려는 진지하고도 심오한 접근을 담고 있다.

윤 박사는 성경적, 선교학적, 사회학적 관점에서 문화 간 파트너십의 본질을 심층적으로 분석하며 이론적 고찰뿐만 아니라 현장 연구와 파일럿 연구를 통해 실질적인 파트너십 전략을 제시하고 있다.

특히, 한국과 중국의 사역자들이 예수님의 대위임령을 이루기 위해 협력할 때 직면하는 신뢰 구축, 영적 이해, 소통 및 훈련의 필요성을 강조하며 이를 보완할 수 있는 구체적이고 전략적인 방안을 제안한 점에서 이 책은 선교적 실천에 큰 의미를 부여한다.

이 책의 연구 결과는 한국과 중국 사역자들이 대위임령을 이루기 위한 연합적 관계를 형성하는 데 있어 귀중한 길잡이가 될 것이다. 또한, 하나님 나라를 위한 글로벌 선교의 현장에서 효과적으로 협력할 수 있는 실제적 지침을 제공한다. 예수님의 명령을 따라 모든 민족을 제자로 삼으려는 선교적 비전을 가진 독자들에게 이 책이 중요한 자산이 될 것이라 믿는다. 이에 윤정숙 박사의 논문이 책으로 출판되는 것을 진심으로 축하하며 추천하는 바이다.

추천사 11

전 석 재 박사
미국 United Theological Seminary 한국어 프로그램 디렉터·선교학 교수

현대 선교는 파트너십을 통하여 완성되어 가고 있다. 타문화권 사역에서 가장 중요한 핵심은 파트너십이다. 한국 선교가 이제 아시아, 아프리카, 남미 국가의 선교사들은 물론 선교 기관들과 파트너십을 이루어야 미완성 과제를 완성할 수 있다고 생각한다.

본서는 30년이란 오랜 기간 동안 제한 지역에서 선교 사역을 하면서 어떻게 중국과 한국, 더 나아가서 아프리카, 남미 리더십들과 파트너십을 이루어야 할지 모델을 세우고, 방향성을 제시하고 있다.

저자는 글로벌 선교공동체 사역을 위한 GMCM을 2018년에 설립하였고, 이를 통하여 타문화 동반자 사역을 하고 있다. 이 책은 타문화 파트너십의 이론과 실제 선교 사역의 모델을 제시한다.

본서를 선교사, 선교 리더, 신학생, 선교적 교회를 꿈꾸고 있는 모든 목회자에게 강력히 추천한다.

추천사 12

조귀삼 박사
국제복음주의연합대학교 총장

『타문화 사역 파트너십』 출간을 축하한다. 세계 선교를 위한 동역의 선교는 아무리 강조해도 지나치지 않다. 선교 동역에는 세 가지 포인트가 있다.

첫째, 선교사와 현지 교회 지도자의 동역
둘째, 선교사와 선교사의 동역
셋째, 파송 교회나 단체, 선교지 교회의 동역

이 세 가지 부분에서 동역할 때 선교의 열매는 효과적으로 영글 것이다.
저자는 중국에서 장기간 사역하는 동안 현지에서 동역의 필요성을 직접 체험했다. 이제 실증된 선교 경험을 통한 동역의 선교 전략을 본서에 담았다. 독자들은 저자가 정리한 선교 동역에 대한 해박한 이론을 통해서 깊은 지혜를 얻을 수 있는 계기를 마련하길 바란다.

추천사 13

박 해 영 박사
전 풀러신학교 선교학 교수

윤정숙 박사는 한인 사역자와 중국인 사역자의 동반자 사역에 대한 실제와 통찰을 탁월하게 엮어 냈다.

윤 박사는 복음을 들고 산을 넘는 공동체와 협력하며 일하는 과정에서의 도전과 기쁨, 갈등과 회복을 생생하게 담아 냈다. 저자는 공동체의 갈등을 회복으로, 회복에서 하나님 나라를 이루어 가며 열매 맺고 재생산하는 사역자다.

추천자가 저자와 함께 선교학을 연구하고 토론하는 가운데 발견한 것이 있다. 그것은 저자가 하나님 앞에서 신실하고 충성된 사역자라는 것이다. 저자는 늘 하나님 앞에 머물러 주의 음성을 들으며 행동하고 사역한다.

책의 각 장마다 저자의 선교학적 통찰과 실천적 지혜의 풍부함이 담겨있다. 그 안에서 문화적 장벽을 넘어서는 깊은 이해와 신뢰의 중요성을 강조한다. 이 여정의 기록은 독자들에게 각자의 선교적 비전과 사역의 방향성을 새롭게 하고, 공동체적 동반자 관계의 본질을 다시 한번 되새기게 한다.

또한, 저자는 타문화권 사역에서 동반자 사역의 중요성을 강조하며, GMCM의 한국인과 중국인 구성원들에게 전략을 제시하기 위해 성경적, 선교학적, 사회과학적, 상황적 관점에서 주제를 다룬다. 그러면서 그리스도의 대위임령이 특정 개인이나 교회, 민족에게 국한된 것이 아니라 전 세계의 교회와 구성원들이 협력하여 이루어야 하는 사명이라는 점을 강조한다.

타문화권 사역이 다변화됨에 따라 파트너십의 실제적 필요성이 대두되고 있다. 저자는 이러한 사역을 위해 GMCM을 설립하여 사역하고 있으며, 지난 수년간의 경험을 통해 역동적이고 효과적인 동반자 사역의 중요성을 인지하고 이를 뒷받침할 전문적 연구를 했다.

본서는 선교학적 학문 연구와 실제 사역의 가교 역할을 할 뿐만 아니라, 타문화권에 선교하려는 사역자들과 한국에 거주하는 외국 이민자들에게 복음을 전하고자 하는 모든 이에게 귀중한 나침반이 될 것이다. 더 나아가 하나님의 나라 확장을 위해 여러 문화권의 동역자와 함께 나아가는 길에 중요한 교훈과 영감을 줄 것이다.

추천사 14

박 화 목 목사
중화선교회 국제대표
TEE China College 원장

중국 속담에 "珠玉三斗, 串成为宝"(주옥삼두, 천성위보)라는 말이 있다. '구슬이 서말이라도 꿰어야 보배가 된다'는 뜻이다.

저자는 선교 현장에서 오랜 시간 동안 고민하며 기도하고 되새김을 통하여 왕국의 백성으로서 같은 가치를 가지고 형제와 자매로, 동반자적 마음으로 사역을 해 온 과정을 세밀하게 정리하여 학문적으로 보배를 만들어 내어놓은 것을 출간하였다.

특별히 긴 세월 동안 함께했던 중국인을 섬세하게 관찰하여, 동역하려고 할 때 어려움을 어떻게 이해하고, 어떻게 필요를 나눌 수 있는가에 관한 내용도 쉽게 이해할 수 있도록 가이드한다.

중국에 "有关系就没关系, 没关系就有关系"(유관계취몰관계, 몰관계취유관계)라는 말이 있다. '관계가 있으면 상관없고, 관계가 없으면 상관이 있다'라는 의미다.

저자는 이 오묘한 중국인의 관계 문화를 터득하여 훌륭한 사역을 전개하고 있다. 또한, 학문적으로도 연구한 서적이 선교 현장에서 고민하는 선교사들에게 좋은 참고서가 되길 기대하며 적극 추천한다.

타문화 사역 파트너십

복음 들고 산을 넘는 동반자들의 여정

Partnership in Cross-Cultural Ministry
Written by Jengsoog Yoon
All rights reserved.
Korean Edition Copyright ⓒ 2025 by Christian Literature Center, Seoul, Korea.

타문화 사역 파트너십

2025년 5월 30일 초판 발행

지 은 이 | 윤정숙

편　　 집 | 오현정, 이신영
디 자 인 | 이보래, 서민정
펴 낸 곳 | (사)기독교문서선교회
등　　 록 | 제16-25호(1980. 1. 18.)
주　　 소 | 서울특별시 동대문구 천호대로71길 39
전　　 화 | 02-586-8761~3(본사) 031-942-8761(영업부)
팩　　 스 | 02-523-0131(본사) 031-942-8763(영업부)
이 메 일 | clckor@gmail.com
홈페이지 | www.clcbook.com
송금계좌 | 기업은행 073-000308-04-020 (사)기독교문서선교회
일련번호 | 2025-3

ISBN 978-89-341-2784-0 (93230)

이 책의 출판권은 (사)기독교문서선교회가 소유합니다.
신저작권법에 의해 한국 내에서 보호를 받는 저작물이므로 무단 전재와 무단 복제를 금합니다.

Partnership in Cross-Cultural Ministry

신학박사 논문 시리즈 84

복음 들고 산을 넘는 동반자들의 여정

타문화 사역 파트너십

윤정숙 지음

CLC

헌정(DEDICATION)

본서를 나의 삶과 선교 사역의 헌신된 동반자이신
중국 소주한인연합교회 권용운 목사님과
아들 재범(정효순, 이현), 딸 찬미(김동욱, 사라)의 가족들,
기도와 사랑으로 함께한 중국 소주한인연합교회 모든 성도,
복음으로 하나님의 왕국 도래를 꿈꾸는
한 몸 된 GMCM공동체에게 바칩니다.

목차 I

추천사 1	이영훈 목사 ǀ 여의도순복음교회 당회장	1
추천사 2	박기호 박사 ǀ GMS 원로선교사	2
추천사 3	이상훈 박사 ǀ America Evangelical University 총장	4
추천사 4	김예녹 박사 ǀ 풀러신학대학원 선교학 박사 과정 주임	5
추천사 5	이승종 목사 ǀ 한인세계선교협의회(KWMC) 대표 의장	7
추천사 6	조용중 박사 ǀ KWMC 사무총장	9
추천사 7	김만태 박사 ǀ 전 미국 ITS 신학대학원 부총장	10
추천사 8	김병기 박사 ǀ 순회선교사, 아틀란타순복음교회 원로목사	11
추천사 9	정아브라함 박사 ǀ 오랄로버츠대학(D.Min), C국 선교사	12
추천사 10	최규남 박사 ǀ 그레이스미션대학교 총장	13
추천사 11	전석재 박사 ǀ United Theological Seminary 한국어 프로그램 디렉터·선교학 교수	14
추천사 12	조귀삼 박사 ǀ 국제복음주의연합대학교 총장	15
추천사 13	박해영 박사 ǀ 전 풀러신학교 선교학 교수	16
추천사 14	박화목 목사 ǀ 중화선교회 국제대표, TEE China College 원장	18

표 목록(LIST OF TABLES)   29
그림, 지도, 그래프 목록(LIST OF FIGURE, MAPS, AND GRAPHS)   30
약어표(ABBREVIATIONS)   31
감사의 말(ACKNOWLEDGEMENTS)   32

제1장 서론   34

  1. 연구의 배경(Background)   36
  2. 연구 목적   41
  3. 연구 목표   41
  4. 연구 중요성   42

5. 연구 핵심 주제　　　　　　　　　　　　　　42
6. 연구 질문　　　　　　　　　　　　　　　　43
7. 연구 범위　　　　　　　　　　　　　　　　43
8. 가정　　　　　　　　　　　　　　　　　　44
9. 용어 정의　　　　　　　　　　　　　　　　44
10. 연구 방법　　　　　　　　　　　　　　　46
11. 연구 개관　　　　　　　　　　　　　　　46
12. 요약　　　　　　　　　　　　　　　　　47

제1부 문헌 연구

제2장 동반자 사역의 성서적 관점　　　　　　　　50

1. 동반자 사역을 위한 구약의 관점　　　　　　50
2. 동반자 사역을 위한 신약의 관점　　　　　　69
3. 요약　　　　　　　　　　　　　　　　　86

제3장 타문화 동반자 사역의 선교학적 관점　　　　89

1. 동반자 사역과 타문화 동반자 사역　　　　　90
2. 요약　　　　　　　　　　　　　　　　　121

제4장 동반자 사역의 사회과학적 관점　　　　　　124

1. 조직 이론　　　　　　　　　　　　　　　125
2. 조직 이해　　　　　　　　　　　　　　　130
3. 타문화 파트너십 사역에 유용한 조직 원리　133
4. 성과의 측정과 격려　　　　　　　　　　　142
5. 요약　　　　　　　　　　　　　　　　　146

목차 II

제5장 동반자 사역의 상황적 관점   148

    1. GMCM의 지역 상황 이해   148
    2. 한국인과 중국 한족의 문화적 정체성   150
    3. 중국 교회와 한국 교회의 동반자 사역 사례들   173
    4. 요약   184

제2부 현장 조사

제6장 GMCM 타문화 동반자 사역 현장 연구 설계   188

    1. 현장 연구 목적   189
    2. 현장 연구 목표   189
    3. 통합연구방법 설계   190
    4. 자료 분석 계획   191
    5. 필요 정보   194
    6. 자료 수집 계획   196
    7. 표본 추출 계획   198
    8. 윤리적 이슈   198
    9. 연구자와 연구 참여자의 모집과 선정   199
    10. 요약   199

제7장 GMCM 타문화 동반자 사역 현장 연구 결과 분석과 발견   201

    1. 1단계: 질적 조사 결과   202
    2. 2단계: 양적 조사 및 결과   208
    3. 3단계: 핵심 사역자 집단 면담   220
    4. 요약   222

제3부 GMCM 타문화 동반자 사역 전략(CHANGE DYNAMICS)

제8장 타문화 동반자 사역의 파일럿 프로젝트 연구 설계   226
    1. 변화 적용을 위한 이론들   227
    2. GMCM동반자 사역과 변화 필요성   242
    3. 요약   246

제9장 타문화 파트너십 변화를 위한 실험 연구: PILOT PROJECT   248
    1. 개요   249
    2. 목표   251
    3. 결과 분석   253
    4. 방법   253
    5. 실행   254
    6. 타문화 동반자 사역 전략   271
    7. 왕국 기반 파트너십   273
    8. 왕국 기반 파트너십 모델의 목적   275
    9. 요약   276

제10장 결론   280

목차 III

부록(APPENDIX)　　　　　　　　　　　　　　　　　　　287

APPENDIX A 현장 조사 연구 결과 도표와 설명　　　　　　288
　　1. 도표　　　　　　　　　　　　　　　　　　　　　　288
　　2. 설명　　　　　　　　　　　　　　　　　　　　　　291

APPENDIX B 파일럿 프로젝트 진행 자료　　　　　　　　294
　　1. CPP　　　　　　　　　　　　　　　　　　　　　　295
　　2. 파일럿 프로젝트 실행 일지　　　　　　　　　　　　296

영문 초록(ABSTRACT)　　　　　　　　　　　　　　　　308
한글 초록　　　　　　　　　　　　　　　　　　　　　　310
참고 문헌(REFERENCES CITED)　　　　　　　　　　　　312

표 목록(LIST OF TABLES)

<표 1> 상생적 파트너십 스킬의 5대 영역 비교표(Herwitt, 2019, 4; yoon 정리)	137
<표 2> 성과 관리 지침(어정아, 2014, 98 그림 2)	145
<표 3> 집단주의와 개인주의 문화권과 가치관 차이(김숙현 외, 2001, 2007, 33)	154
<표 4> GMCM 파트너십 현장 연구 설계표	190
<표 5> 일반적 특성, 개념 이해	194
<표 6> 동반자 선교 개념 이해와 요건	195
<표 7> GMCM 파트너십 선교의 취약점과 장애 요인	195
<표 8> GMCM 파트너십의 지속 발전 가능성과 전망	195
<표 9> 연구 대상자의 일반적 특성(N=51)	211
<표 10> 연구 대상자의 동반자 선교의 의미, 실천 요건, 장애 요인 지속적 발전 요소 정도(N=51)	212
<표 11> GMCM 현황표(2021)	242
<표 12> 파일럿 프로젝트 참가자	246
<표 13> 프로젝트명: BIHEJIAN JOURNEY	251
<표 14> 실행 내용(범례)	252

그림, 지도, 그래프 목록
(LIST OF FIGURE, MAPS, AND GRAPHS)

<그림 1> LEVEL OF CULTURE(Hiebert, 2008, 33)	113
<그림 2> 문화 간 커뮤니케이션 과정(김숙현 외 2001, 67호)	139
<그림 3> 성과 관리 순환 과정(이정아, 2014, 98, 그림1)	144
<그림 4> 나선형 자료 분석(Creswell, 2015, 219)	192
<그림 5> U프로세스의 경로(Scharmer and Kaufer, 2014, 43)	229
<그림 6> 적응 리더십 과정(Hifetz et al,. 2012, 52)	235
<그림 7> APPRECIATIVE INQUIRY 4-D Model(Cooperrider D., 2003, 30)	241
<그림 8: 개별 모델> 타문화 동반자 파트너십 모델 프로세스	273
<그림 9: 전체 모델> 왕국 기반 파트너십 사역 모델	274
<지도 1> GMCM 파트너십 지역(제한 지역 불표시)	149
<그래프 1> 연구 대상자의 동반자 관계	213
<그래프 2> 연구 대상자의 협력 사역 유형(N= 51)	214
<그래프 3> 협력 사역 동기	215
<그래프 4> 동반자 사역 실천 요건	216
<그래프 5> 동반자 사역 지속의 장애 요인	217
<그래프 6> GMCM 동반자 선교 발전을 위한 요소	218

약어표(ABBREVIATIONS)

GMCM   GLOBAL MISSION COMMNITY MINISTRY
              글로벌선교공등체사역원

SKUC   SUZHOU KOREAN UNITED CHURCH
              중국 소주한인연합교회

THN   TRANCE HIMALLAYAR NETWORK
              범히말라야네트워크

WEF   WORLD EVANGELICAL FELLOWSHIP
              세계복음주의연맹

KEP   KINGDOM BASED PARTMERSHIP
              왕국 기반 파트너십

감사의 말(ACKNOWLEDGEMENTS)

필자가 풀러신학교 선교신학대학원에서 박사 과정(DIS)을 공부하게 된 것은 하나님의 놀라우신 계획이요, 사랑의 이끄심이 아닐 수 없습니다. 선교학의 본산인 학교에서 배우면서 '나의 왕국이 아니라 하나님 나라'를 보게 하시고 하나님의 나라 일꾼으로 세워 주신(행 26:18) 성 삼위일체 하나님께 무한한 감사와 찬송을 드립니다.

타문화 선교와 세계 동반자 사역을 가르쳐 주고 실천하시는 멘토 박기호 박사님께 감사드립니다. 박 박사님께서는 논문 주제를 선정하고 연구를 진행하는 모든 과정에 있어 지도와 조언을 아끼지 않으셨고 중요한 고비들을 넘어갈 수 있는 실제적 지침을 주셨으며 한국 교회 동반자 선교의 중요성과 비결을 지도해 주셨습니다.

지도교수이신 이상훈 박사님께 감사드립니다. 영문 원서에서 다 이해하지 못했던 U이론을 지도와 저서를 통해 가르쳐 주시고 격려해 주신 것과 GMCM의 미래를 위해 파트너십의 리더십이 필요하다는 핵심적 지침을 주셔서 감사드립니다.

선교학 박사 과정 프로그램의 책임자이시고 중국 선교의 선배 되시는 김에녹 박사님께 감사드립니다. 미래 사역을 위한 논문을 쓰라고 하신 가르침과 격려는 연구 기간 내내 닻이 되어 주었습니다. 살아 있는 수업을 진행하는 모범을 보여 주신 것도 큰 열매가 아닐 수 없습니다.

또한, DIS 과정의 처음과 끝을 강의해 주신 박해영 박사님께 감사드립니다. 필자에게 복음에 대한 열정과 사랑으로 본이 되어 주시고 현장을 위한 연구가 되도록 지도해 주셨습니다.

28년 전, 중국 선교사로 파송받을 때 현지를 위해 희생하는 선교사가 되라고 부탁하시고 성령님이 모든 사역의 영적 파트너이심을 가르쳐 주신 영적 멘토 (故) 조용기 목사님, 중국을 위해 늘 기도해 주시고 절대적 긍정과 감사를 가르치며 사랑의 본이 되어 주시는 여의도순복음교회 당회장 이영훈 목사님, 주의 나라를 위해 동역하는 KWMF와 GMCM, THN 회원공동체에 감사드립니다.

사역과 학문의 멘토이신 정재우, 김병기, 진유철 목사님, 차준희 박사님, 30년 동안 한 길 가는 정아브라함, 김만태 박사님께 감사드립니다.

부족한 종을 신뢰와 사랑으로 지원한 중국 소주한인연합교회 권요셉 담임목사님과 류대성, 최찬영, 최성호 장로님 그리고 모든 성도님께 깊이 감사드립니다. 기도와 헌신으로 교회를 섬기는 정신석, 강현호, 공현희 목사 그리고 하나님 나라 전진을 위해 함께 수고하는 GMCM의 모든 사역자에게 깊이 감사드립니다.

여러분은 기도와 사랑과 희생과 인내로 열방과 민족과 족속을 섬기는 파트너입니다. 본서의 출판을 기획해 주신 기독교문서선교회(CLC) 박영호 사장님과 편집에 수고해 주신 오현정 선생님과 디자이너 이보태 선생님께 감사드립니다.

제1장

서론

15년 전, 미국 시카고 휘튼대학(Wheaton College)에서 제13회 세계한인선교사대회가 열리고 있었다. 빌리그레이엄센터가 있고 짐 엘리엇(Jim Eliot)의 모교인 휘튼대학에 처음 가 보니 모든 것이 감사했다.

어느 날인가, 그날 점심 식사는 도시락이었다. 모두 줄지어 도시락을 받아 대회장 마당부터 언덕 아래 넓은 잔디밭까지 자리 잡고 밥 먹는 사람들의 모습은 마치 벳새다 광야에서 오병이어를 먹던 사람들 모습처럼 아름다웠다. 그런 기분도 잠시, 중국에 돌아가서 해야 할 일들, 특히 곧 해결해야 할 인사 문제를 생각하며 도시락을 먹기 시작했다. 그때 마음속에 주님께서 이런 말씀을 하시는 게 느껴졌다.

'너의 왕국이냐, 하나님의 나라냐?'

그리고 잔디밭에 앉은 오천여 명의 사람을 보게 하셨다. 선교사, 목사, 취재진, 아이들, 남자와 여자, 각종 피부색의 사람들이 있었다.

그렇다. 하나님은 전 세계에 있는 하나님의 자녀들을 사용하여 일하고 계셨다.

'나는 그분께 순종하는 선교를 하고 있었을까?'

좁은 소견에 사로잡혀 있는 자신이 몹시 부끄러웠다. 2008년 그 대회에서 랄프 디 윈터(Ralph D. Winter), 조동진 등 세계적 석학들의 주제 강의를 참가하는 축복을 누렸고 하나님의 질문을 풀기 위해 신학교 브로슈어를 들고 돌아왔다. 논문 연구를 통해 이번에는 하나님께서 주신 과제를 풀기 원했다.

본서 연구는 GMCM(Global Mission Community Ministry: 글로컬선교공동체 사역원)을 중심으로 한 한국인과 중국인 타문화권 사역자들의 동반자 사역에 관한 것이다. 지상 사역을 마치고 승천하시기 전, 예수 그리스도께서 땅 위에 있는 교회에게 "그러므로 너희는 가서 모든 족속으로 제자를 삼으라"(마 28:19)는 사명을 주셨다. 우리는 이것을 그리스도의 대위임령(The Great Commission)이라고 말한다. 그리스도의 대위임령은 한 개인이나 교회, 혹은 민족에게 주어진 것이 아니다. 땅 위에 있는 모든 민족교회들과 그 구성원들에게 주어진 것이다.

어떤 개인이나 개교회, 한 민족의 교회가 독립적으로 감당할 수 있는 사역이 아니고, 머리 되신 그리스도의 몸으로서의 서로 다른 지체들인 교회가 협력과 동반자 사역을 통하여 성취해야 한다.

그리스도인들은 그리스도의 선교에 참여할 때 사랑과 겸손으로 서로 섬기고, 다양한 지들과 글로벌 조직들은 성령께서 주신 독특한 은사를 서로 주고, 세계 복음화를 위해 함께 동역하도록 부름을 받았다(Engen, 2001, 11). 그러므로 모든 그리스도인은 성령이 하나 되게 하신 것을 힘써 지키며 협력함으로써 남은 과업을 수행할 의무를 가지고 있는 것이다.

또한, 사역자들 간의 동반자 사역은 시대적 요청이기도 하다. 오늘날 교회와 선교의 무게 중심은 지구촌 북서에서 남과 동으로 이동하고 있다. 현재 유럽과 북미에서 파송한 선교사 숫자 이상으로 아시아, 아프리카, 라틴 아메리카 교회에서 전임 타문화 선교사를 파송하고 지원하고 있다. 이 새로운 현실에서 전 세계 기독교인들 사이에 새로운 형태의 선교적 동반자 관계를 맺고 동역하는 것이 시급하다(Engen, 2019, 53).

이처럼 선교의 무게 중심이 남과 동으로, 아시아로 이동하고 있다면 모든 중국 교회가 서구와 다른 제3세계 교회들과 함께 점차 더 힘을 합쳐야 할 세계 교회라는 것도 이미 명백하다(Wang, 2012, 403). 그러므로 필자는 21세기 세계 선교의 큰 세력인 한국과 중국의 타문화권 사역자들이 먼저 GMCM 안에서 효과적 동반자 사역을 이루고, 나아가 다른 타문화권 교회들과 동반자 사역을 할 수 있는 전략을 연구하기로 하였다.

본서는 서론에서 연구의 배경, 연구 목적, 연구 목표, 연구의 중요성, 연구의 핵심 주제, 연구 질문, 연구 범위, 용어 정의, 연구 가정, 연구 방법, 연구 개관을 기술하기로 한다.

1. 연구의 배경(Background)

필자는 1988년 7월, 선교 수련회에 참여하였다가 온 가족이 중국 선교사로 부르심을 받게 되었다. 그 후 신학 교육과 1년의 선교 훈련을 마치고 30년 전인 1995년 여의도순복음교회 파송으로 가족과 함께 중국

화동 지역에 입국하여 지금까지 사역하고 있다.

　언어 공부를 할 때부터 중국 한족과 소수 민족에게 복음을 전했고 양육과 제자 훈련을 통해 토착교회를 개척하게 되었다. 하나님의 은혜로 교회는 날로 부흥했으나 외부의 압력이 가중되어 더 이상 함께 예배드릴 수 없게 되었고 앞날은 불투명해졌다.

　그러나 하나님께서 한 문을 닫으실 때는 다른 한 문을 여신다는 것을 알게 되는 일이 생겼다. 하나님의 섭리로 필자가 살고 있는 도시에 한국인 기업들이 생기고 취업이나 유학을 위해 많은 한국인이 이사 오게 된 것이다. 사역을 위해 성령님의 인도를 구하던 배우자 권 목사는 그들을 대상으로 이주자(Diaspora) 한국인 교회를 개척하게 되었다.

　이를 통해 한 도시 안에서 중국인과 한국인이 함께 협력하는 다양한 사역이 펼쳐지게 되었다. 시간이 흐름에 따라 교회들은 성장했고 현지의 여러 필요를 감당하기 위해 필자는 풀러선교대학원 목회학 박사 과정에 입학하여 2012년 연구를 마치면서 배움을 통해 사역의 많은 과제를 풀 수 있었다.

　그 무렵, 사역 범위는 더 넓어지게 되어 다른 한인 선교사들에게 도움을 청하지 않을 수 없게 되었다. 이제 중국 한족교회들과 한인 사역자들은 동반자적 입장에서 목회자 양성, 제자 훈련, 연합 수련회, 선교 훈련 등 연합 사역을 하게 되었고, 사역자들이 거주지를 옮길 때마다 선교지는 여러 성(省)과 중국 인접국으로 점점 넓어지게 되었다.

　필자가 '타문화권 파트너십'이라는 연구 주제에 관심을 갖게 된 이유는 다음과 같다.

첫째, 여러 지역의 타문화권 사역자들과 협력을 시작하면서 파트너십의 실제를 익힐 필요가 생겼기 때문이다.

2011년부터는 중국과 변방에서 개척 사역을 하고 있는 한국인 선교사와 단체 그리고 인접국에 파송된 중국 사역자들과도 글로벌 미션 파트너십을 맺게 되었다.

언어와 문화와 소속이 다른 주체들이 함께 사역하자, 적지 않은 문제가 생기게 되었고 개인을 넘어서서 여러 교회와 기관이 동반자적으로 협력 사역을 하기 위해서는 연구가 더 필요하다고 느끼게 되었다.

각 그룹의 대표들도 어떤 전환점이 필요하다는 데에 동의하게 되었고, 향후 사역의 목적을 정하고 좀 더 긴밀한 협력을 하기 위해 2018년 9월 GMCM이라는 파트너십 선교 단체를 세우게 되었다.

협력 사역을 시작한 지 5년이 지났을 때 코로나 팬데믹이 시작되었다. 잠시 외부 사역을 멈추고 시간이 생기면서 그동안 GMCM의 협력 사역 자료를 검토할 기회를 가졌다. 검토해 본 결과, 현재 GMCM의 파트너십 현황은 다음 세 가지 보완할 점이 있었다.

① 상호 책임감 문제

회원 숫자는 많은데 공통의 힘을 모아 함께 일하기보다 각각 개별적이고, 느슨한 관계로 협력하고 있고, 그나마 사역이 있을 때 협력하고 있어서 동반자 정신과 관계를 견고히 할 필요가 있었다.

물론, 선교 파트너십의 의미가 단순한 정보 교환부터 자원과 힘을 공유하는 데까지 매우 광범위하지만 유의미하고 역동적인 파트너십 선교라고 볼 수 없으므로 긴밀한 동반자 관계를 수립해야 할 것이다.

② 대등성 문제

GMCM의 파트너십은 동등한 상태에서 상호 작용이 일어나는 것이 이상적이다. 그럼에도 정보와 인적 물적 자원을 많이 가진 주체가 주도하고 있다는 인상을 지울 수 없다. 어려운 지역을 더 많이 도와줘야 하는데 사역의 형태나 지역 면에서 불균형하다.

③ 원활한 의사소통 필요

구성원들의 언어와 문화가 다르다 보니 같은 단체 안에 소속되어 있지만 다른 지역의 필요를 잘 모르고 지원에도 소극적이어서 효과적 협력 사역을 위해서는 공동체 문화 변화와 타문화적 소통이 필요하다는 것을 알게 되었다.

즉, 타문화권 사역자들 간의 진정한 동반자 관계는 어떤 모습이어야 하고 동반자 선교의 효과적 전략은 무엇이며 이루어진 사역은 어떻게 평가할 것인지 숙고하게 되었다. 그리고 이 주제를 학문적으로 탐구해 보기로 하였다.

21세기에 선교가 진행되는 모든 장소에서는 동반자 관계가 일어난다. 동반자 관계는 테크놀로지의 발달, 기독교의 다변화, 기독교공동체들의 세계적인 확산으로 인해 핵심적인 이슈가 되었다(Sunquist, 2019, 691-93).

지금처럼 예측불가능하고 분업화된 사회 속에서 한정된 자원을 공유하기 위해서 파트너십을 맺고 돕거나 제휴하는 것은 세계적인 현상이다. 이런 이유로 기독교 선교에서 동반자 관계와 실천의 중요성에 대해 의문을 제기할 사람은 없을 것이다.

이와 같이 동반자 선교(Partnership in Mission)의 중요도는 날로 더해 가고 있으나 김영동의 말대로 중요성에 비해 학문적인 연구가 그리 활발하지 않다(김영동, 2019, 59). 원활한 동반자 사역을 위한 전략과 지역별, 선교 사역 형태에 따른 개별적 연구가 필요한 시점이다(문상철, 2010).

둘째, 중국 선교 환경의 변화다. 1979년 교회가 재개방된 지(Wang, 2010, 402) 40여 년이 지났다. 그동안 중국 교회는 빠른 속도로 성장했고 성숙한 그리스도인이 많아졌다. 머지않은 장래에 중국 교회는 세계 교회와 함께 복음 전파의 공개적 파트너로 협력하게 될 것이다. 이런 변화의 시기에 중국 교회와 효율적 동반자 사역을 모색할 필요성이 대두된다.

셋째, 선교 이양을 준비하기 위해서다. 필자는 지난 30년간 동북아시아와 중국을 중심으로 사역하였다. 그동안 수십 개의 토착교회들이 개척되었고 다수의 현지 리더십과 동역하고 있다. 이미 사역의 많은 부분을 위임했지만 선교 현장에 더 많은 현지 리더십을 세우고 선교지 이양을 준비하고 있다.

랄프 D. 윈터는 타문화 선교의 네 단계 중 세 번째 단계가 '파트너십 단계'라고 말하였는데, 필자는 파트너십으로 사역하는 단계에 이르렀다고 본다. 자연히 파트너십 선교란 무엇이며 어떻게 효과적으로 수행할 수 있는지 연구할 필요가 있다.

이런 필요성들을 가지고 필자는 타문화 상황에서 동반자 사역의 전략을 연구하여 GMCM이 보다 성숙한 협력 사역을 펼치기를 기대한다.

본서의 연구 대상은 GMCM의 구성원인 중국 한족 교회와 한국인 선교사들 그리고 조지아, 우간다의 한인 사역자 그리고 말레이시아, 태국, 라오스, 미얀마의 중국인 사역자들이다.

2. 연구 목적

본서의 연구 목적(Purpose)은 GMCM의 한국인과 중국인 사역자의 효과적인 동반자 사역 전략을 제시하는 것이다.

3. 연구 목표

본서의 연구 목표(Goals)는 다섯 가지다.

① 타문화 동반자 사역의 성서적 관점을 이해한다.
② 동반자 사역의 선교학적 관점을 이해한다.
③ 동반자 사역의 사회과학적 관점을 이해한다.
④ 동반자 사역의 상황적 관점을 이해한다.
⑤ GMCM 파트너십 사역의 현황을 이해한다.

4. 연구 중요성

본서 연구는 다음의 네 가지 중요성(Significance)을 가진다.

첫째, 한국 교회 파송 선교사로서 지난 30년 동안 중국에서 선교 사역에 종사해 온 필자에게 중국 한족 교회와의 동반자 사역을 위한 이론적 실천적 통찰력을 제공해 줄 것이다.

둘째, GMCM에 속하여 한국 교회와 중국 한족 교회 간의 타문화권 사역을 해 온 구성원들에게 동반자 관계가 공고하게 되어, 상호 협력함으로써 타문화 선교의 상승효과를 가져오게 될 것이다.

셋째, 하나님 나라 도래와 하나님의 뜻 구현을 위하여 타문화권에서 동반자 선교를 추구하는 선교 동역자들에게 본 연구 결과를 공유하여 동반자 선교를 통한 남은 과업 완수에 공헌하게 될 것이다.

넷째, 21세기 주요 선교 이슈인 파트너십 선교의 학문적 연구에 이바지하게 될 것이다.

5. 연구 핵심 주제

본서 연구의 핵심 주제(Centural Research Issues: CRI)는 타문화권 사역을 위하여 동반자 사역을 하고 있는 GMCM의 한국인과 중국인 구성원들에게 동반자 사역 전략을 제시하기 위하여 동반자 사역을 성경적, 선교학적, 사회과학적 그리고 상황적 관점에서 기술하는 것이다.

6. 연구 질문

본서의 연구 질문(Research Questions)은 다음 다섯 가지다.

① 동반자 사역에 대한 성경적 관점은 무엇인가?
② 동반자 사역에 관한 선교학적 관점은 무엇인가?
③ 동반자 사역에 관한 사회과학적 이론은 무엇인가?
④ 동반자 사역에 관한 상황적 관점은 어떠한가?
⑤ GMCM의 동반자 사역 현황은 어떠한가?

7. 연구 범위

본 연구의 범위(Delimitations)는 문헌 연구와 현장 조사 방법으로 제한한다. 문헌 연구는 동반자 사역에 관한 성경적 관점, 선교학적 관점 그리고 사회과학적 관점, 상황적 관점으로 제한한다.

현장 조사는 한국 교회와 중국 인구의 98퍼센트를 차지하는 중국 한족 교회 중 GMCM 구성원의 현황 파악으로 제한한다.

8. 가정

연구를 위한 가정(Assumptions)은 다음과 같다.

GMCM공동체 구성원들이 동반자 선교의 이론과 실천 방안을 이해하면, 서로 신뢰하는 동반자 관계를 형성할 수 있고, 선교 현장에서 교회의 선한 영향력이 증대되며, 타문화 선교가 촉진되고 시너지 효과가 생길 것이다.

9. 용어 정의

본 연구에서 주로 사용할 용어들과 그 정의(Definition)는 다음과 같다.

- **동반자 사역(Partnership in Mission)**: 다수의 기독교공동체가 공통의 목표를 달성하기 위해 상호 신뢰와 헌신의 관계를 형성하고, 협력하여 선교에 참여하는 것을 말한다.
- **파트너십(Partnership)**: 서로 다른 자원을 가진 둘 혹은 그 이상의 개인이나 사역 기관이 공동의 비전을 이루기 위해 함께 협력하는 것이다(Butler, 2006, 2). 파트너십은 둘 이상의 개인, 기관 또는 교회가 함께 모여 혼자서는 달성할 수 없는 공동의 목표를 이뤄 갈 때 발생한다(Butler, 2004). 본 연구에서 '파트너십'과 '동반자'는 같은 의미로 쓰인다.
- **네트워킹(Networking)**: 참가자들이 함께 모여 정보나 자원을 공유하여 서로 독립적인 일을 보다 효과적으로 수행할 수 있는 권한을 부

여하는 구조 또는 관계를 말한다(Butler, 2004). 개인적 필요를 위한 정보나 자원을 공유하고 소통하기 위해 비공식적으로 연결된 사람들의 모임을 지칭하기도 한다(Lalano, 2017, 119).

- **선교(Mission)**: 소명 받은 자들을 복음이 없는 영역으로 파송하여 예수 그리스도의 복음을 선포하여, 남녀를 그리스도의 제자와 그리스도의 몸 된 교회의 책임 있는 구성원이 되게 하는 사역으로서, 삼위일체 하나님께서 하시는 일에 교회가 참여하는 것이다(McGavran, 1990, 23-24: Sunquist, 2019, 341).

- **타문화 선교(Cross-Clutural Mission)**: 교회가 문화의 경계선을 넘어 복음이 없는 곳에 예수 그리스도의 복음을 전파하여 그리스도인의 공동체를 세우고, 열매 맺는 모든 사역이다.

- **GMCM(Global Mission Community Ministry)**: 중국과 아시아, 대양주 국가의 선교사, 토착교회, 선교회가 연합하여 선교공동체를 이루고 전방 개척하기 위해 협력하는 단체다.

- **한족(漢族:Han people group)**: 중국 인구의 절대다수를 차지하는 민족이다. 공식적으로 중국은 56개의 민족이 있으나 한족이 98퍼센트를 차지한다.

- **변화 역학(Change Dynamics)**: 연구자가 자신의 선교 활동에서 현재의 문제점(now)을 발견하고 문헌 연구와 현장 조사로 변화를 예견하여(then) 현장에 파일럿 프로젝트를 적용하고, 개선된 결과물(prototype)을 얻는 과정을 말한다.

10. 연구 방법

연구 방법(Research Methodology)은 문헌 연구와 현장 조사로 이루어진다. 문헌 연구는 풀러신학교 데이비드알란허바드도서관(Fuller Allan Hubbard Library), 대한민국 국회도서관 그리고 중국 푸단대학(复旦大学)도서관의 온라인, 오프라인 도서들을 활용한다.

현장 조사는 양적 조사와 질적 조사로 이루어지는 바 양적 조사는 GMCM 소속 교회나 구성원들을 대상으로 설문을 통하여 이루어지고, 질적 조사는 두 기관의 지도자들을 인터뷰함으로 이루어진다.

연구의 현장은 GMCM과 협력하는 중국 한족 교회의 목회자, 선교사, 평신도 지도자들과 중국 내 혹은 인접한 지역에서 타문화 사역에 종사하는 한국인 선교사들이다.

11. 연구 개관

본서 연구는 3부로 나누어지는데, 그 구성(Overview)은 다음과 같다.

- **제1부**: 본 연구의 이론적 기초가 되는 문헌 연구
- **제2부**: 본 연구와 관련된 현장 조사
- **제3부**: 변화를 위한 제안(Change Dynamics)

문헌 연구에서는 제1장 "서론"에 이어, 제2장 "동반자 사역의 성경

적 관점", 제3장 "타문화 동반자 사역의 선교학적 관점", 제4장 "동반자 사역의 사회과학적 관점"과 제5장 "동반자 사역의 상황적 관점"을 기술한다.

현장 조사에 속하는 제6장에서는 GMCM과 동반자 사역을 하고 있는 교회와 구성원들의 상황을 양적 조사와 질적 조사 방법으로 파악하고 제7장에서 그 결과를 분석하고 기술할 것이다.

제3부 변화를 위한 지침에서 제8장은 문헌 조사와 현장 조사 결과를 기초로, 현재의 문제를 발견하고 변화를 예견하여 적용한 파일럿 프로젝트(Pilot Project)를 실행하게 될 것이다.

제9장은 문헌 연구와 현장 조사에서 얻은 통찰력과 상황을 바탕으로 타문화 동반자 선교 전략을 위한 변화를 제안할 것이다.

제10장은 본 연구의 결론을 요약한다.

12. 요약

본서의 핵심 주제는 타문화권 사역을 위하여 동반자 사역을 하고 있는 GMCM의 한국인과 중국인 구성원들에게 동반자 사역 전략을 제시하기 위하여 동반자 사역을 성경적, 선교학적, 사회과학적 그리고 상황적 관점에서 기술하는 것이다.

그리스도의 대위임령은 한 개인이나 교회, 혹은 민족에게 주어진 것이 아니다. 땅 위에 있는 모든 민족, 모든 교회와 그 구성원들에게 주어진 것이다. 어떤 개인도, 개교회도, 한 민족의 교회도 독립적으로 감당할 수 있는 사역이 아니고, 머리 되신 그리스도의 몸으로서 서로 다른 지체들인 교회가 협력과 동반자 사역을 통하여 성취해야 한다.

　연구의 배경은 사역이 다변화되고 여러 지역의 타문화권 사역자들과 협력하면서 파트너십의 실제를 익힐 필요가 생겼기 때문이다.

　필자는 중국과 변방에서 유사한 사역을 하고 있는 한국인 선교사와 단체 그리고 인접국에 파송한 중국 사역자들과 동반자적으로 협력하기 위해 GMCM을 세우고 사역하고 있다.

　그러나 지난 5년간의 사역을 검토한 결과, GMCM이 효율적 동반자 사역을 지속하려면 타문화 동반자 사역에 대한 전문적 연구가 필요하다고 여겨진다.

　본 장에서는 이러한 연구의 배경과 더불어 연구 목적과 목표, 중요성, 중심 연구 주제, 연구의 제한, 용어, 가정, 연구 방법을 기술했다.

　결론에서는 문헌 연구와 현장 조사, 실험 연구에서 얻은 통찰력과 상황을 바탕으로 타문화 동반자들의 파트너십 선교 전략을 제안할 것이다.

제1부

문헌 연구

제1부에서는 연구의 이론적 기초가 되는 문헌들을 연구할 것이다. 문헌 연구의 내용은 다음과 같다.

제2장에서는 구약과 신약에서 동반자(파트너십) 사역의 의미를 차례로 살펴볼 것이다.

제3장에서는 선교학, 선교 역사, 선교신학에서 동반자 사역이 가지는 의미를 고찰할 것이다.

제4장에서는 사회과학적 관점에서 동반자 사역과 관련 내용(조직, 문화, 성과 등)을 살펴볼 것이다.

제5장에서는 한국과 중국 문화에서 파트너십의 특징과 역사적 사례를 제시할 것이다.

문헌 연구를 통해서 타문화 선교의 파트너십 전략 연구를 위한 이론적 토대를 얻게 될 것이다.

제2장

동반자 사역의 성서적 관점

성경은 그리스도인들의 신앙과 행위의 지침이다. 문헌 연구의 첫 장인 본 장에서 필자는 동반자 사역의 성경적 관점을 기술하도록 하겠다. 먼저 구약의 관점을 논하고 이어서 신약의 관점을 논하도록 하겠다.

1. 동반자 사역을 위한 구약의 관점

동반자 사역을 위한 구약의 관점을 논함에 있어서 모세오경, 역사서, 시가서 그리고 선지서의 관점을 논하도록 하겠다.

1) 모세오경의 관점

모세오경은 창세기, 출애굽기, 레위기, 민수기, 신명기로 구성되어 있다.

창세기는 천지 만물과 인간의 창조에 관하여, 출애굽기는 하나님께서 애굽에서 종살이하는 자기 백성을 어떻게 이끌어 내어 가나안 땅에 들어가게 하였는가를 보여 준다. 레위기는 약속의 땅에 들어간 이스라엘 백성이 어떤 삶을 살아야 하는가에 관해 다룬다. 민수기는 출애굽과 가나안 정벌에 관한 이야기이고 신명기는 하나님께서 이스라엘 백성에게 한 명령들을 되풀이하시는 책이다.

모세오경은 하나님께서 어떻게 사람들과 동반자 사역을 하셨는가와 하나님의 사람들이 하나님의 뜻을 이루어 드리기 위하여 어떻게 동반자 사역을 했는가를 보여 준다.

창세기 1-2장을 보면 하나님은 우주 만물을 만드신 후 여섯째 날에 하나님의 형상과 모양대로 남자와 여자를 창조하신다. 인간 창조의 목적은 그들을 통해 창조된 생물을 하나님 보시기에 심히 좋은 상태로 다스리고 관리하는 것이다.

이를 위해 전 지구적인 사명을 감당할 수 있도록 하나님의 축복이 선포되고(창 1:26-31), 아담에게는 '돕는 배필'(에제르, 펠)을 주셨다(창 2:20). 사람이 혼자 사는 것은 좋합하지 않기 때문이다(창 2:18).

사람은 동반자가 필요하다. 하나님은 아담에게 사명의 동반자를 주셨다. 하나님의 거시적인 뜻은 땅에 충만한 사람을 통해, 그들의 긴밀한 연합을 통해 이루어질 것이다.

> 여호와 하나님이 이르시되 사람이 혼자 사는 것이 좋지 아니하니 내가 그를 위하여 돕는 배필을 지으리라 하시니라 여호와 하나님이 흙으로 각종 들짐승과 공중의 각종 새를 지으시고 아담이 무엇이라고 부르나 보시려고 그것들을 그에게 이끌어 가시니

> 아담이 각 생물을 부르는 것이 곧 그 이름이 되었더라 아담이 모든 가축과 공중의 새와 들의 모든 짐승에게 이름을 주니라 아담이 돕는 배필이 없으므로 여호와 하나님이 아담을 깊이 잠들게 하시니 잠들매 그가 그 갈빗대 하나를 취하고 살로 대신 채우시고 여호와 하나님이 아담에게서 취하신 그 갈빗대로 여자를 만드시고 그를 아담에게 이끌어 오시니 아담이 이르되 이는 내 뼈 중의 뼈요 살 중의 살이라 이것을 남자에게서 취하였은즉 여자라 부르리라 하니라 이러므로 남자가 부모를 떠나 그의 아내와 합하여 둘이 한 몸을 이룰지로다(창 2:18-24).

사람은 흙으로 지어졌으나 하나님의 영을 받음으로 살아 있는 존재가 된다(창 2:7). 이로써 인간은 하나님과 연합되고 하나님의 형상을 지닌 고귀한 존재이며 사명적 존재로서(창 2:8, 15) 하나님의 명령을 반드시 지키고(창 2:16-17) 타인과 서로 연합하고 상호 도움을 받는 존재로 창조되었다.

창세기 3장에 나오는 인간의 타락은 하나님의 선한 계획과 반대의 모습을 보여 준다. 하나님과 다른 사람과 누렸던 연합과 상호 협력은 파괴되었다. 하나님의 명령을 위배함으로써 영은 죽었고 참된 인간성을 상실하게 되었다.

하나님께 순종하지 않은 아담은 땅의 통치권을 상실하였고 땅도 저주를 받아 효력은 극히 감소하게 되었으며(창 3:17; 6:7) 보시기에 심히 좋았던 창조 세계의 조화와 질서와 연합은 형체를 알아볼 수 없게 되었다.

그러나 창조할 때 품으셨던 하나님의 뜻과 목적이 무산된 것은 아니다. 하나님의 구원 계획은 창세기 3장 15절에 이미 원시복음으로 선포되었으며 홍수와 바벨탑 사건 이후 아브라함의 소명(창 12:1-2)을 통해 구체화되었다.

하나님은 아브라함 후손들을 통해 하나님 나라의 백성을 만드셔서 연합하게 하실 것이며 천하 만민에게 복을 주시고 의와 공도를 행하게 하실 것이다(창 18:17-20). 하나님이 주권으로 다스리시는 날이 올 것이다.

출애굽기 19장에서는 그 나라가 이미 도래했음을 보여 준다. 하나님은 애굽 땅 종 되었던 곳에서 백성을 건져 내시고 언약을 맺으신다(출 19:5). 하나님의 인격성과 공동체성은 하나님의 백성을 만드시고 그들과의 관계를 통해 자신을 계시하시고 세상과 구별되는 종교적, 사회적 구조를 정하셨다(출 19-24장). 그들은 하나님을 향한 거룩한 백성이요, 하나님과 세상을 화해시키는 제사장 나라가 되어야 한다.

출애굽기 20장부터 신명기에 이르기까지 하나님은 하나님과 이웃과 연합하여 동반적 관계를 맺고 유지하기 위한 매우 구체적이고 실제적인 율법과 규례를 주셨다. 그것은 제사와 절기 같은 영적인 활동과 일상생활에서 실천할 내용으로서 그 적용 범위는 세계와 국가 전체, 친족과 가정 그리고 개인에 미치는 통합적 체계를 가지고 있다.

십계명(출 20장; 신 5장)은 운명공동체인 이스라엘이 해야 할 것과 하지 말아야 할 것의 범위를 알려 준다. 하나님과 올바른 관계를 맺기 위해서는 다른 신을 두어서는 안 된다. 그들의 풍속을 따르지 말고 하나님만을 섬기고 하나님의 이름을 존중하며, 안식일을 통해 지속적으로 하나님을 알고 예배해야 한다(출 23:12-13).

타인과의 바른 관계를 위해서는 하나님의 형상으로 창조된 사람의 생명과 명예를 해하지 말고 존중하며, 탐심을 가지고 그의 사람이나 소유를 침범하지 말아야 한다. 하나님 백성에게는 이것을 행할 의무가 있으며 고의로 계명을 어긴 사람은 공동체에서 끊어진다(출 31:14; 레 20:5; 민 15:31).

적극적으로는 나의 동반자 된 이웃의 복지와 회복을 돕고 건강과 위생에 유념하여 공동체 유지에 힘써야 한다. 이때 제사장과 장로 등 지도자들이 주도적으로 행해야 한다.

형태는 공동 위생 유지(레 11-13장)와 약자(외국인, 고아, 과부, 여성, 레위인, 종 등)의 보호와 인권 존중 및 빈곤 구제를 위한 상호 부조 등이다. 또한, 서로 연대 의식을 가지고 공동 위생 유지와 안식년을 두어 땅의 보호에도 힘써야 한다.

사회적 약자에 대한 가족과 친지의 책임에는 수혼 제도(계대결혼[継代结婚]: 창 38:8; 신 25:5-6), 토지 무르기(레 25:24-28) 등이 있다. 또한, 상호 부조의 책임은 이삭 줍기(레 23:22) 등을 통해 빈곤한 자를 배려하는 것, 구제의 십일조(신 26:12)와 면제년(신 15:9)과 희년 제도(레 25:10) 등이 존재한다.

땅에는 가난한 자가 그치지 않을 것이다(신 15:11). 그러나 하나님의 명령을 지키면 그들 중에 가난한 자가 없을 것이다(신 15:5).

모세오경은 '우리 하나님은 선교사 하나님'이시라는 사실을 보여 준다(Glasser, 2008, 39). 사탄의 일을 멸하고 죄에 빠진 사람들을 구원하고 세상을 새롭게 하기 위하여 일하시는 선교사 하나님께서는 혼자 일하시지 않고 사람을 불러 그들과 더불어 그리고 그들을 통하여 일하신다.

이 동반자 정신은 하나님 본성의 필수적 개념이다(Ross, 2010, 145). 창세기 12장은 하나님께서 아브라함을 부르시고 그와 함께 일하심을 보여 준다.

여호와께서 아브람에게 이르시되 너는 너의 고향과 친척과 아버지의 집을 떠나 내가 네게 보여 줄 땅으로 가라 내가 너로 큰 민족을 이루고 네게 복을 주어 네 이름을 창대하게 하리니 너는 복이 될지라 너를 축복하는 자에게는 내가 복을 내리고 너를 저주하는 자에게는 내가 저주하리니 땅의 모든 족속이 너로 말미암아 복을 얻을 것이라 하신지라 이에 아브람이 여호와의 말씀을 따라갔고 롯도 그와 함께 갔으며 아브람이 하란을 떠날 때에 칠십오 세였더라 아브람이 그의 아내 사래와 조카 롯과 하란에서 모은 모든 소유와 얻은 사람들을 이끌고 가나안 땅으로 가려고 떠나서 마침내 가나안 땅에 들어갔더라(창 12:1-5).

하나님은 애굽에 있는 이스라엘을 구원하실 때도 적극적으로 일하셨다. 그러나 하나님은 혼자 일하시지 않고 모세를 불러 그에게 사명을 주시고, 그와 더불어 일하셨다.

여호와께서 이르시되 내가 애굽에 있는 내 백성의 고통을 분명히 보고 그들이 그들의 감독자로 말미암아 부르짖음을 듣고 그 근심을 알고 내가 내려가서 그들을 애굽인의 손에서 건져내고 그들을 그 땅에서 인도하여 아름답고 광대한 땅, 젖과 꿀이 흐르는 땅 곧 가나안 족속, 헷 족속, 아모리 족속, 브리스 족속, 히위 족속, 여부스 족속의 지방에 데려가려 하노라 이제 가라 이스라엘 자손의 부르짖음이 내게 달하고 애굽 사람이 그들을 괴롭히는 학대도 내가 보았으니 이제 내가 너를 바로에게 보내어 너에게 내 백성 이스라엘 자손을 애굽에서 인도하여 내게 하리라(출 3:7-10).

하나님은 모세를 불러 그와 함께 이스라엘을 구출하셨다. 모세와 동반자 사역을 하신 것이다.

레위기 25장 35절 이하는 이집트에서 구원받은 것과 이웃을 구제하는 것을 연결 짓고 있다. 하나님의 이 구원 행동에 대한 하나님 백성의 올바른 응답은 가난한 이들을 관대하게 대하는 것이다. 하나님께 수직적으로 받은 은혜는 또한 수평적 의무로 이어진다(Wright, 2006, 194-95).

2) 역사서의 관점

동반자 사역에 대한 역사서의 관점은 이스라엘 초기의 정치 제도와 상호 부조 실천에 관한 규정, 그리고 왕국 시대의 교훈이다. 여호수아서와 사사기에 나오는 이스라엘 초기의 사회 정치 체제는 동반자 선교의 관계와 구조에 빛을 던져 준다.

초기 이스라엘은 왕이 다스리는 중앙 집권 체제가 아닌 하나님의 통치와 구원에 의지하는 지파공동체를 유지했다. 구약성경이 말하는 고대 이스라엘의 신정공동체는 출애굽 해방과 시내산 계약 전승에 기초한 신앙공동체를 가리킨다.

하나님 나라의 성격을 갖는 그 신앙공동체는 약자 보호를 중요한 특징으로 가지고(강성열, 초록) 지파공동체 구성원들은 사람이 아닌, 하나님의 다스림에 순종해야 한다. 이를 위한 율법 교육과 율법 준수는 모든 지파의 공통적 의무이며 하나님의 말씀과 절기 예배 그리고 중앙 성소에서 드려지는 공적, 사적 제사에서 하나님의 통치가 표현된다.

> 이스라엘 12지파는 율법과 제사와 절기를 중심으로 한 신적 공동체였으며, 각 지파가 자기 영역을 다스리고, 국가의 위기에 협력하는 동반적

관계였다. 하나님은 그의 백성이 직접 자기 자신에게 복종하기를 원했다. … 그들이 이 율법에 순종한다면 그들은 평화적으로 모여 살 수 있을 것이다. 동시에 인간 통치를 유지하는 비용도 들지 않을 것이다. 무엇보다 그들은 하나님을 기쁘시게 할 것이며, 하나님은 그들의 지상적 추구를 번창하게 하실 것이다(Wood, 1985, 250).

비록 백성이 하나님의 통치를 거부하고 종종 징계를 받기도 했지만, 하나님은 사람들을 지명하시고 새롭게 하셔서 이스라엘을 다스리셨으며 그 안에서 열두 지파는 제사와 율법을 통해, 그리고 위기에 공동 대처함으로써 동맹 체제를 유지했고 각 지파의 영역을 보존했다(민 36:7).

신앙적 공동체를 유지하기 위한 일차적 책임은 레위 지파에게 있었는데, 하나님은 제사장들과 레위인들에게 선민 이스라엘의 신앙적 통일과 민족적 동질성을 책임지도록 하셨다.

레위인은 성막 주변이 아닌 분배받은 성읍에서 살았다(1985, 254). 48개의 레위인 도시는 하나님 말씀에 따른 신앙공동체를 실현할 현장이 되어야 했다(신 33:10).

하나님 백성은 열두 지파로 연합된 정치 사회 구조 안에 살았는데, 이 구조 안에서는 지파들 간의 유대와 협력과 자치 특징이 발견된다. 예를 들면, 광야에서 행군할 때 각 진의 구성은 야곱의 열두 아들 중 주로 어머니의 소생들로 구성되고(창 35:23; 민 2:18) 지파마다 레위인 외에 지도자, 행정가, 사법 담당관이 있어 사회적, 국가적 문제에 대응하고 명령과 규례의 말씀을 따라 공동체를 유지할 수 있었다(수 23:2).

또 한 가지 특징은 지파들에게 책임과 권한, 자산이 공평하게 분배되었다는 것이다. 각 지파는 지방 자치 기구, 토지, 레위인 도시와 도피성 등의 자산을 공평하게 가지고 있고 국가적 결정에 참여할 수 있으며, 유사시에는 각 지파의 대표가 함께 모여 민주적인 결정을 할 수 있었다(신 16:18).

모세오경에 나타난 지파 제도는 상호 의존적이면서도 서로 평등하게 연합할 수 있는 효율적 체계를 보여 준다.

룻기에는 동반적 삶을 위한 상호 부조에 관한 사회적 제도들이 나온다. 수혼 제도와 가난한 자를 위한 추수 규정, 토지 무르기가 바로 그것이다.

흉년을 피해 모압으로 이주했던 엘리멜렉과 나오미 가정은 엘리멜렉과 두 아들이 먼저 죽는 불행을 당한다. 늙은 나오미는 두 자부를 위해 아들을 낳아 줄 수는 없다. 죽은 형을 대신해 동생이 형수와 결혼하여 자식을 낳아 가문을 잇는 계대결혼을 시킬 수 없다는 것이다.

모압 여인인 두 자부 중에서 큰 자부는 작별을 고했으나 작은 자부 룻은 시어머니 나오미를 따라서 유다 베들레헴으로 돌아오게 된다. 마침 보리 추수 시기가 되어 룻은 추수 들판으로 나가게 되고 보아스가 율법의 규정대로 가난한 자를 위해 이삭을 남겨 주라고 하여 호의를 입게 된다(레 19:9; 룻 2:15).

나오미는 친절을 베푼 보아스가 가문을 무를 자가 됨을 알고 가문의 토지를 팔고자 했다(레 25:24-28). 이때 보아스는 토지 무르기를 허락했을 뿐 아니라, 모압 여인 룻과 결혼하여 자식을 낳아 가문을 이어 준다.

이스라엘은 왕정 시대에 접어든다. 사무엘은 통일왕국의 초대 왕으로 사울을 세우면서 여호와께서 이스라엘의 왕이 되심에도 불구하고 왕을 구한 일은 큰 죄악이라는 사실(삼상 12:12, 17)과 왕정 제도가 가져올 폐해를 대언한다(삼상 8:1)-18).

하나님께서 왕들에게 요구하신 것은 형제들 앞에서 자기를 높이지 않는 '겸손'과 '율법 준수'였다(신 17:14-20). 사무엘이 예견한 대로 왕국 시대 거의 모든 기간 동안 백성들은 중앙정부 유지를 위한 세금과 부역 그리고 궁전을 위한 인력과 군대 징집이라는 짐을 져야 했다.

열왕기상하에 나오는 왕국 시대, 특히 솔로몬 재위 중에 지파의 경계선과 연합체는 와해되었고, 하나님 통치 아래 상호 평등이라는 이상은 퇴색되어 왕 자신의 우상 숭배와 향락, 과도한 세금과 부역의 짐은 국가 분열의 불씨를 제공하게 된다.

분열왕국 시대의 남북조 왕들도 비슷한 전철을 밟게 된다. 아합은 탐욕 때문에 평민 나봇의 기업인 포도원을 누명을 씌워 빼앗았고 분열왕국 시대에 적대감과 지배욕에 따른 남북 간의 잦은 전쟁으로 공동체성은 상실되었다. 이스라엘은 하나님을 버리고 배교와 우상 숭배를 일삼았으므로 멸망에 이르게 되었다.

이와 같은 왕정 시대에 대한 부정적 교훈으로는 호세아의 일침을 기억하게 한다. 하나님께서는 분노함으로 왕을 세우고 폐하셨다(호 13:11). 그러므로 언약 백성의 삶의 방식은 형제 위에 자기를 높이지 않고 탐욕을 회개하며 말씀의 통치 아래서 서로 도우며 동반자로 살아가는 것임을 알 수 있다.

포로기 이후의 역사서에서 동반자 정신이 회복된 사례로는 느헤미야의 성벽 재건 공사가 있다.

느헤미야 1장을 보면 느헤미야는 페르시아제국 아닥사스다왕의 고위 관원이었으나 예루살렘성문이 불타고 성벽은 무너진 채로 있다는 이야기를 듣고 동족과 깊은 연대 의식을 느끼며 예루살렘을 두고 하나님께 기도한다. 그러한 그에게 예루살렘 총독으로 가게 되는 길이 열렸고, 도착 후엔 여러 난관을 극복하며 단 52일 만에 성벽을 재건하고 예배를 세워 신앙을 재건한다.

어떻게 이런 일이 가능했는가?

하나님의 선한 손이 도우셨고 모두 함께 힘을 내어 선한 일을 했기 때문이다.

> 후에 그들에게 이르기를 우리가 당한 곤경은 너희도 보고 있는 바라 예루살렘이 황폐하고 성문이 불탔으니 자, 예루살렘성을 건축하여 다시 수치를 당하지 말자 하고 또 그들에게 하나님의 선한 손이 나를 도우신 일과 왕이 내게 이른 말씀을 전하였더니 그들의 말이 일어나 건축하자 하고 모두 힘을 내어 이 선한 일을 하려 하매(느 2:17-18).

> 그때에 대제사장 엘리아십이 그의 형제 제사장들과 함께 일어나 양문을 건축하여 성별하고 문짝을 달고 또 성벽을 건축하여 함메아 망대에서부터 하나넬 망대까지 성별하였고 그다음은 여리고 사람들이 건축하였고 또 그다음은 이므리의 아들 삭굴이 건축하였으며 어문은 하스나아의 자손들이 건축하여 그 들보를 얹고 문짝을 달고 자물쇠와 빗장을 갖추었고 그다음은 학고스의 손자 우리야의 아들 므레못이 중수하였고 그다음은 므세사벨의 손자 베레갸의 아들 므술람이 중수하였고 그다음은 바아나의 아들 사독이 중수하였고(느 3:1-4).

느헤미야 당시 예루살렘에 있던 성벽과 문들을 나눠서 모두가 힘을 합쳐 재건했다. 참가 명단을 보면 제사장 그룹들을 비롯해서 귀족, 지방 관리, 상인, 토착민, 성 근처의 주민 등 다양한 민족과 계층이 각기 최선을 다해 동등하게 참여한 것을 알 수 있다.

여기서 대제사장 엘리아십이 제사장들과 함께 양문을 건축하여 성별 하였다는 것은 성벽 재건이 단순히 적들로부터 보호하기 위한 것만이 아니라 신학적 의미를 가진다(박우택, 2017). 즉, 하나님의 백성은 하나님 나라를 지키고 확장하는 데 함께 힘을 합쳐 동등하게 힘써야 할 의무가 있다는 것이다.

또한, 느헤미야는 건축하는 도중에 발생한 내·외부적인 도전들도 백성들과 연대하여 극복하게 된다.

> 너희는 어디서든지 나팔 소리를 듣거든 그리로 모여서 우리에게로 나아오라 우리 하나님이 우리를 위하여 싸우시리라 하였느니라(느 4:20).

또한, 사마리아 지방 관리들이 성벽 재건을 못하도록 방해하고 위협하였으나 건축과 방비를 조직화해서 공격을 무산한다. 귀족들이 가난한 사람들을 종으로 삼고 토지를 저당 잡았을 때, 그들도 동등한 하나님의 백성임을 깨닫게 하여 사회적 합의를 이끌어 낸다.

> 우리 육체도 우리 형제의 육체와 같고 우리 자녀도 그들의 자녀와 같거늘 이제 우리 자녀를 종으로 파는도다 우리 딸 중에 벌써 종 된 자가 있고 우리의 밭과 포도원이 이미 남의 것이 되었으나 우리에게는 아무런 힘이 없도다 하더라 … 내가 또 이르기

를 너희의 소행이 좋지 못하도다 우리의 대적 이방 사람의 비방을 생각하고 우리 하나님을 경외하는 가운데 행할 것이 아니냐 나와 내 형제와 종자들도 역시 돈과 양식을 백성에게 꾸어 주었거니와 우리가 그 이자 받기를 그치자(느 5:5, 9-10).

느헤미야의 성벽 재건을 볼 때 알 수 있는 것들이 있다.

먼저, 하나님의 백성에게는 하나님의 나라를 지키고 확장하는 데에 함께 힘을 합쳐 동등하게 힘써야 할 동반자적 의무가 있다. 또한, 역경 속에서 형제 의식을 가지고 서로 지지하고 상호 부조해야 한다는 것과 다양한 민족과 계층이 각기 최선을 다해 동등하게 참여할 때 어렵고 힘든 공사라도 완수할 수 있다는 것이다.

3) 시가서의 관점

시가서에는 동반자 관계에 대한 많은 교훈이 기록되어 있다. 하나님과 연합된 인간은 전인적인 축복을 받으며 하나님은 물론 다른 사람과 올바른 관계를 통해 그 축복을 누리게 된다.

시가서에서는 하나님의 백성을 복수로 이루어진 한 몸으로 여기며 "너"라고 칭하신다(시 50:7; 81:10).

보라 형제가 연합하여 동거함이 어찌 그리 선하고 아름다운고 머리에 있는 보배로운 기름이 수염 곧 아론의 수염에 흘러서 그의 옷깃까지 내림 같고 헐몬의 이슬이 시온의 산들에 내림 같도다 거기서 여호와께서 복을 명령하셨나니 곧 영생이로다 (시 133:1-3).

"형제가 연합하여 동거함"은 하나님 보시기에 아름다운 것이다. 그때 위로부터 내리시는 풍성한 축복과 영생의 복이 온 백성에게 임한다(시 133:1-3). 하나님과 연합하고 기뻐하시는 뜻을 행할 때 하나님은 그들을 보호하고 인도하시며 지도하신다(시 78:52; 95:7; 100:3; 125:2).

솔로몬은 젊었을 때 아가서를, 중년에는 젊은이들을 교육하기 위해 잠언을, 만년에는 전도서를 썼다(차준희, 2013). 잠언은 지혜로운 자와 동행할 것을 교훈한다(잠 13:20). 삶의 기술인 지혜(호크마, חָכְמָה)는 어떤 상황에서 올바른 생각과 행동을 할 수 있는 능력이다. 지혜에는 무한한 가치가 있다(잠 3:14-18; 16:16).

지혜는 어디에서 오는가?

지혜는 하나님과의 바른 관계에서 온다(잠 1:7; 9:10; 8:33-34). 그러므로 지혜자에게는 다음과 같은 특징이 있다.

지혜자는 자기 총명을 의지하지 않고 하나님을 경외하기에 능숙한 사람이다(욥 28:28; 잠 1:7; 3:5-6; 전 12:13). 또한, 지혜자는 훈계와 교훈의 말씀을 지킨다(잠 4:5-7). 지혜자에게는 하나님이 싫어하시는 교만과 거짓말과 악한 꾀가 없다(잠 6:16-18). 그들은 온순한 혀로 말하고 유순하게 대답하며 지식을 선히 베풀며(잠 15:1-5) 서로 의논할 수 있는 사람들이다.

욥의 친구들은 욥을 위로하러 왔으나 "재난을 주는 위로자"라는 말을 듣는다(욥 16:2-5). 지혜로운 자와 동행한다면 지혜를 얻지만 어리석은 자와 동행한다면 해를 입을 것이다(잠 13:20). 지혜로우면서 한뜻으로 의기투합해야 동반자의 길을 갈 수 있다(암 3:3).

그런 동행은 삼겹줄이 끊어지지 않음같이 서로 붙들어 주게 되며 서로 의논함으로 경영을 이루게 된다. 아울러 소의 힘을 얻으려면 지저분해 보이는 구유가 필요하듯이(잠 14:4) 협력을 위해서라면 지엽적인 문제는 초월할 수 있어야 한다.

전도서 4장 9-12절은 혼자 일하는 것보다 함께 일하는 것의 장점을 말해 준다.

> 두 사람이 한 사람보다 나음은 그들이 수고함으로 좋은 상을 얻을 것임이라 혹시 그들이 넘어지면 하나가 그 동무를 붙들어 일으키려니와 홀로 있어 넘어지고 붙들어 일으킬 자가 없는 자에게는 화가 있으리라 또 두 사람이 함께 누우면 따뜻하거니와 한 사람이면 어찌 따뜻하랴 한 사람이면 패하겠거니와 두 사람이면 맞설 수 있나니 세 겹 줄은 쉽게 끊어지지 아니하느니라(전 4:9-12).

이 말씀은 동반자 사역이 얼마나 유익한가를 말해 준다. 혼자 사역하는 것과 같은 목적을 가진 사람들이 협력하여 사역하는 것의 차이는 엄청나다.

"혼자 가면 빨리, 함께 가면 멀리 간다"라는 아프리카 속담처럼 혼자 하는 사역은 편하고 빠를지 몰라도 함께하면 쉽고 오래할 수 있다.

4) 선지서의 관점

역사서에서 살핀 대로 이스라엘의 왕과 백성들은 사명을 망각했다. 하나님 나라의 가치인 사랑과 정의와 공의를 실현하지 못했고 동반자의 삶은 훼손되었으며 주권과 국민과 국토는 분열되었다. 하나님께서 선지자들을 보내시되 '끊임없이 보내고 경고하셨다'(렘 7:25; 25:4)라는 말씀은 동반자 사역이 지속되려면 신앙과 사명의 본질로 돌이키게 할 수 있는 선지자적 임무가 필요하다는 것을 알려 준다.

이스라엘은 듣고도 들이키지 않았기 때문에 공동체적 고난과 연단의 시기가 온다. 그러나 도로 된 땅, 타문화권에서 다니엘과 세 친구들은 동반자 사역으로 위기를 극복함으로써 함께 동역하는 것이 고통과 핍박의 시대에 유용한 것임을 입증한다.

또한, 하나님은 포로기 선지자들을 통해 의로운 새 시대의 꿈을 주신다(렘 31:31). 하나님은 백성이 애굽 땅에서 나온 날부터 꾸준히 선지자를 보내셨다. 선지자의 임무는 하나님의 말씀을 대언하는 것이며 듣지 않으면 벌을 받게 된다(신 18:19). 선지자를 보내시는 진정한 목적은 백성이 돌이켜 순종함으로 삶을 얻는 것이다(겔 18:21-23). 하나님과 뜻이 같지 않으면 동행할 수 없기 때문이다.

선지자는 지도자들과 백성들의 죄에 대해 경고했다. 그들은 하나님 외에 다른 신을 섬겼으며, 이웃에게 악을 행하고 선을 베풀지 않았다. 이스라엘은 주인이신 하나님을 버리고 멀리했으며 성회와 함께 악을 행했다(사 1:4, 13).

왕과 고관들, 제사장과 선지자들은 악을 행하며(사 56:10-12; 렘 23:11) 의인은 오히려 죽임을 강했다(사 57:1-2). 백성은 거짓과 속임수로 신실하신 하나님을 배반했고(호 11:2) 하나님의 영광을 무익한 것과 바꾸고 생수의 근원 되신 하나님을 버렸다(렘 2:11-13). 그들은 예루살렘성전에 우상을 설치하고 그것들에게 절했으며, 담무스를 위해 애곡하며 태양을 숭배했다(겔 8:5-16).

하나님을 아는 사람은 약자를 위해 정의와 공의를 행함으로써 형통한 삶을 산다(렘 22:15-16). 하나님이 원하시는 것은 오직 정의를 행하고 인자를 사랑하며 겸손하게 하나님과 함께 행하는 것이다(미 6:8).

그러나 이스라엘의 왕과 지도자들은 사랑과 공의를 행하지 않았다. 하나님 말씀을 대언한 선지자들은 예외 없이 극한 반대를 받았으며 폭력을 당하고 투옥되었다(렘 36:5-6). 그들은 약자에 대한 의무와 공동체 유지를 위한 율법과 계명들을 지키지 않았고, 오히려 약하고 가난한 자들을 압제하고 죽이고 인신매매했으며 동족을 노예로 삼고 불의를 자행했다(렘 2:34; 34:11; 사 10:2; 암 4:1; 8:6).

하나님은 이스라엘과 유다에게 악한 행실을 버리고 선행을 배우며 정의를 구하고 학대를 받는 자를 도와주며 고아를 위하여 신원하고 과부를 위하여 변호하라고 경고하신다(사 1:16-17). 만일 거절하면 재난이 닥치게 될 것이고 무지함 때문에 포로가 될 것이다(사 5:13). 하나님의 경고를 듣지 않으면 공동체적 고난과 연단이 온다. 하나님은 그들을 칼과 기근과 전염병, 포로로 멸하실 것이며(렘 14:15; 15:2) 계속되는 침략과 약탈이 있을 것이다.

그들은 결국, 밭이 황무하고 토지가 마르는 기근이 와서(욜 1:4-10) 폐허가 되어 칠십 년 동안 바벨론의 왕을 섬기게 된다(렘 25:11).

그러나 포로 된 곳에서 하나님은 백성의 성소가 되어 주신다(사 8:14; 겔 1:26-28). 이스라엘은 진멸되지 않았으며 지역을 담당하는 족장, 장로들의 활동과 회당(스 8:17; 겔 20:1), 선지자 교사들을 통한 신앙 교육 등으로 공동체의 명맥을 유지하면서 회복의 날을 꿈꾼다(스 8:15-23).

다니엘과 에스더, 모르드개는 타문화권인 페르시아 왕궁에서 주도적 영향을 끼쳐서 공동체를 보존했으며 포로기 신앙인들의 모델이 되었다. 다니엘은 두려운 꿈 앞에서 떠는 바벨론 왕과 술객들에게 하나님의 지혜로 조언함으로써 역사의 주인 되시는 하나님을 선포했고(단 4:34), 계속되는 위기 속에서도 하나님께 감사하고 민족을 위해 기도했다(단 9:2-19; Glasser, 2008, 235). 이는 세 친구들이 함께 동반자가 되어 사역함으로 가능했다.

> 그들 가운데는 유다 자손 곧 다니엘과 하나냐와 미사엘과 아사랴가 있었더니 … 그가 그들의 말을 따라 열흘 동안 시험하더니 열흘 후에 그들의 얼굴이 더욱 아름답고 살이 더욱 윤택하여 왕의 음식을 먹는 다른 소년들보다 더 좋아 보인지라 그리하여 감독하는 자가 그들에게 지정된 음식과 마실 포도주를 제하고 채식을 주니라 하나님이 이 네 소년에게 학문을 주시고 모든 서적을 깨닫게 하시고 지혜를 주셨으니 다니엘은 또 모든 환상과 꿈을 깨달아 알더라 왕이 말한 대로 그들을 불러들일 기한이 찼으므로 환관장이 그들을 느부갓네살 앞으로 데리고 가니 왕이 그들과 말하여 보매 무리 중에 다니엘과 하나냐와 미사엘과 아사랴와 같은 자가 없으므로 그들을 왕 앞에 서게 하고 왕이 그들에게 모든 일을 묻는 중에 그 지혜와 총명이 온 나라 박수와 술객보다 십 배나 나은 줄을 아니라(단 1:6, 14-20).

어려운 시기에 신앙의 순결을 지켜야 할 때와 이유도 모르는 박해 속에서도 다니엘과 세 친구는 서로를 위해 기도하고, 함께 페르시아제국의 관리로서 일했다. 비록 포로민이었지만 타문화권인 페르시아에서 하나님의 뜻을 이룰 수 있었다. 날로 어려워져 가는 기독교 선교의 환경 속에서 동반자 사역이 얼마나 중요한지를 보여 주는 내용이 아닐 수 없다.

> 왕의 명령이 내리매 지혜자들은 죽게 되었고 다니엘과 그의 친구들도 죽이려고 찾았더라 … 다니엘이 들어가서 왕께 구하기를 시간을 주시면 왕에게 그 해석을 알려 드리리이다 하니라 이에 다니엘이 자기 집으로 돌아가서 그 친구 하나냐와 미사엘과 아사랴에게 그 일을 알리고 하늘에 계신 하나님이 이 은밀한 일에 대하여 불쌍히 여기사 다니엘과 친구들이 바벨론의 다른 지혜자들과 함께 죽임을 당하지 않게 하시기를 그들로 하여금 구하게 하니라 (단 2:13, 16-18).

> 느부갓네살이 말하여 이르되 사드락과 메삭과 아벳느고의 하나님을 찬송할지로다 그가 그의 천사를 보내사 자기를 의뢰하고 그들의 몸을 바쳐 왕의 명령을 거역하고 그 하나님밖에는 다른 신을 섬기지 아니하며 그에게 절하지 아니한 종들을 구원하셨도다 (단 3:28).

다니엘과 하나냐와 미사엘과 아사랴는 고국을 떠나 이방의 생소한 문화 속에서 힘을 합쳐 동역했다. 선교가 어려운 타문화권에서야말로 동반자 사역은 선택이 아닌 필수다(조용중, 2016).

연단의 시간은 끝나 가고 있다. 하나님은 새로운 일을 행하시고 의로운 공동체를 일으키신다. 부패하고 실패한 왕들이 아닌, 다윗의 의로운 가지가 일어날 것이다. 그는 우리의 공의가 되실 것이며 왕이 되어 지혜롭게 다스리며 세상에서 정의와 공의를 행하실 것이다(렘 23:5-6).

다윗의 왕좌와 그 나라에 군림하여 나라를 굳게 세우고 영원히 정의와 공의로 그것을 다스리실 것이다(사 9:1-7). 여호와의 종을 통해 이스라엘의 남은 자는 돌아오게 될 것이며 이방의 빛이 될 것이다(사 49:6).

이는 여호와의 의로운 종이 지식으로 많은 사람을 의롭게 하며 또 그들의 죄를 친히 담당했기 때문이다(사 53:11). 그 왕은 만국의 보배요(학 2:7), 백성을 속죄하기 위해 고난받는 목자요(슥 13:7), 상처를 치료하는 공의로운 태양(말 4:2)으로 불릴 것이다.

그러므로 새 공동체의 백성들은 믿음으로 사는 의인(합 2:4)이며 새 마음과 새 영을 받은 새 언약의 백성(겔 36:26; 렘 31:31)으로서, 하나님 앞에 진실한 예배를 드리고 이웃에게 악을 행치 않으며 하나님의 율례와 법도를 행하는(말 2:1-4:3) 의로운 공동체가 되어야 한다.

2. 동반자 사역을 위한 신약의 관점

구약에서 약속하신 새 시대가 도래하였다. 예수 그리스도의 오심으로 시작되는 신약성경에서의 동반자 사역을 복음서, 사도행전, 서신서, 요한계시록의 관점으로 논하기로 하겠다.

1) 복음서의 관점

동반자 사역을 위한 복음서의 관점은 예수 그리스도의 성육신과 삶과 교훈들, 제자공동체의 동반자적 특성과 십자가의 희생적 죽으심에 나타난다.

첫째, 예수 그리스도께서는 친히 인간이 되어 함께 사셨다.

> 말씀이 육신이 되어 우리 가운데 거하시매 우리가 그의 영광을 보니 아버지의 독생자의 영광이요 은혜와 진리가 충만하더라(요 1:14).
>
> 우리에게 있는 대제사장은 우리의 연약함을 동정하지 못하실 이가 아니요 모든 일에 우리와 똑같이 시험을 받으신 이로되 죄는 없으시니라 … 그가 무식하고 미혹된 자를 능히 용납할 수 있는 것은 자기도 연약에 휩싸여 있음이라 … 그는 육체에 계실 때에 자기를 죽음에서 능히 구원하실 이에게 심한 통곡과 눈물로 간구와 소원을 올렸고 그의 경건하심으로 말미암아 들으심을 얻었느니라 그가 아들이시면서도 받으신 고난으로 순종함을 배워서 온전하게 되셨은즉 … (히 4:15; 5:2, 7-9a).

하나님은 아들을 통해 선교하셨다. 예수 그리스도는 사람으로 태어나 하나님을 계시하셨다.

예수께서 사람들의 동반자로 자라셨고 사람들과 소통하며 고난을 통해 복음을 전하셨다는 것은 오늘날의 동반자들이 상대방의 언어와 문화에 성육신하여 동일시하고 서로의 문화를 배워야 한다는 것과 그 과정에서 생기는 고난들을 간절한 기도로 극복해야 한다는 것을 알게 한다.

둘째, 성육하신 예수 그리스도는 신자가 하나님과 다른 지체들과 어떻게 연합해야 하는지 삶과 교훈으로 보여 주셨다.

주님은 신자가 하나님과 타인과 공동체를 이뤄 동반자적 삶을 사는 것을 천국의 가치관으로 제시하시고, 연합과 협력과 일치에 대한 말씀을 남기셨다. 우리는 그것을 복음서의 메시지를 통해 확인할 수 있다.

산상수훈(마 5-7장)을 보면 천국의 시민들은 마음이 가난하여 애통할 수밖에 없으며 의에 주리고 목말라 있는 사람들로서 "공의"가 되시는

(렘 23:6) 예수 그리스도와 말씀으로 채워져서 배부르고 위로를 얻으며 온유한 자들이다. 이제 그들의 심령은 청결해지며 타인을 긍휼히 여기게 되며 화평의 사자가 되어 하나님의 아들 됨을 증거하게 된다.

또한, 의가 되시는 예수 그리스도와 복음을 위하여 박해를 받으나 하늘의 큰 상을 받게 되는 복 있는 자들이다(마 5:1)-12; 막 8:35; 10:29). 예수님은 그들에게 생각과 태도와 행동이 조화를 이룬 온전한 의를 행할 것을 요구하신다(마 5: 48).

하나님의 백성은 '우리'의 이미지로 살아간다. 그들은 우리의 이름으로 기도한다. 하나님의 뜻이 이 땅에 실현되고 필요를 채워 주실 것을 믿으며 시험에 들지 않고 악에서 건져 주시기를 기도로 사역한다.

타인의 잘못을 용서해야 하며 자신들의 죄와 연약함을 인정하고 회개해야 하며 하나님의 긍서와 자비를 구해야 한다(마 6:9-13; 18:21-22; 눅 7:41-43; 10:13; 요 13 14-15). 이러한 동반자적 삶을 실현하기 위해 주님은 율법의 참뜻을 해석하시면서 겸손과 평등과 협력과 연합을 위한 삶의 방식과 지침을 주셨다.

공동체에서 지도자는 오직 한 분, 곧 그리스도시다. 우리는 다 형제다. 랍비나 아버지나 지도자라 칭함을 받지 말아야 하며 큰 자는 모든 사람을 섬기는 자가 되고 자기를 낮추는 자가 되어야 한다(마 23:7-12; 막 9:35; 눅 22:25-27). 동반자 삶에는 작은 자에 대한 존중(마 18:10)과 섬김과 자기 낮춤이 기본되어야 한다(눅 22:27).

예수님은 섬기는 자로서 그들 가운데 거하셨으며 섬김의 극치는 십자가에서 죽으신 희생이다(마 26:28; 요 12:32-33). 겸손하고 온유한 마음으로 예수앞에 나아가면 참된 안식을 얻고, 믿음으로 구원을 받으며 불가능을 이긴다(마 8:26; 11:28; 눅 18:42; 요 3:16).

공동체가 화목하게 세워지기 위해서는 증오와 비판과 편견과 폭언과 서로 물고 찢는 분쟁을 금해야 하고(마 5:21-22; 7:1-5) 치리는 정당한 절차 가운데 행해져야 한다(마 18:15-20).

또한, 하나님과 예수 그리스도 안에서 교회의 일치와 연합을 명령하셨다. 제자들은 주님이 사랑하신 것같이 겸손과 희생으로 서로 사랑하라는 새 계명을 받는다(요 13:34). 계명을 따라 살 때 아버지와 아들 안에 거하게 되며 하나님과 다른 형제와 연합된 삶을 살 수 있다(요 14:20-21). 아버지와 아들 예수께서는 그들과 거처를 함께하실 것이며 진리로 거룩하게 하실 것이다. 이 하나된 공동체 안에 거하는 거룩한 사랑을 보며 세상이 하나님을 알게 될 것이다(요 17:17-23).

> 아버지께서 나를 세상에 보내신 것같이 나도 그들을 세상에 보내었고 또 그들을 위하여 내가 나를 거룩하게 하오니 이는 그들도 진리로 거룩함을 얻게 하려 함이니이다 내가 비옵는 것은 이 사람들만 위함이 아니요 또 그들의 말로 말미암아 나를 믿는 사람들도 위함이니 아버지여, 아버지께서 내 안에, 내가 아버지 안에 있는 것같이 그들도 다 하나가 되어 우리 안에 있게 하사 세상으로 아버지께서 나를 보내신 것을 믿게 하옵소서 내게 주신 영광을 내가 그들에게 주었사오니 이는 우리가 하나가 된 것같이 그들도 하나가 되게 하려 함이니이다 곧 내가 그들 안에 있고 아버지께서 내 안에 계시어 그들로 온전함을 이루어 하나가 되게 하려 함은 아버지께서 나를 보내신 것과 또 나를 사랑하심같이 그들도 사랑하신 것을 세상으로 알게 하려 함이로소이다(요 17:18-23).

셋째, 예수님과 제자들의 공동체적 삶의 방식이다. 예수님의 사명은 하나님 나라를 선포하는 것만이 아니라, 하나님 나라의 현존을 구현하시는 것이었다(Newbigin. 1995, 41). 제자들과 동반자적 삶을 사셨고, 공동체적으로 훈련시키며 파송하셨다. 제자공동체는 동반자 선교의 원형 모델이자 하나님 나라의 모습을 보여 준다.

예수님은 열두 제자를 부르시고 홀로 있게 하신 것이 아니라 공동체에 편입시키셨으며 부르심을 통해 사역에 동행하게 하셨다. 부름받은 대다수의 제자들은 갈릴리 출신이었으며(요 21:2) 가족 관계인 제자도 네 명이 있었다.

예수님 당시 유대고는 제자(Talmid)가 자신의 선생을 선택하는 것이었지만, 예수를 따르는 사람들은 예수로부터 부름을 받았기 때문에(Bosch, 2017, 78) 예수님을 따랐다. 예수께서는 신뢰 형성, 인생의 비전 제시, 자기 모범, 따르도록 브르심, 힘을 부여하시는 것으로 사람들을 이끄셨다(Lingenfelter, 2011, 26-29).

또한, 가족 단위 혹은 개인이나 동업자가 부름을 받았다는 것은 우연이 아니라 예수께서 동반자 팀을 이미 작정하셨다는 것을 보여 준다. 주님이 선교적 목적을 가지고, 서로 익숙한 동업자나 가족 단위로 제자를 부르셨다는 것은 동반자 선교가 시작될 때 주목해야 할 사실이다.

사역에 참여할 구성원들이 선교적 부르심을 가졌는지, 그들에게 주어진 갈릴리를 가꿔 나갈 만큼 그 지역을 알고, 함께 협력할 수 있는가를 점검해야 한다.

예수께서는 가르치고 사역하는 곳에 제자들과 동행하셨고 현장에서 말씀을 가르치셨다. 그렇게 열두 명의 제자들은 고정적인 교육 시설이 아닌, 이동형 수업을 하게 된다. 삼 년 반 동안 이동하면서, 여행길에서 예수 그리스도의 복음(막 1:1)이라는 메시지와 삶과 사역을 스승에게서 배우고, 서로를 통해 배우는 역동적인 학습과 동반 관계를 형성한다.

예수께서는 책을 쓰지 않고 공동체를 형성하셨다(Newbigin, 2007, 419). 주님은 이 공동체가 그분의 왕적 통치에 우선적으로 응답하고 선포와 설득을 통하여 공동체 멤버가 다른 사람들을 점차적으로 그들의 생활과 봉사에 끌어들이도록 인식시키셨다(Glasser, 2008, 13).

제자들은 배울 때도 있었지만 종종 보내심을 받아 단독 사역할 기회가 있었다. 이런 기회를 통해 주님은 제자들을 배움의 공동체인 동시에 미래 사역을 위한 서로의 동반자로 준비시키셨다고 볼 수 있다.

주님은 그들을 혼자 보내지 않고 복수로 보내셨는데(막 6:7; 눅 10:1) 이 전통은 초대 교회까지 이어지게 된다. 복음서에 나타난 두 번의 파송 기간에 제자들은 동역자 정신을 훈련할 수 있었을 것이며 구원과 치료를 기다리는 많은 지역을 볼 수 있었을 것이다(요 4:35-36).

주님은 복음과 도움의 손길을 기다리는 다수의 사람을 위해 친히 가시려는 각 곳으로 둘씩 파송하셔서 필요를 돌보게 하시고 어떤 지역도 소외되지 않도록 하셨다. 이는 복음의 황무지나 자력 전파가 어려운 곳에 그리스도의 몸인 교회가 다양한 은사를 가지고 동반자로 참여해야 한다는 것을 의미한다.

넷째, 예수 그리스도의 십자가는 하나님과 인간을 하나 되게 하시기 위해서 자기희생이 필요함을 극적으로 보여 주셨다. 이 부분은 서신서 고찰에서 다시 다루기로 하겠다.

인간이 동반자로 살기 위해 아무리 노력을 했다 해도 예수 그리스도의 십자가 죽으심이 없었다면 하나님과 다른 그리스도인과 동반적 관계를 맺을 수 없다.

2) 사도행전의 관점

동반자 사역을 위한 사도행전의 관점은 성령과 교회의 동역, 사도들의 동반자 사역 그리고 이방 교회들의 동반자 사역을 들 수 있다. 예수 그리스도의 죽으심과 부활을 통해 민족 간의 화해와 동반자 삶이 세계로 확대되었다.

성령은 교회를 탄생하게 하시고 선교의 동반자가 되셨다. 예수 그리스도께서 승천하시기 전에 성령의 강림을 예고하셨다(행 1:4-8). 성령은 제자들에게 권능을 주셔서 예루살렘과 온 유대와 사마리아 그리고 땅 끝까지 예수 그리스도를 증거하게 하실 것이다.

오순절이 이르렀을 때 이 말씀은 그대로 현실이 되었다. 성령을 받은 제자들을 통해 15가 국의 언어로 복음이 전해졌고 예루살렘 교회가 형성되었다(행 2:1-4; 41-47).

성령께서 사도들과 일하실 때, 단 하루에 이 모든 일이 이루어졌다. 성령은 예수 그리스도의 영으로 교회를 탄생하게 하시고 진리의 영으로 사도들이 복음을 설교하게 하시며 기사와 표적으로 증거하셨다(행 2:42-45).

사도행전에는 제자들이 성령과 함께 동반 사역을 하는 많은 기록이 있다(행 2:11; 6:8; 8:29; 10 44; 13:2-3; 15:28).

아서 글라서의 말대로 선교에 참여하는 성령에 관해 언급한 많은 본문을 탐구할 때, 우리는 성령이 선교의 가장 중요한 대행자임을 알게 된다. 인간은 두 번째 대행자가 된다(Glasser, 2008, 427). 예수께서 말씀하신 대로 성령은 제자들과 함께 복음을 증거하시는 신적 동반자시다(요 15:26).

사도와 제자들은 동반자적 사역을 했다. 베드로와 요한 그리고 나머지 사도들과 예수님의 동생 야고보는 예루살렘 교회의 핵심 리더로서 말씀과 기도, 치리 사역을 감당한 것으로 보이며(행 8:14; 15:13) 헬라파 그리스도인들의 구제와 접대를 위해 일곱 명의 제자들이 동역하게 되었다(행 6:2-4).

예루살렘 교회는 부르심과 은사를 따라 동역했으므로 하나님의 말씀이 왕성해지고 제자의 수가 심히 많아졌다(행 6:7-8). 바울은 고린도에서 브리스길라와 아굴라의 사업 현장에서 동반 관계를 형성하여 일년 반 동안은 고린도에서, 2년 동안은 에베소에서 함께 일했고 소아시아의 복음화를 이루었다(행 18:11; 19:10).

동반자적 사역은 모두가 같은 일을 할 때가 아닌 소명과 은사를 따라 공동의 목적을 위해 협력할 때 성공할 수 있음을 알게 된다.

복음이 전파됨에 따라 언어와 문화가 다른 여러 지역에 교회가 세워지고 제자들이 생겼으며 지역과 민족이 서로 다른 제자들도 동반자 삶을 살게 된다.

사도행전 8장에서는 이스라엘 민족으로 인정받지 못하던 사마리아에 복음이 전파되고 여러 도시에 공동체가 형성된 것을 보여 주며, 10장에서는 라틴 민족인 로마 백부장 고넬료의 가정이 예수 그리스도의 제자가 되었으며, 13장에서는 수리아 안디옥에 헬라인의 많은 제자의 무리가 생겼다.

이처럼 초대 교회는 지역과 언어와 문화가 다름에도 불구하고 예수 그리스도의 몸 안에서 동반적 삶과 사역을 실천했다.

베드로와 요한은 사마리아 교회에 영적인 충만함을 더하였다. 바나바는 안디옥 교회의 양육을 위해 다소에서 바울을 불러왔다. 안디옥 교회가 설립될 때 예루살렘 교회가 바나바를 파송하고, 바나바는 바울을 참여시켜, 교육과 훈련에 힘썼으며 여러 민족의 구성원이 함께 섬기는 글로벌 파트너십의 모형을 엿볼 수 있다(행 11:22-26; 13:1).

> 바나바는 착한 사람이요 성령과 믿음이 충만한 사람이라 이에 큰 무리가 주께 더하여지더라 바나바가 사울을 찾으러 다소에 가서 만나매 안디옥에 데리고 와서 둘이 교회에 일 년간 모여 있어 큰 무리를 가르쳤고 제자들이 안디옥에서 비로소 그리스도인이라 일컬음을 받게 되었더라(행 11:24-26).

비록 바나바가 착한 사람이었고 성령과 믿음이 충만한 사람으로 그의 사역을 통하여 안디옥 교회가 큰 부흥을 경험하였지만, 바나바도 가르치는 은사를 가진 바울과 동반자 사역을 할 필요를 느껴 먼 길리기아 다소까지 가서 바울을 데리고 와서 큰 무리를 가르쳤다.

안디옥 교회가 선교를 시작한 후 바나바와 바울은 복음을 전하고 교회들을 개척한 후에는 여러 이유로 그 지역을 떠난다. 그러나 그 후에도 이미 개척된 교회들과 유대 관계를 맺고 사역했다. 이로써 교회들이 든든히 서 가게 되었으며 사명을 바로 감당할 수 있도록 서로 도왔다(박기호, 2005, 155).

사도행전을 보면 갈라디아 교회의 디모데와 빌립보의 에바브로 디도,

누가, 오네시모 등은 지속적으로 바울의 사역을 보좌하고 동참했으며 그 밖의 많은 지역에도 인적 네트워크가 형성되어 동반적 사역을 하고 있었다는 사실을 발견할 수 있다(롬 16장).

초대 교회는 사역자들의 동역뿐 아니라 예수 그리스께 받은 은혜도 외국과 타 지역 공동체와 나누고 실천했다. 예루살렘에 흉년이 들었을 때 안디옥 교회는 글로벌 차원에서 예루살렘 교회를 기쁘게 부조하였다(행 11:29).

교통과 통신이 발달한 현대 사회에서는 외국의 교회를 돕는 일이 그리 어려운 일이 아니다. 그러나 AD 1세기, 그것도 주로 이주민이나 하층 근로자들로 이루어진 초대 교회가 심한 핍박 가운데서 이처럼 글로벌 차원에서 동반자 선교 사역에 힘쓰고, 인적 교류와 더불어 은사의 나눔과 재정적 후원까지 이어졌다는 것은 니센의 말대로 하나님과의 관계가 다른 사람들과 관계에 반영되는 교회의 공동체성 때문이며 은혜의 표현이요 실천이었다(Nissen, 2005, 199).

사도행전을 통해 AD 1세기의 기독교공동체는 현재 우리가 필요로 하는 영적, 인적, 물질적 차원의 동반자 선교를 이미 실천하고 있었음을 발견하였다.

3) 서신서의 관점

서신서는 이방의 그리스도인들과 하나 됨을 이뤄 갈 때 생겨난 많은 주제에 관해 답하고 있다. 서신서에 나타난 타문화권 그리스도인들과 동반자적 관점은 한 믿음 안에서 협력하는 것, 그리스도 몸의 통일성과 다양성을 이해하고 은사에 따라 협력하는 것, 기독교 사역 주체 간의 영적, 인적, 물적 자원의 총체적 나눔과 이를 가능케 하는 예수 그리스도의 자기 비움을 본받음, 문화의 존중이다.

복음이 이방 세계에 전파될 때 교회의 하나 됨과 연합을 위해서는 신앙의 순수성을 지키는 것이 중요했다. 실제로 로마서나 에베소서 같은 바울서신과 베드로전후서, 히브리서 같은 공동서신의 앞부분을 보면 주로 신앙과 교리를 재진술하고 그다음에 신앙에 합당한 생활과 인격에 대해서 교훈한다.

갈라디아 교회는 복음의 순수한 가르침을 잃을 위기에 처했다. 가만히 들어온 거짓 선생들이 있었기 때문이다. 성도들은 바울로부터 복음을 듣고 믿음으로 구원을 받았다. 그러나 율법을 행함으로 의롭게 될 수 있다는 거짓 교사들의 유혹에 빠져 성령으로 시작하였다가 육체로 마칠 위기에 처하게 되었다.

데살로니가 교회는 종말론에 대한 오해가 있었고, 고린도 교회는 헬라 문화의 영향으로 부활에 대한 오해가 있었다. 영지주의와 이교 풍습이 있는 지역에 세워진 골로새 교회에는 예수 그리스도의 신성에 대한 확신이 부족했다(골 1:15-20).

에베소 교회는 예수 그리스도의 몸인 교회의 영광과 자각이 필요했다. 유대교 배경의 그리스도인들에게는 대제사장이시요 성도의 안식과 기업이 되시는 예수 그리스도에 대한 확신이 필요했다.

이처럼 서신서는 교회의 신앙적 통일성을 힘써 지키려는 흔적을 보여 준다. 왜냐하면, 한 몸, 한 성령, 한 소망, 한 주(主), 한 믿음, 한 분 하나님을 믿는 진리 안에서만 연합하고 동역할 수 있기 때문이다(엡 4:3-6).

지금도 예수 그리스도의 복음 내용을 전체적으로 받아들이는 것이 교회의 하나 됨을 위한 기준이 되어야 한다. 유일한 기준은 예수 그리스도의 복음이다(Kung, 1967, 377). 타문화권에 복음이 전파될 때 진리의 하나 됨을 꾸준히 점검하고 바른 신앙으로 조절해 나아갈 때 긴밀한 동반자 관계가 유지될 수 있다.

동반자 사역을 위해서는 진리와 믿음을 점검하고, 이견이 생겼을 때는 대화와 성경 연구를 통해서 이견을 해소해야 함을 발견한다.

서신서에는 복음이 전파된 여러 지역에 사는 성도들의 삶과 생활 태도에 대한 교훈이 있다. 구원받은 성도는 점진적으로 거룩하기를 갈망해야 한다.

예배를 통해 하나님께 자신을 드리고 자신을 죄에 대해 죽은 자요, 하나님과 그리스도께 대하여는 산 자로 여겨 영으로써 몸의 행실을 죽이고 하나님의 영으로 인도함을 받는 하나님의 자녀로 살아야 한다(롬 6:11; 8:13-14). 또한, 어둠의 일을 벗고 빛의 갑옷을 입어야 하고(롬 13:12) 자신의 몸이 하나님의 성전임을 인식해야 한다(고전 3:16).

타인은 용납과 관용과 사랑으로 대해야 하고 진실함과 온유함과 신중함과 성실함과 인내로서 불의한 사회에서도 섬기는 자로 살며 고난 가운데 그리스도를 증거하고(롬 8:17; 살전 2:14) 사랑을 추구하며 질서와 품위를 따라 하나님의 교회에 봉사하며(고전 14:1, 39-40) 하나님께 영광 돌리는 삶을 살아야 한다(롬 13:14; 15:6).

새사람의 인간됨의 기준과 중심은 그리스도 예수의 삶이다(롬 15:5; 빌 2:13-16). 그러므로 서로 다른 공동체나 개인이 협력하여 동반자의 길을 가기 위해서는 그리스도인의 삶과 인격과 생활에 대한 이상의 교훈을 잘 적용할 필요가 있다.

또한, 동반자 사역을 위한 서신서의 관점은 지역마다 가지고 있는 문화를 존중하는 것이다. 문화란 한 그룹에 소속된 사람들이 공유하는 통합된 믿음, 느낌, 가치 그리고 세계관을 의미한다(Hiebert, 1998, 39).

세계에는 많은 민족이 존재한다. 각 민족이 사는 터전과 생활 환경은 각각 다르며 그곳에서 생존을 위해 문화를 발전시켜 왔다. 서신서는 현지 문화에 적응하여 복음을 전한 기록들을 보여 준다.

초대 교회가 여러 민족에게 복음을 전할 때 다음과 같은 하나의 질문이 대두되었다.

이방인 성도들이 그리스도인이 되기 위해서는 먼저 유대인이 되어야 하는가?

이런 물음에 대해 예루살렘 교회는 '그럴 필요가 없다'고 결의했다(행 15:28-29). 유대인 성도와 이방인 성도의 교제를 방해할 수 있는 단 몇 개의 지침만 지키라고 권고했을 뿐이다. 바울은 아테네인들에게 하나님은 인류의 모든 족속을 한 혈통으로 만드셨고 온 땅에 살게 하시며 거주의 경계를 한정하셨다고 하였다(행 17:26).

바울은 고린도 성도들에게 자신은 유대인이지만 민족과 문화를 초월해 여러 사람에게 여러 모습이 되어서 복음을 전했다고 말한다(고전 9:18-23). 상대방의 문화를 존중하고 적응하며, 이를 위해 자기 자유를 절제하는 것은 동반자 관계 형성과 사역에 있어 매우 필요한 일이다.

고린도전서 12장 4-11절에서는 한 몸에 여러 지체가 있고 서로 다른 기능을 가진 몸의 지체들이 서로 존중하며 지체들이 서로 협력하여 일해야 할 것을 가르친다.

은사는 여러 가지나 성령은 같고 직분은 여러 가지나 주는 같으며 또 사역은 여러 가지나 모든 것을 모든 사람 가운데서 이루시는 하나님은 같으니 각 사람에게 성령을 나타내심은 유익하게 하려 하심이라 어떤 사람에게는 성령으로 말미암아 지혜의 말씀을, 어떤 사람에게는 같은 성령을 따라 지식의 말씀을, 다른 사람에게는 같은 성령으로 믿음을, 어떤 사람에게는 한 성령으로 병 고치는 은사를, 어떤 사람에게는 능력 행함을, 어떤 사람에게는 예언함을, 어떤 사람에게는 영들 분별함을, 다른 사람에게는 각종 방언 말함을, 어떤 사람에게는 방언들 통역함을 주시나니 이 모든 일은 같은 한 성령이 행하사 그의 뜻대로 각 사람에게 나누어 주시는 것이니라(고전 12:4-11).

이 말씀은 그리스도 안에서 다른 은사를 가진 지체가 서로 협력하고 동반자 사역을 할 필요를 말해 주고 있다. 성령은 몸에 새겨진 차이를 지워 버리시지 않으며, 차이를 가진 사람들이 똑같이 그리스도의 한 몸에 접근할 수 있도록 해 주신다.

성령이 지워 버리시는 (혹은 적어도 약화시키시는) 것은, 사회적으로 구성되어 고착화된 '차이'와 '사회적 역할' 사이의 상관 관계다(Volf, 2018, 73). 그러므로 고린도전서 3장 4-9절에서는 동반자 사역을 해 나감에 있어서 같은 목적으로 부름받은 사람들이 하나님의 동역자로서 분열 없이 은사를 따라 협력할 것을 말해 준다.

어떤 이는 말하되 나는 바울에게라 하고 다른 이는 나는 아볼로에게라 하니 너희가 육의 사람이 아니리요 그런즉 아볼로는 무엇이며 바울은 무엇이냐 그들은 주께서 각각 주신 대로 너희로 하여금 믿게 한 사역자들이니라 나는 심었고 아볼로는 물을 주었으되 오직 하나님은 자라나게 하셨나니 그런즉 심는 이나 물 주는 이는 아무것도

> 아니로되 오직 자라나게 하시는 이는 하나님뿐이니라 심는 이와 물 주는 이는 한가지이나 각각 자기가 일한 대로 자기의 상을 받으리라 우리는 하나님의 동역자들이요 너희는 밭이요 하나님의 집이니라(고전 3:4-9).

고린도 교회의 경우에서 본 대로 동반자 사역을 저해하는 요소들은 다툼, 허영, 교만 등이다. 그러므로 빌립보서 2장 5절-11절에 나타난 예수 그리스도의 '자기 비움'(케노시스, κένωσις)은 동반자 사역을 위한 중요한 원리다.

바울은 빌립보 교회 성도들이 복음 사역을 위해 다시 힘쓰기 시작했기에 기뻐했으며(빌 4:10) 계속해서 복음 사역을 위해 함께 참여할 것을 권면하고 있다(빌 4:16-17).

복음 선교를 발전시키는 데 있어 바울은 빌립보 교회와 동반자 관계를 지속하는 것이 종말론적으로 유익하다고 확신하기 때문에 상호성(mutuality)과 상호 관계(reciprocity)에 대한 언급이 서신 여러 곳에서 발견된다(Jennings, 2019:4).

선교 동반자로 살아가기 위해서는 빌립보 교회의 경우처럼 자기를 비우고 낮추며 희생하고 복종하신 예수 그리스도의 모범을 본받아야 한다.

실제로 바울과 빌립보 교회는 10년 또는 12년간 협력 사업을 해 왔다. 그들은 또한 "복음의 진보"를 위해 일하면서 끊임없이 기도와 지원을 주고받았다(Bosch, 1991, 247).

바울은 협력과 동반자 사역을 함에 있어서 각각 마음을 같이하여 같은 사랑을 가지고 뜻을 합하고 한마음을 품고 사랑의 마음과 겸손한 마음을 가지고 자기의 일을 돌아볼 뿐 아니라 다른 사람들의 일도 돌아보아 하나님의 마음을 충만케 할 것을 권면한다.

> 그러므로 그리스도 안에서 무슨 권면이나 사랑의 무슨 위로나 성령의 무슨 교제나 긍휼이나 자비가 있거든 마음을 같이하여 같은 사랑을 가지고 뜻을 합하여 한마음을 품어 아무 일에든지 다툼이나 허영으로 하지 말고 오직 겸손한 마음으로 각각 자기보다 남을 낫게 여기고 각각 자기 일을 돌볼 뿐더러 또한 각각 다른 사람들의 일을 돌보아 나의 기쁨을 충만하게 하라 너희 안에 이 마음을 품으라 곧 그리스도 예수의 마음이니 그는 근본 하나님의 본체시나 하나님과 동등됨을 취할 것으로 여기지 아니하시고 오히려 자기를 비워 종의 형체를 가지사 사람들과 같이 되셨고 사람의 모양으로 나타나사 자기를 낮추시고 죽기까지 복종하셨으니 곧 십자가에 죽으심이라 이러므로 하나님이 그를 지극히 높여 모든 이름 위에 뛰어난 이름을 주사 하늘에 있는 자들과 땅에 있는 자들과 땅 아래에 있는 자들로 모든 무릎을 예수의 이름에 꿇게 하시고 모든 입으로 예수 그리스도를 주라 시인하여 하나님께 영광을 돌리게 하셨느니라(빌 2:1-11).

4) 요한계시록의 관점

요한계시록에 나타난 동반자적 관점은 천상에 있는 하나님 보좌 앞에 각 나라와 족속과 방언에서 나오는 큰 무리(계 7:9)와 새 하늘과 새 땅에 세워진 새 예루살렘성에서의 삶으로서 하나님과 사람과 자연의 동반적 삶이다(계 21:3; 24-26; 22:1-5).

요한계시록 7장 9절 이하에는 큰 환난에서 나오는 자의 무리를 볼 수 있다. 그들은 각 나라와 족속과 백성과 방언에서 아무도 능히 셀 수 없는 흰옷 입은 큰 무리로 종려 가지를 들고 하나님을 찬송하고 경배한다.

이들은 하나님의 계명을 지키고 예수의 증거를 가진 자들이며(계 12:17) 하나님과 어린양에 속한 자들이다. 우상에게 절하지 않은 순결한 자들이며 어린양이 어디로 이끌든지 따라가는 순종의 사람들이다(계 14:3-4).

지금 세계는 나라와 족속과 백성 간에 분쟁과 전쟁이 끊이지 않고 있다. 그러나 하나님 나라의 최종적인 모습은 전쟁이 종식되고 완전한 평화가 임하며 개들과 술객, 거짓말을 지어내는 자가 영원히 분리되는 곳이다(계 21:8).

어린양의 피로 거룩하게 된 하나님의 종들은 족적과 피부와 성별과 언어에 상관없이 모두가 하나 되어 하나님을 경배하게 될 것이다. 반드시 속히 이루어질(계 1:1) 마지막 결과를 바라보고 교회는 지금부터 나라와 족속과 백성들 사이에서 동반자 관계를 이뤄 가야 한다.

21장과 22장에서는 새 하늘과 새 땅의 삶을 볼 수 있다. 처음 하늘과 처음 땅은 없어졌다. 만물은 새롭게 되었고 하나님의 구원 계획은 다 이루어졌다(계 21:1, 4-6).

하나님과 백성의 언약은 회복되었다. 하나님의 장막이 사람들과 함께 계시며 눈물과 사망과 슬픔과 질병은 다 사라졌다. 이어서 하나님과 구원받은 백성이 거할 새 예루살렘성의 모습이 펼쳐진다.

그 성은 찬란하게 아름다우며 영광이 하나님과 함께 거하시기 때문에 성전이나 해와 달 같은 조명이 필요하지 않고 밤도 없을 것이다(계 21:22-25; 22:5). 그 성은 생명의 성이다. 그곳은 생명수의 강과 생명나무가 있으며 다시 저주가 없는 곳이다. 하나님과 어린양의 보좌가 중앙에 있을 것이며 종들이 하나님을 섬기고 그 얼굴을 직접 뵙게 되는 완전한 교제가 이루어지는 곳이다.

만국은 평화롭게 공존하며 새 예루살렘성을 중심으로 살게 될 것이고 악이 없기 때문에 성문은 언제나 열려 있을 것이다. 종말의 순간에 교회는 큰 환난을 통과할 수 있다. 그러나 모든 민족과 방언에서 구원 얻을 자가 있을 것인데, 그들은 하나님의 계명과 예수의 증거를 지킨 자들이다.

하나님의 종들은 새 예루살렘성에서 함께 살게 될 것이며 하나님께서 함께하시는 거룩한 성에서 만국의 백성이 생명수 강가에서 살며 불순종과 충돌과 아픔이 없는 완전한 신적 인적 환경적 조화가 있는 동반적 삶이 성취될 것이다.

그때를 바라보며 교회는 지금부터 삼위일체 하나님과 모든 나라와 족속과 백성들 사이에 동반적 관계를 이뤄 가야 한다.

3. 요약

신구약 성경과 선교신학 서적을 통해 타문화 동반자 사역의 성서적 근거를 연구하였다.

구약 모세오경의 관점에서 우리 하나님은 선교사 하나님이시다(Glasser, 2008, 39). 사탄의 일을 멸하고 죄에 빠진 사람들을 구원하며 세상을 새롭게 하기 위하여 일하시는 하나님은 삼위일체로 존재하시며 혼자 일하시지 않고 사람들을 불러 그들과 더불어, 그리고 그들을 통하여 일하신다. 그러므로 모든 사람도 서로 동반적 관계를 맺고 살아가야 한다.

또한, 하나님께 부여받은 자원들에 대해 사랑과 믿음의 청지기 정신으로 공급하고 나누어야 한다(왕상 17:9; 눅 22:35; 약 1:6; 요일 3:22).

이스라엘 역사를 통해 계시하신 동반적 삶의 관계와 구조는 하나님의 주권 아래 서로 동등한 권리를 가지는 신적 공동체 생활로서(삿 8:23; 삼상 12:17), 율법과 규례를 따라 상호 부조, 상호 책임을 지는 동반적 삶으로 초대된다. 따라서 모든 그리스도인은 삶과 생활에서 삼위 하나님의 동반적 삶을 나타내며 서로 존중하고 상호 의존해야 한다.

형제와 연합하여 동거하면 하나님 보시기에 아름다우며 축복된 삶을 살게 된다(시 133:1-3). 동반자들은 예배를 통해 하나님을 경외하며 지혜를 추구해야 한다(잠 13:20). 서로 마음이 하나 되어야 동반자의 길을 갈 수 있으며 협력을 위해서라면 지엽적인 문제는 초월할 수 있어야 한다.

하나님을 떠나 동반자 정신이 손상된 사회를 들이키기 위해서는 공동체 안에 선지자적 임므가 필요하다. 특히, 포로기를 산 다니엘, 에스더, 느헤미야, 에스라 같은 하나님의 종들은 타문화권에서 팀을 이뤄 활동했고 사명을 완수할 수 있었다.

동반자 선교에 관한 신약의 관점은 예수 그리스도의 성육신과 삶, 제자공동체의 동반자적 삶, 겸손과 희생, 연합과 협력에 관한 주님의 메시지 그리고 십자가의 희생적 사랑에서 극적으로 나타난다.

예수님은 열두 제자를 부르시고 공동체에 편입시키셨으며 그들을 배움의 공동체로서, 미래 사역을 위한 서로의 동반자로 준비시키셨다. 또한, 하나님과 타인과 공동체를 이뤄 동반적 삶을 사는 것을 천국의 가치관으로 제시하고 교훈을 남기셨다.

하나님의 백성은 서로 지체 의식을 가지고 사랑하며 겸손과 공의와 진리로 연합해야 한다. 이에 대한 구체적 실천은 십계명과 새 계명(요

13:34-35)에 나타난다.

　사도행전의 관점은 성령과 교회의 동역, 사도들의 동반적 사역 그리고 이방 교회들의 동반자 사역을 들 수 있다. 성령은 교회를 탄생하게 하시고 하나 됨과 통일성을 주시며 선교의 동반자가 되셨다(행 2:11, 41; 엡 4:3). 선교 동반자 사역은 진리를 믿는 공동체들의 협력 사역이며(고후 6:14) 영적, 물적, 인적 자원을 나누는 것이다. 이러한 동반자 사역에는 겸손과 희생이 필요하다.

　서신서는 이방의 그리스도인들과 하나 됨을 위한 성령의 역사와 화목을 이뤄 갈 때 생겨난 많은 주제에 대해 답하고 있다.

　서신서에 나타난 타문화권 그리스도인들과 동반자적 삶을 이뤄 가는 원칙과 기준은 신앙의 통일성, 복음에 합당한 생활, 문화의 존중 등이다. 저해하는 요소들은 다툼, 허영, 교만 등이다. 그러므로 인간이나 기관이 아닌 오직 예수 그리스도를 머리로 한 통일과 하나 됨을 추구하는 것이 파트너십 선교의 목표가 되어야 한다(엡 1:10).

　요한계시록은 완전한 동반자 삶은 천상에서 이루어진다는 것을 보여 준다. 새 하늘과 새 땅에 세워진 새 예루살렘성에서의 삶으로서 하나님과 사람과 자연의 동반적 삶이다(계 22:1-5).

　제3장에서는 성서적 연구에서 발견한 타문화 동반자 사역 전략에 필요한 선교학적 이론들을 연구하기로 한다.

제3장

타문화 동반자 사역의 선교학적 관점

제3장에서는 동반자 사역에 관한 선교학적 이론들을 고찰한다.

먼저, 동반자 사역과 타문화 동반자 사역의 개념과 분야들, 파트너십 개념 역사를 논의하고, 삼위일체론에 근거한 동반자 관계, 필립 버틀러의 '하나님의 나라 파트너십'(Kingdom Partnership) 이론과 부정적 결과를 살펴볼 것이다.

그다음, 이에 대한 대안으로서 폴 히버트(Hiebert)의 성육신적 삶과 사역 원리(Incarnational mission, ministry)와 타문화권 의사소통을 원활하게 할 수 있는 문화 내 커뮤니케이션(Communication in Culture) 이론에 대해 논의하고자 한다.

먼저 동반자 사역(Partnership in Mission)과 타문화 동반자 사역(Cross-Cultural Partnership)의 정의와 유형을 논의하고자 한다.

1. 동반자 사역과 타문화 동반자 사역

선교학에서 동반자 사역은 성경적 선교 원리인 동시에 효과적인 선교 전략이라 할 수 있다. 그러므로 동반자 사역의 바른 개념을 갖는 것이 중요하다. 동반자 사역을 위한 중심 개념인 '파트너십'(Partnership) 개념을 살펴보면 다음과 같다.

> 파트너십은 양자 혹은 다자간에 공동의 이해 관심사를 통해서 구체적인 의도성을 갖고 공유된 목표를 협력적으로 실현하는 것을 의미하며 상호 의존성이 핵심이다.
> 파트너십 개념은 종종 협력(collaboration), 협동(cooperation), 조정(coordination), 네트워크(network), 전략적 동맹(strategic alliance)과 같은 개념으로 사용되며 이러한 개념들은 다양한 이해와 관심사 집단이 상호 의존성과 호혜성(reciprocality)을 기반으로 공동의 목표를 달성하기 위한 노력을 기울인다는 점에서 유사한 의미를 담고 있다.
> 캐시 로스(Cathy Ross)에 의하면 파트너(Partner)라는 말은 중세 앵글로-프랑스어인 "parcener"라는 단어에서 유래하는데, 이것은 '공동 상속권'(co-heirship)을 의미하는 법적인 용어다(Ross 2010, 322).
> 공동 상속권이라는 용어는 재산권, 소유권, 법적 지위뿐만 아니라 권력, 재산 등을 이해 당사자가 공유한다는 의미를 함축하고 있다. 따라서 파트너십은 이러한 파트너 관계에서 도출되는 상호 작용의 관계를 지칭한다고 볼 수 있다.

그러므로 효과적인 파트너십 사역이 이루어지려면 상호성과 동등성이라는 파트너십의 속성과 이를 가능케 하는 의사소통, 그리고 갈등 해결 기술이 필요하다(Cathy Ross, "The Theology of Partnership," International Bulletin of Missionary Research 34:3(July 2010), (145: 한강희 2017. 322-23에서 재인용-).

동반자 사역이란 서로 다른 자원을 가진 둘 혹은 그 이상의 개인이나 사역 기관이 공동의 비전을 이루기 위해 함께 협력하는 것이다(Butler 2006, 2). 필자는 필 버틀러(Phill Butler)의 기독교 파트너십의 의미와 함께 한강희의 일반 파트너십 개념과 효과적 방안도 CMCM의 타문화 동반자 사역 전략 수립에 유용한 척도라고 생각한다.

건강하고 효율적인 동반자 사역의 요소는 상호 의존성, 신뢰 등의 동반자적 속성을 갖춘 관계 형성과 원활한 의사소통 그리고 갈등 해결 기술을 갖춰야 한다.

또한, '타문화 동반자 사역'(Cross-Cultural Partnership)이란 서로 다른 문화들과 상황에 있는 파트너들이 하나님 나라의 위대한 일을 이루고자 하는 소망을 가지고 함께 일하기 시작하는 것이다(Lederleitner, 2010, 서론).

타문화는 내 문화를 초월하는 타인의 문화다. 그러므로 타인의 시각을 가지고 그들의 생활 방식을 존중해야 한다(Kraft, 2006, 167-69).

그렇다면 타문화권에서 필요한 동반자 사역 분야는 무엇인가?

크게는 다음의 네 분야에서 타문화 동반자 사역이 필요하다. 제3차 로잔대회(The Third Lausanne Congress on World Evangelization)에서 결의된 케이프타운 서약(The Cape Town Commitment)의 행동 요청(For the world we serve: The Cape Town Call to Action)은 선교의 일치를 촉구하면서, 타문화 상황에서 네 분야의 파트너십을 제안한다.

① 교회 안에서의 연합(Unity in the Church)
② 글로벌 선교의 동반자적 협력(Partnership in global mission)
③ 남녀의 동반자적 협력(Men and women in partnership)
④ 신학 교육과 선교의 동반자적 협력(Theological education and mission)

이는 타문화 동반자 선교의 중요한 지향점이 될 것이다.

1) 동반자 선교 개념 역사

『기독교 선교 운동사』(CLC 刊)를 쓴 폴 피어슨(Paul E. Pierson)은 역사 연구는 우리 정체성을 확립하고 안목을 제공하며 문제를 보는 역사적 통찰력을 주며, 반복되는 역사적 이슈를 인식하는 도구를 제공한다고 했다(Pierson, 2009, 32-38).

'동반자 선교 개념'(Partnership Mission)의 역사를 살펴보는 것은 보다 나은 사역 전략을 설계하게 할 것이다.

동반자 선교 개념은 성경 시대부터 교회의 역사 속에 항상 존재했지만 개신교의 근대적 동반자 선교 개념은 경건주의 시대에 시작되었고, 19세기 교단 간의 파트너십 단계를 지나 20세기에는 세계 교회 회의들을 통해 상호 관계와 동반자 사역에 대한 이해가 발전되고 심화되었다.

경건주의 시대에서 19세기까지 동반자 관계 개념의 발전에 대해 선퀴스트는 다음과 같이 말한다.

> 개신교 진영에서 발전된 동반자 관계의 유형은 인도에 온 덴마크-할레 선교회에서 볼 수 있다. 이 선교회는 덴마크 왕이 대부분 영국으로부터 자금과 기도의 후원을 받았던 독일 선교사들을 지원하고 파송한 것으로서 초기 개신교 선교 활동의 모델이 되었다.
> 동반자 관계의 개념은 19세기에 강력한 교단주의 추세로 대체되었다. 그때부터, 동반자 관계는 교단들이 자신들의 선교 활동을 이행하는 것과 더불어 교단 간에 협력하는지에 관해 논의하기 시작했다.
> 구체적으로 동반자 관계를 격려하는 선교대회들이 개최되었다. 출발점은 1860년 리버풀대회였는데 그 대회는 영국 안에서와 국제적인 선교 활동에 모두 그 초점을 두었다(Sunquist, 2019, 697-98).

20세기에 들어와 동반자 선교는 국제 기독교 회의들의 주요 의제가 되었다. 1910년에 영국 에딘버러(Edinburgh)에서 열린 세계선교사대회(World Missionary Conference)와 1928년 예루살렘대회(Jerusalem Meeting), 1938년 12월에 인도에서 열린 탐바람대회 그리고 제2차 세계 대전 후 1947년에 열린 캐나다 휘트비대회(Whitby Conference of the IMC)는 <순종 속의 파트너십>이라는 주제로 서구 교회와 신생 교회들이 다 같이 상호 존중과 상호 순종으로 선교에 참여해야 한다고 결의하게 된다.

이어지는 1948년의 램버스 주교회의(Lambeth Conference)와 같은 해 암스테르담에서 열린 초대 세계기독교협의회(World Council Church: WCC) 등에서 교회의 선교 참여와 동반자 관계에 관한 주제를 다뤘다.

스티븐 니일(Stephen Niell)은 『크리스천 파트너십』(Christian Partnership)에서 공개적으로 동반자 관계가 논의되기 시작한 시점을 정리한다. 1910년 에딘버러대회에서 후에 인도의 영국국교회 초대 감독이 된 아자리야(Samuel Azariya)는 연설을 통해 선교사들과 그들 사역지의 그리스도인들 사이에 관계의 변화가 일어나야 함을 도전하였다.

1928년 예루살렘대회에서는 19세기의 선교 활동으로 성장한 교회가 더 이상 식민지로 간주될 수 없다는 것을 모두 함께 인식하게 되어 '신생 교회'(Young Church)라는 용어가 처음 등장했다.

1938년의 탐바람(Tambaram)에서는 전체 참가자의 거의 절반이 '신생 교회'로 채워졌다(Niell, 1952, 13-14). 이는 20세기 초반 선교지의 신생 교회들이 이미 서구 교회들과 동반자적 관계로 부상하고 있음을 보여 준다. 이런 변화는 세계 대전이 끝나고 많은 식민지가 독립한 20세기 중반에 더욱 분명해진다.

> 제2차 세계 대전 이후 1947년 온타리오의 휘트비에서 개최된 IMC대회에서 결정적인 진전이 있었다. 휘트비의 주제는 <순종하는 동반자 관계>(Partnership of Obedience)였는데 … 기성 교회와 신생 교회 그리고 본국 교회와 자매 교회와 같은 구분은 더 이상 도움이 되지 않는다. 이러한 구별은 순종하는 동반자 관계로 인해 상쇄되었다.
> 이것은 세상에 있는 기독교 교회들이 하나님의 선교 안에서 함께 나눔을 갖고 하나님의 선교 자원, 고통 그리고 영광 또한 공유한다는 급진적인 생각을 표현한 것이다. 기독교 선교는 언제나 공동의 결속 안에서 이루어져야 한다(Sunquist, 2019, 698).

실로 20세기는 단체적인 연합의 세기였다. 에딘버러대회는 근대 에큐메니컬 운동의 출발점이었다. 여러 협의회의 결실로 1961년 11월 뉴델리에서는 WCC 설립이 선포되어 교회들의 선교 참여 시대를 열었고, 정교회, 가톨릭, 영국 성공회, 프로테스탄트 교회들이 세계 복음화에 책임을 가진 존재임을 선포했다(Niell, 2008, 701).

20세기 중반이 되었을 때 동반자 사역의 필요성이 점증하고 있었으나 선퀴스트가 분석했듯이 그 이후 UN과 WCC의 설립이 상징적이던 시기에는 유기적인 연합의 모델은 두드러지게 나타나지 않고 있다.

교회와 선교회가 급증하면서 에큐메니즘은 혼란스러워졌고 동반자 관계는 매우 예측하기 힘들어졌다(Sunquist, 2019, 699). 이것은 20세기에 일어난 두 번의 세계 대전, 북반구와 남반구의 여러 격차가 세계 기독교회에 영향을 미쳤다는 것을 알게 한다. 라투렛의 말대로 제2차 세계 대전은 기독교 세력에 중대한 문제를 야기했다(Latourett, 1973, 306).

또한, 경제적인 문제도 세계 교회 연합을 저해하게 된다. 20세기의 마지막 사반세기가 도래하면서 서구 발전이 국가 내에서 그리고 국가 간에서 증가하는 빈부 격차를 메울 수 없게 되었고 많은 사람은 교회의 일치와 연합이라는 희망을 다시 생각해 보게 되었다(Barnes, 2013, 357).

이상의 20세기 파트너십 역사를 통해 볼 때 타문화 동반자 선교에 있어 교회를 둘러싼 국제 정치, 경제적 영향에 대한 연구와 대응 전략이 필요하다는 점을 발견할 수 있다. 정치적, 경제적으로 분열된 세계 속에서 동반자 정신을 상실하고 관계를 개선하지 못하면 타문화 동반자 선교는 결렬되고 힘을 잃게 된다는 것을 다음을 통해 알 수 있다.

1970년대는 신생 교회의 폭발적 부흥과 함께 교회 간의 대등한 파트너십을 원하는 요구가 점증되었고, 결국 선교사와 선교 후원금의 일시적인 유예를 요청하는 "선교사 모라토리엄"(Missionary Moratorium)이 선교 무대에 등장하게 되었다.

1971년 당시 동아프리카 장로교회 총무였던 존 가투(John Gatu)는 서구 교회에 선교사와 선교 재정에 대한 일시 유예를 요청했다. 아시아에서도 서구 선교사들의 잘못된 선교 방법과 태도에 대한 비판이 거셌다. … 1971년 한 선교회의에서 필리핀의 에머리토 낙필(Emerito Nacpil)은 서구 교회는 지나친 간섭과 통제를 그치고 철수하라고 선교 유예를 요구하였다(한강희, 2017, 324).

이에 대한 반응으로 서구 교회와 제3세계 교회와의 파트너십 방법과 형태의 반성과 더불어 에큐메니컬 운동이 교회 일치를 위해 일어섰다. 이로써 선교부들 사이에 친교와 협의를 추구하기 시작했다.

에큐메니컬 혹은 오이쿠메니컬[1] 일치 운동은 형식적 혹은 비형식적 관계를 모두 포함하게 되었다(Winter, 2012, 169). 이 무렵 랄프 윈터는 그리스도의 몸 안에 있는 다양한 기관의 연합 필요성을 다음과 같이 피력했다.

---

[1] 랄프 윈터는 그의 책 『비서구 선교운동사』에서 영어의 에큐메니컬이라는 단어는 구체적으로 교회일치를 의미한다고 말하면서 헬라어 오이쿠메네가 총체적 문명과 모든 기관을 의미하기 때문에 에큐메니컬이라는 단어 외에 헬라어 의미를 더 살린 '오이쿠메니컬'이라는 단어도 유용한 번역이라고 말한다. 이 정의에 따르면 복음 전도를 위한 여러 선교대회를 복음주의 오이쿠메니컬 운동으로 규정할 수 있다고 한다.

> 그리스도의 몸 된 기관들이 모두 연합할 때, 기독교의 총체적 실재가 드러나게 될 것이다. 그때 우리는 하나님의 백성이 담당해야 할 선교를 바로 이해할 수 있게 될 것이다. 다양한 선교 활동들이 살아 계신 주님의 뜻에 순종하려는 특정 집단의 선교 활동임을 인식하게 될 것이다(2012, 172).

그는 이러한 다양한 연합과 더불어 각 기관과 단체의 원활한 대화를 위해서는 조직을 적극적으로 리모델링, 통폐합하는 지혜로운 방책이 있어야 한다고 예견한다. 구조 조정을 통해 상호 협력을 조직화한다면 더욱 효율적인 상호 협력을 기대할 수 있을 것이며 세계 교회를 위한 전략 협의체와 상호 협력을 이끌어 내는 조정 능력도 필요하다고 내다보았다(2012, 184-88).[2]

윈터 박사가 70년대에 제시했던 이 미래 방안들은 오늘날 동반자 사역에서 이미 현실적 과제가 되었다. 동반자 선교 구조의 효율성을 가질 때 동반자 사역은 더 많은 열매를 거둘 수 있을 것이다.

1990년 동반자 사역 연구자(Interdev) 필립 버틀러(Philip Butler)는 향후 예상되는 동반자 선교의 이슈를 다음과 같이 말한다(Butler, 1994:9).

① 인구의 대규모 이동(Massive Shift in Population)
② 급진적인 정치적 변화들(Radical Political Changes)
③ 재정적 자원들(Financial Resources)
④ 조직과 구조의 변화들(Organizational and Structural Changes)

---

2 여기에 인용된 글은 2012년 출판본이지만 원본은 1970년에 쓰였다.

또한, WEF의 윌리엄 D. 테일러(William D. Taylor)는 2,000년대 동반자 관계를 다음과 같이 제안했다(Taylor, 1994, 237-38).

① 하나님께서 그들을 보시는 것같이 파트너십들을 보아야만 하며
② 파트너십의 커다란 보상들을 보아야 하며
③ 좌절되고 실패한 파트너십이 있다는 것을 인식하고 대면하여 실패한 협력 사역의 역사를 분석해야 하고
④ 교회와 선교 지도자들은 신중한 단계를 거쳐 계약을 체결하고 주의 깊게 파트너십에 참여해야 한다.

선교 연구가들의 예상대로 21세기 시작과 더불어 국제적 환경 변화가 있었다. 인구의 대규모 이동으로 대부분의 나라는 다인종, 다문화, 다종교 사회를 맞이했고 다음과 같은 새로운 주제가 떠올랐다.

'세계화 시대에 교회는 어떻게 동반자적 삶을 실천해야 하는가?'

이 주제는 새로운 밀레니엄의 주요 화두가 되었다. 2010년 10월 16일 남아프리카의 케이프타운(Cape Town)에서 198개국에서 온 4,200명의 복음주의자들이 제3차 로잔대회에 참석했고 케이프타운의 행동 요청(For the world we serve: The Cape Town Call to Action)을 채택했는데, 그 대단원은 '선교의 일치를 위해 그리스도의 지체 안에서 동역하기'(Partnering in the body of Christ for unity in mission)를 실천하라는 요청이다.

또한, 2013년과 2016년에 열린 두 개의 국제 회의에서 세계화에 따른 동반자 선교의 필요성과 실천 방안이 대두되었다. 김영동이 논문에서 밝힌 대로 2013년 한국 부산에서 WCC 제10차 총회가 열렸고 다음

과 같이 <공동체의 성령: 살아 움직이는 교회>라는 제하의 선교 선언문이 낭독되었다.

> 하나님의 선교적 목적을 성취하는 것이 교회의 목적이다(57항). 성령 안에서 교회의 다양성은 선교의 다양성과 연결되며 동시에 한 하나님의 선교와 교회로서 통일성과 공동의 증언을 해야 한다(59-66항).
> 성령의 우산 아래 있는 다민족, 다문화, 다종교 상황에서 선교는 겸손과 상호성을 가지고(70-71항) 새로운 상황에 창조적으로 부응하는 교회 모델들을 개발하면서 (72-79항) 하나님의 선교에 참여한다(김영동, 2019, 65-66).

2016년 4월 필리핀 마닐라에서 열린 AMA(Asia Missions Association) 제12차 대회는 <세계화와 선교>(Globalization and Mission: Challenges and Opportunities for Global Missions)를 주제로 26개국에서 온 200명의 선교 지도자가 참가하여 글로벌 시대의 아시아 교회 선교 협력을 심도 있게 논의하였다(Park and Eom, 2017, 서론).

현재 전 세계 그리스도인들 가운데 최소한 4분의 3이 비서구권에 살고 있다(Lausanne, 2010, 서론). 기성 교회와 신생 교회, 선교지와 피선교지 교회의 양분법적 개념은 순종하는 동반자 관계로 상쇄되었다.

또한, 20세기 말부터 시작된 세계화(globalization)의 새로운 상황 속에서 교회는 지역, 성별, 재정 사역 유형의 차별 없이 겸손과 존중으로 함께 동반자적 삶과 사역을 실천하라는 요청을 받는다. 그러나 21세기 첫 20년이 지난 지금은 '세계화'의 유효 기간이 다했다는 목소리도 심심치 않게 들린다(자이한, 2023, 16).

특히, 2020년 1월에 촉발된 코로나 팬데믹과 우크라이나 전쟁의 발발 등은 세계화의 흐름을 '탈세계화'(deglobalization)[3]로 바꾸어 놓고 있으며 빈곤 국가들의 고립이 심화되고 있다. 따라서 빈곤 국가와 고립 지역을 섬기기 위한 세계 교회의 연대가 더욱 필요해지고 있다.

가능성과 불확실성이 공존하고 있는 21세기, 이제 동반자 사역은 더 이상 선택이 아니라 기본적이고 필수 불가결한 선교 개념이며 전략이 되었다.

지금까지 동반자 사역과 타문화 동반자 사역의 의미와 개념의 역사를 살펴보았다. 선교학에서 타문화 동반자 사역은 선교 원리이며 효과적 선교 전략이다.

타문화 파트너십이란 서로 문화가 다른 두 개 이상의 기독교 주체가 하나님의 선교라는 공동의 목적을 이루기 위해 동반자적 관계 속에서 협력하는 것을 말한다. 또한, 효율적 파트너십에는 겸손과 상호 신뢰와 의존과 공유라는 파트너십 속성과 효과적 의사소통, 갈등 해결이 있어야 한다.

타문화 동반자 사역 분야는 교회 안에서의 연합, 글로벌 선교의 동반자적 협력, 남녀의 동반자적 협력 그리고 신학 교육과 선교의 동반자적 협력 관계 등이 있으며 과제와 지역별로 별도의 연구가 필요하다.

또한, 동반자 개념의 역사 연구를 통해 과거의 실패와 바람직한 미래를 논의하였다. 사도 시대 이후로 21세기인 지금까지 타문화 동반자 사역은 국제 회의의 주요 의제였고 많은 슬로건이 있었으나 아직도 성숙

---

[3] 통신, 교통 기술의 발달로 지구촌을 하나의 마을로 만들었던 세계화 시대는 쇠퇴하고 자국 중심의 보호 무역주의, 자국 우선주의 정책이 강화되는 현상(이선진, 2023).

한 파트너십에 이르지 못했다는 한계가 있다. 이를 통해 신학적 일치 문제뿐 아니라 국제 정치, 경제의 영향을 받고 있다는 것도 발견할 수 있었다.

원인이 무엇이든, 동반자 정신을 상실하고 관계를 개선하지 못하면 타문화 동반자 선교는 힘을 잃게 된다. 서로 대등하며 순종하는 동반자 관계를 맺고, 단체 간 선교 구조의 효율성을 가질 때 동반자 사역은 더 많은 열매를 거둘 수 있을 것이다.

21세기 인구의 대규모 이동과 통신과 교통의 발달로 모든 교회가 함께 참여하고 자원을 공유하는 파트너십 사역이 세계 복음화의 중요한 전략이 된 것처럼, 앞으로 다가올 탈세계화 시대에 더욱 중요한 전략이 될 것이다.

다음은 올바른 동반자 관계의 기초가 될, 삼위일체론에 근거한 동반자 관계 이론에 대한 논의다.

2) 삼위일체론에 근거한 동반자 관계

제2장에서 논의한 대로 하나님은 사탄의 일을 멸하고 죄에 빠진 사람들을 구원하고 세상을 새롭게 하기 위하여 일하시는 선교사 하나님이시다. 그 하나님께서는 삼위일체 안에서 사람들을 부르시고 더불어 일하신다. 그러므로 삼위일체론은 타문화 파트너십 사역의 선교신학이 된다.

또한, 모두 힘을 합쳐 사랑하며 일하는 동반자 사역은 어떤 사역이나 협력 프로젝트 이전에 참된 그리스도인의 생명과 신앙의 표현이다. 하나님의 삼위일체 안에 결코 종속이 없듯이 나누어지지 않은 전 본체(본질)가 삼위의 각자에 동등하게 속한다는 뜻이다. 위격의 구별은 신적 본체 내에 있는 것이며, 결코 종속이 있을 수 없다(Berkhof, 1999; 283-86).

니케아 공의회(A.D. 325)는 성자가 성부와 동일 본질임을 선언했고, 콘스탄티노플 공의회(Constantinople Council AD 381)에서는 삼위의 상관관계에 관하여 명시했다. 이때 성자는 성부에 의해 발생하며 성령은 성부와 성자로부터 발출한다고 공식적으로 선언하여(1999, 279-80) 기독교 교리의 신론으로 자리 잡게 되었다.

현대 선교신학에서 삼위일체론은 '하나님의 선교'(Missio Dei)의 토대가 되었다. 1952년 IMC(International Missionary Council) 빌링엔대회는 승리자나 정복자의 태도가 아닌 희생과 섬김의 자세가 필요함을 깨닫고 <십자가 아래에서의 선교>라는 주제로 선교대회를 개최했다(안승오, 2006, 20).

하나님의 선교(Missio Dei)라는 개념이 처음으로 표면에 떠오른 것이 바로 여기였다. 선교를 하나님의 본성 자체에서 흘러나오는 것으로 이해했으며 선교는 교회론이나 구원론이 아니라 삼위일체 교리에 근거하게 되었다(Bosch, 2017, 605).

보쉬가 인용한 아가드(Aagaard)와 몰트만(Moltmann)의 말대로 하나님의 선교에 대하여 부언하자면, 선교는 우선적으로 교회의 행위라기보다는 하나님의 속성이다. 하나님은 선교사 하나님이시다(Aagaard, 1974:420-433; 1973:8-25: Bosch 2017, 605-06에서 재인용).

세상에서 구원의 선교를 성취하는 것은 교회가 아니다. 그것은 교회를 포함하는 아들과 성령, 아버지의 선교다(Moltmann, 1977, 64: 보쉬,

2017, 606에서 재인용).

선교가 삼위일체 하나님의 본성에서 흘러나오며 교회가 참여하는 것이라면, 하나님의 본성은 무엇이며 동반자 선교는 어떻게 하나님의 본성을 반사할 것인가?

미로슬라브 볼프는 삼위일체 하나님은 공동체의 인격성을 가지셨으며 하나 됨과 상호성 안에 존재하신다고 말한다.

> 삼위 하나님이 서로 안에 내주하시고 협력하시듯이, 사람은 서로 도우며 동반자적 삶을 살도록 부름받는다. 인간 창조 기사에서 하나님은 "우리의 형상을 따라 우리의 모양대로 우리가 사람을 만들고 그들로… 모든 것을 다스리게 하자"(창 1:26)고 하셨으며, 여기서 "우리"라는 말은 하나의 인격에 세 개의 위격으로 존재하시는 삼위일체 하나님의 다스림과 공동체적인 인격성을 보여 준다.
> 삼위일체 하나님의 '상호성'은 하나 없이는 교제로서 살아갈 수 없는 다수 안에, 그리고 다수 없이는 존재할 수 없는 하나 안에 존재한다(Volf, 2014, 114).

인간의 삶 자체가 삼위 하나님의 공동체적 인격성을 반영하는 동반자적 삶을 살도록 부름받았다. 우리가 믿는 하나님은 관계의 하나님이시다. 태초로부터 하나님께서는 그분이 만드신 피조물들과 더불어 관계를 이루는 데 최우선적 관심을 기울이는 분이셨다(Kraft, 2006, 683).

그렇다면 교회의 선교는 더욱 공동체적이고 협력적인 동반자 사역을 해야 한다. 그 방법은 삼위 하나님의 존재 양식을 본받아 서로 마음으로 연합하고 함께 협력하는 것이며 통합성과 상호성을 아울러 격려하는 것이다.

김은홍의 말대로 삼위일체 하나님의 본질은 서로 사랑으로 상호 "관계됨"이며 이것이 선교의 진정한 근원이다. 이는 하나님의 관계적인 속성을 통하여 하나님 나라 선교에 통전적인 이해를 증명한다(김은홍, 2018, 285).

> 그러므로 기독교 선교는 그리스도의 고난을 통하여 삼위일체 하나님께서 하시는 일에 교회가 참여하는 것이다. 그리스도는 세상을 구속(Redemption)하시고 해방시키기 위하여 성부로부터 보내심을 받으셨고, 성령의 능력 안에서 개인과 문화를 회심시킨다. 그로 인해 종말에는 하나님께서 모든 민족과 피조물 가운데 영광을 받으신다(Sunquist, 2019, 341).

동반자 사역에 있어 기독교 신학의 삼위일체론에 근거한 동반자 관계를 맺어야 함을 발견하였다. 삼위일체 하나님의 동등성, 상호성, 통합성을 따라 파트너십 선교의 주체들은 서로 대등한 관계가 되어야 하며 상호 존중과 협력, 공동의 사역에 헌신이 있어야 할 것이다.

또한, 하나님의 공동체적 인격 안에서 발견할 수 있는 상호 내주와 침투, 사랑의 연합과 협력, 낮춤과 희생, 세심한 사랑, 무한한 교제는 동반자적 선교의 태도가 되어야 한다.

이런 동반자 사역의 삼위일체론적 기초를 통해 하나님 왕국에 기반한 하나님 나라 파트너십의 실천을 할 수 있게 된다. 따라서 필립 버틀러가 주장한 하나님 나라 파트너십 이론을 살펴보기로 한다.

3) 하나님 나라 파트너십

선교는 삼위일체 하나님의 본성에서부터 흘러나온다. 하나님의 공동체적 본성에 기초한 동반자 선교를 지향한다면 전 세계 교회와 그리스도인 모두가 참여하는 파트너십 사역이 요구된다. 사역의 종류와 지역마다 참여자의 범위는 다르겠지만 세계 복음화의 소명을 받은 사람들은 홀로 이를 감당하기보다는 동반자적 관계를 맺은 가운데 하는 것이 더 효과적이다(이태웅, 1996, 293).

필립 버틀러는 '하나님 나라 파트너십'(Kingdom Partnership) 원리로 이를 잘 설명한다. 하나님 나라 파트너십의 개념을 보다 확실하게 이해하기 위해서 '하나님 나라'(the Kingdom of God)의 의미를 먼저 살펴보고자 한다.

하나님 나라는 예수 그리스도의 중심 메시지 중 하나였으며 선교 사역에 있어서도 매우 중요한 의미를 지닌다(안승오, 2006, 158).

'하나님 나라'는 하나님의 주권적 통치이고 하나님의 왕 되심이요 통치요, 권세다. 다가올 예수 재림 후의 시대(the Age of Come)에 누릴 수 있는 천국인 동시에, 지금 여기(Here and Now)에 있는 영적인 영역으로서 누구든 구원을 얻으면 그곳에 들어가 하나님 나라의 통치를 경험하는 행복을 지금 맛볼 수 있다(Wood, 2002, 28, 30-31).

하나님 나라 안에서 살아가는 하나님 백성은 하나님의 선교에 참여해야 한다. 왜냐하면, 살아 계신 하나님은 선교하는 하나님이시기 때문이다(Sunquist, 2000, 24).

하나님 선교의 주된 실행자는 하나님의 백성이며 하나님 백성의 선교는 세상 안에서 세상을 위해 수행되는 것으로서, 하나님의 복음을 중심에 두면서 동시에 교회에 책임이 큰 특권을 부여한다(Wright, 2012, 216, 400).

그러므로 존 스토트가 인용한 대로 "교회는 그 범민족적, 범국가적 범문화적 성격을 표현해야 한다. 교회는 그리스도 교회의 통합성과 다양성을 가시적으로 나타내기 위한 교제권을 넓히기 위해 적극적으로 노력해야 한다"(The Pasadena Report[Lausanne Occasional Paper No.1,1977], p. 6: Stott, 1997, 278에서 재인용).

주 예수 그리스도의 주권 아래서 개인(개교회)주의나 경쟁의식이나 불협화음을 버리고 조화로운 협력을 해야 한다(강승삼 1998, 191). 왜냐하면, 우리 모두는 하나님 나라 안에서 동반자로 부름받았기 때문이다.

그렇다면 하나님 나라 파트너십이란 무엇인가?

하나님 나라 파트너십은 온 세계를 향한 하나님의 계획과 목적이 이루어지도록 하나님의 사람들이 함께 협력하는 것인데, 하나님의 계획이란 인간을 타락 전의 모습과 삶으로 회복시키는 것으로 하나님께서 우리의 정신과 마음과 하나님 나라 일을 하는 방식을 새롭게 하시려는 비전이다(Butler, 2006, 2).

그렇다면 무엇을 하나님 나라 동반자 사역으로 볼 수 있는가?

세계복음주의협의회 선교위원회(WEF-MC) 마닐라대회에서는 다음 10가지를 선정했다.

① 협력 사역의 관계를 형성하는 것
② 둘 내지 그 이상의 독립적인 개체들이 관여하는 것

③ 각자가 서로 기여하는 것
④ 상호 협의에 의해서 이루어지는 것
⑤ 서로의 자원을 제공하는 것
⑥ 상호 협의된 명백한 협의 사항에 따라서 이루어지는 것
⑦ 그리스도의 몸인 공동체 사이에 이루어지는 것
⑧ 상호 신뢰와 존중하는 관계를 유지하는 것
⑨ 성서에 입각해서 이루어지는 것
⑩ 성령께 의존하는 관계[4]

마닐라선언은 이상 동반자 사역의 10가지 특성을 제안하였으며, 필버틀러는 효과적인 파트너십의 핵심 요소로서 9가지 항목을 제안했다.

① 파트너 사역자들과 개인적으로 경청하고, 관계를 구축하고, 신뢰하는 데 시간을 보내라.
② 프로젝트 결과뿐만 아니라 파트너십의 비전, 프로세스에 전념하는 사람이 있는지 확인하라. 장기적이고 헌신적인 진행자가 중요하다.
③ 파트너십 사역 수행자 중에 파트너십 사역의 옹호자가 있는지 확인하라. 그는 다양한 사역 문화에서 파트너십의 잠재력과 힘을 해석하고 지속적으로 소통해야 한다.
④ 파트너십 초기에는 우선순위가 높고 제한된 목표를 수행하도록 한다.

---

4 선퀴스트는 마닐라선언의 9가지 항목을 제시하고, 이태웅은 10가지 항목을 제시하였다(Unpublished Paper from Manila Consultation in June 15-20,92 independent partnership-small group Interraction 1; 이태웅, 1996, 294).

⑤ 목표에는 명확성이 있어야 하며 높은 잠재적 가치와 주도권이 있어야 한다.
⑥ 효과적인 파트너십은 관련된 다양한 구성원이 있음을 인정하고 파트너십의 일과 가치를 구성원들에게 이해시키기 위해 적극 노력한다.
⑦ 각 파트너 기관의 개별 사역 비전과 기여도가 명확할수록 가치 있고 만족스러운 역할을 수행할 가능성이 높아진다.
⑧ 효과적인 파트너십은 목표를 달성하기 위한 구조가 아니라 주로 사역 목표에 초점을 맞춘다.
⑨ 효과적인 파트너십을 유지하려면 시작할 때보다 훨씬 더 많은 노력이 필요하다.

그러나 파트너십이 올바로 형성되지 못하고 문제가 생길 수 있다. 버틀러는 WEF의 요청으로 타문화 사역을 하는 서구 선교사와 비서구 선교사들이 동반자 사역을 하면서 가진 파트너십 문제를 조사, 분석했다.
파트너십 관계에서 문제의 요인으로 자주 언급된 것을 순서대로 보면 다음과 같다.

① 문화적 차이들(Cultural differences)
② 효과적 커뮤니케이션의 부재(Lack of effective communications)
③ 재정적 이슈들(Financial issues)
④ 인격적 충돌들(Personality conflicts)
⑤ 분명한 목표들의 부재(Lack of clear objectives)

그 밖에 비서구 파트너십 사역자들과 서구 지도자들의 파트너십 경험에서 문제 영역으로 나열된 10가지 문제가 있었다. 그중 5가지 문제에 대한 인식에서 서구와 비서구 사역자들의 문제에 대한 인식 차이가 크다는 것을 알 수 있다. 가장 큰 차이를 보인 사안의 순서는 다음과 같다(Butler, 1994, 10-11).

① 분명한 목표들의 부재
② 지역의 정치적 경제적 문제에 대한 이해와 민감성 결여
③ 동반자 사역 기관 사이의 협약 문제
④ 인격적 충돌들
⑤ 효과적 커뮤니케이션의 부재

파트너십을 맺고 있는 서구 선교사와 비서구 선교사가 똑같이 목표의 부재와 소통의 부재를 문제로 삼고 있다는 것은 대화와 인식의 방식이 다르다는 것을 암시한다. 그러므로 타문화 의사소통 훈련이 필요하다.

온 세상에 있는 예수 그리스도의 공동체가 힘써 협력하여 하나님의 선교에 참여해야 하는데 여러 주체가 참여하는 파트너십 선교에는 문화적, 인격적, 재정적, 조직적 장애가 발견된다. 이를 극복하기 위한 방법으로 성육신적 삶과 사역 그리고 커뮤니케이션 이론을 논의해 보고자 한다.

4) 성육신적 삶과 사역

동반자 선교는 서로 다른 주체 간의 사역이기 때문에 앞서 장애 요인으로 거론된 인격적 충돌들이 일어날 수 있다. 성육신하셔서 인간의 역사 속에 찾아오신 예수 그리스도의 삶과 사역은 문화를 넘어 동반자 사역을 할 때 실제적 통찰을 얻게 한다.

폴 G. 히버트(Paul G. Hiebert)의 이론과 레슬리 뉴비긴의 이론을 함께 논의하고자 한다. 폴 G. 히버트는 『성육신적 선교 사역』(*Incarnational Mission*)에서 우리는 선교 사역에서 성경 본문과 인간적 상황을 넘어서는 이해를 해야 하며, 사람들의 다양한 삶의 현장 속에서 거룩한 계시를 선포해야 하는데, 바로 이 부분에서 성육신은 우리가 사역에 임할 때 좋은 모델이 된다고 말한다(Hiebert, 1998, 415).

> 완전하신 창조주께서 불완전한 인간을 구원하시기 위해 인간의 몸을 입고 성육신하신 것처럼, 거룩한 계시도 인간의 언어와 문화 속에서 육신을 입어야만 한다. 예수 그리스도께서 특정 시대와 환경 속에서 생활하시기를 선택하셨던 것처럼, 우리의 사역도 우리가 섬기는 사람들의 삶의 상황으로 성육신되어야만 한다(1998, 416).

예수 그리스도는 사회적, 문화적으로 성육신적 사역을 하셨다. 여기서 사회적 상황화라는 것은 성육신이 인간관계의 모델이 된다는 것을 말한다. 뉴비긴의 말대로 복음의 유일한 해석자는 복음을 믿는 회중의 삶이기 때문에(Newbigin, 2007, 431) 폴 히버트는 선교사는 자신이 섬기는 사람들과 자신을 동화시켜야 하며 언어와 문화 양식에 잘 적응하며 복음의 문화화를 이루어 나아가며 선교사의 삶뿐만 아니라, 교회의 조직과 결정 방식도 지역 사회 질서에 적응해야 한다고 말한다.

이런 성육신적 사역은 언어와 문화 번역뿐만 아니라 신학화 작업과 세계관 형성도 포함해야 한다(Hiebert, 1998, 416-19). 선교사는 자신이 섬기는 사람들에게 다가갈 때 사회적으로 그리고 문화적으로 예수 그리스도의 성육신을 본보기로 삼아야 한다.

성육신적 사역(Incarnational Ministry)의 또 다른 측면은 선교가 하나님의 현재적 사역임을 인정하는 것이다. 하나님께서 아들을 보내셔서 성육신적 사역을 하도록 하셨고 아버지와 아들은 성령을 보내셨다. 성자께서 육신을 입고 사역하심 같이 성령은 오늘날 교회를 옷 입고 일하신다.

폴 히버트는 "하나님께서 선교 사역 가운데 임재하여 계시지 않는다면 선교사, 메시지 그리고 교회의 성육신은 의미를 잃고 만다"라고 말한다. 또한, "성령께서 그들에게 말씀을 나타내시고, 십자가의 권능을 통해 그들을 변화시키심으로 그들 가운데 성육신하셨기 때문에 우리도 성육신하여야 한다"라고 주장했다(Hiebert, 1998, 419).

동반자적 사역에서 인격적 교류를 이루려면 예수 그리스도의 관계적, 문화 적응적, 성육신적 삶과 사역을 기초로 삼아야 하며 선교에서 삼위일체 하나님의 임재를 인정해야 함을 발견하였다.

다음으로는 서로의 문화 안에서의 의사소통 원리를 연구하기로 한다.

5) 문화 내에서 커뮤니케이션

동반자 사역에 참여하는 개인이나 교회 기관들은 지역과 국가 그리고 처한 상황이 서로 다르며 소통하는 방식도 다르므로 오해가 생길 수 있다. 함께 협력하여 사역하기 위해서는 의사소통의 원리들과 전달 방법을 알고 있어야 한다.

효과적 소통을 위해 찰스 크래프트의 수신자 지향적 커뮤니케이션(Receptor-orientied communication) 원리를 살펴보기로 한다.

(1) 문화의 의미와 차원

국어사전에서 정의하는 문화(文化)는 "자연 상태에서 벗어나 일정한 목적 또는 생활 이상을 실현하고자 사회 구성원에 의하여 습득, 공유, 전달되는 행동 양식이나 생활 양식의 과정 및 그 과정에서 이룩하여 낸 물질적·정신적 소득을 통틀어 이르는 말"(국어사전 s.v. "문화")이다.

또한, 문화라는 단어는 문학이나 예술 등 '고급 예술'로서의 문화, 전통 문화로서의 문화, 국가 문화로서의 개념을 함유하고 있다(김숙현 외, 2001, 20).

문화에는 공동의 사랑, 감정, 가치라는 세 가지 차원이 있다. 이것들이 공동체와 개인의 활동을 인도하고 그룹이 하나님과 세계와 인간에 대해 무엇을 사고하고 느끼며 행동할지를 조직하고 규정한다(Morrow, 2014, 463). 문화는 표층부부터 심층부까지 다차원적 특성을 가진다.

한 집단의 사람은 어려서 배우고 경향화된 개념들과 행위 그리고 그것들의 기초가 되는 가정들(세계관)의 메커니즘(Coping Mechanism)을 형성하게 된다. 이것은 대처 메커니즘, 생존을 위한 전략(a strategy for survival)이며(Kraft, 2005, 102), 삶의 방법이고 삶을 위한 총체적 설계(Luzebe-tak, 1993, 25)라고 정의할 수 있다.

한 민족이나 집단의 문화 표현에는 표면적이 아니라, 입체적 심층적 차원이 있다. 즉, 감정과 가치의 통합된 체계로서 이와 연관된 행위의 형태와 그들이 생각하고 느끼며 행동하는 것을 조직하고 규칙화하는 사람들의 집단에 의하여 공유된 산물(Hiebert, 1996)이라는 것이다.

다음은 폴 히버트가 도해한 문화의 차원(Level of Culture)이다.

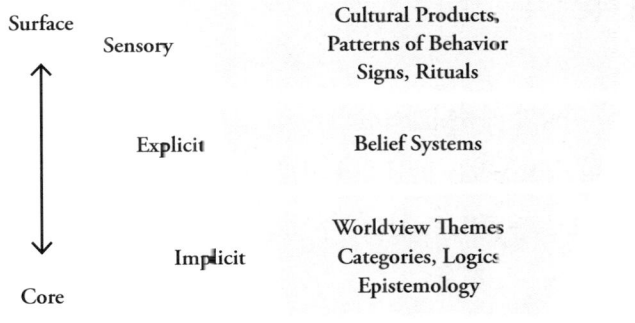

〈 그림 1 〉 LEVEL OF CULTURE(Hiebert 2008, 33)

위 그림을 보면 문화는 세계관과 신념들 그리고 행동의 패턴, 문화적 물품들의 종합적 체계인데, 세계관은 사람들이 삶을 살아가는 데 기초가 되는 깊은 차원에 존재하는 전제들의 구조로서 문화에 포함된다.

세계관은 문화적으로 구조화되어 있고 기본 가정들로 구성되어 있으며 실제에 대한 사람들의 인식과 이에 대해 사람들이 반응하는 것의 기초를 이룬다(Kraft, 2006, 25-26). 필자는 이 기준들을 기초로 GMCM 구성원들인 민족 문화를 분석할 것이다.

히버트는 서로 다른 문화 배경의 사람들이 함께 활동하는 것을 사회적 역할의 기초 위에 서로 관계하는 일종의 '이중 문화 단체'로, 즉 하나의 현지화된 사회(Hiebert, 1996, 288)로 보았다.

'이중 문화 단체'에서는 통문화적(transcultural) 관점이 요구된다(1996, 298). 그렇다면, GMCM은 어느 한 민족의 문화가 아닌 통문화적 관점으로 관계를 맺고 사역해야 할 것이다. 그런 공동의 문화를 형성할 때 중요한 것은 구성원들이 서로의 의도를 잘 이해하는 것이다. 수신자와 발신자 사이에 효과적 커뮤니케이션이 이뤄지도록, 수신자 지향적 커뮤니케이션 이론을 논의하기로 한다.

(2) 수신자 지향적 커뮤니케이션

커뮤니케이션의 목적은 발신자에 의해 제시된 메시지를 발신자의 의도와 본질적으로 동등한 방식으로 수신자가 이해할 수 있게 하는 것이다(Kraft, 2006, 258).

커뮤니케이션의 기본 원리는 수신자 지향적 커뮤니케이션(Receptor-oriented communication)으로 발신자가 메시지를 효과적으로 전달하려면 '수신자 지향적' 커뮤니케이션을 해야 한다. 수신자가 메시지를 듣고 받아들이기로 결정하려면 다음의 단계를 거친다.

① 인식 ⇨ ② 흥미 ⇨ ③ 평가 ⇨ ④ 선택 ⇨ ⑤ 실행 ⇨ ⑥ 재조정 ⇨ ⑦ 재평가

①, ②단계에서는 매체 커뮤니케이션과 공개 커뮤니케이션이 좋은 방법이지만 ③단계에서 ⑥단계까지 과정에서 가장 효과적 방법은 대인 커

뮤니케이션이다.

준거 집단이 되는 사람들의 따뜻하고 관심있는 협력(Fellowship)이 필요하다. 따라서 수신자 중심의 커뮤니케이션을 하려면 커뮤니케이터의 역할이 더 없이 중요하며 지적, 정서적 요소 중에 감정과 의지를 포함한 정서적 요소가 주도적 역할을 하게 된다(Kraft, 2007, 147-49).

의사소통을 실행할 때 고려할 것은 발신자가 의도한 메시지를 수신자가 효과적으로 받아들이는 데는 문화적 장벽이 있다는 것이다. 해석자들은 중심 메시지 외에도 자신에 대한 발신자의 태도, 메시지, 일상생활 등과 같은 정보를 얻게 된다. 이 무의식적인 '파라메시지들'(paramessages) 중 일부는 발신자가 의도한 메시지보다 수신자에게 더 중요하게 인식될 수 있다.

> 수신자는 종종 메시지(M) 그 자체보다 발신자(C)의 수신자(R)에 대한 태도에서 더 많이 감명을 받는다. 수신자가 이해하는 것과 발신자가 의도하는 것 사이에 절대적 동일성은 결코 달성될 수 없다.
>
> 그러나 그런 범위 내에서 본질적인 동등성은 가능하다. … 발신자가 커뮤니케이션을 하면서 사용하는 단어들, 제스처들, 또 다른 문화 형식들은 발신자와 수신자가 그런 상징들과 함께 가져온 경험들로부터 그 의미들을 끌어낸다. 그러므로 발신자의 문제는 핵심 메시지가 '파라메시지들'로부터 최소한의 방해를 받으며 의도된 방식으로 수신자가 그 메시지를 이해하도록 핵심 메시지를 전달하는 것이다(Kraft 2006, 258).

그러므로 문화 내에서 소통할 때 커뮤니케이터는 효과적인 커뮤니케이션 원리를 이해하고 적용해야 한다. 크래프트는 커뮤니케이션의 4가지 기본 원리를 다음과 같이 제시한다.

① 준거 기준 원리(the frame of reference principle)
② 발신자-신뢰성 원리(the communicator-credibility principle)
③ 메시지-신뢰성 원리(the message-credibility principle)
④ 발견 원리(the discovery principle)

'준거 기준 원리'는 커뮤니케이션은 발신자 메시지, 수신자가 동일한 상황(들), 환경(들), 또는 준거 기준(들)에 참여할 때 가장 효과적이라는 원리다.

'발신자-신뢰성 원리'는 발신자가 특정 준거 기준 내에서 존경받는 한 인간으로서 신뢰성을 얻었을 때 가장 효과적이라는 것이다. 그러므로 기존의 준거 기준을 가지고 있는 집단을 먼저 알고 친밀감을 가져야 한다. 도널드는 효과적인 의사소통 전략이 개발되려면 반드시 집단이 관련되어야 한다고 말한다(Smith, 2017, 449, 454).

'메시지-신뢰성 원리'는 수신자가 메시지를 수신자의 살아가는 삶에 구체적으로 관련된다고 이해할 때 가장 효과적인 원리다.

'발견의 원리'는 수신자가 다음과 같은 적절성 발견할 때 가장 효과적인 원리다(Kraft, 2006, 258).

① 발신자와 적어도 부분적으로라도 동일시하는 능력을 가진다.
② 수신자 자신의 삶에서 메시지의 적절성을 발견한다.

커뮤니케이션의 실제에서 발신자와 수신자 간에는 넓든 좁든 커뮤니케이션 간격이 존재한다. 크래프트의 말대로 커뮤니케이션의 간격은 항상 인간 그리고 그 인간들과 상호 작용을 하는 자들 사이에 존재한다. 이때 그 간격을 극복하기 위해서는 커뮤니케이션의 교량이 필요한데, 커뮤니케이터가 바로 교량이다.

커뮤니케이션에서는 메시지의 의도된 수령자(들) 사이에 존재하는 어떤 간격도 넘어 전달할 수 있는 전달자를 필요로 한다(Kraft, 2007, 21, 34).

원래의 메시지가 수신자에게 잘 전달되고 해석되려면 예수 그리스도가 하나님과 청중과의 관계에서 보여 주신 모범과 방법을 따라야 한다. 커뮤니케이터들은 친밀하고 의존적이며 경청하고 순종함으로 하나님과의 관계를 발전시켜야 한다(2007, 23, 27).

하나님은 우리와의 간격을 어떻게 좁히고 소통하셨는가?

> 하나님은 수령자 지향적이시다. 그리고 하나님께서는 신뢰와 의존과 심지어 상처를 받으실 수 있는 방법으로 우리의 준거틀로 들어오셔서 우리가 오해할 수 없는 방식으로 우리를 향한 자신의 사랑과 수용과 존중을 나타내신다.
>
> 하나님께서는 육신을 입으시고, 스스로 자신이 보내는 메시지가 되심으로 인간적으로 우리와 동화하신다. 더 나아가 하나님께서 자신의 메시지들이 충격으로 임한다는 사실을 보증하신다. 하나님께서는 높은 신뢰성을 나타내시고, 자신의 말씀을 증명하고 인도하시며 그들이 자신의 목적을 지속적으로 수행할 것이라고 신뢰하신다. 이것은 모두 우리를 위한 본보기가 된다(2007, 7).

예수님도 유능한 커뮤니케이터셨다. 예수님의 메시지 특징은 예수 자신께서 활동하는 상황들, 특별히 예수께서 관계하는 사람들에게 적절했다.

예수님은 자신의 청중을 택하셨고 특별한 시기에 특별한 지리적 장소에 특별한 사람들 중에 성육신하기로 결정하셨다(2007, 245, 247). 예수님의 성육신은 제자들과 눈으로 볼 수 있고 만질 수 있는 전인적인 관계를 형성하셨다. 예수님은 제자들을 교훈하셨을 뿐 아니라 정서적 유대감을 형성하고 자신을 노출하고 전달하셨다.

도널드 K. 스미스는 전형적인 커뮤니케이션에서 정보 부하량의 대략 80퍼센트는 감정을 통해 전달되고, 20퍼센트 또는 그 이하가 이성을 통해 전달되며 문화의 더 깊은 수준에서 변화를 추구할 때, 커뮤니케이션은 주로 정서적이 되어야 한다고 말한다(Smith, 2017, 424).

예수님의 의사소통에서 알 수 있듯이 기독교 전달자는 사랑과 온유함의 소유자여야 한다. 그는 자신이 그리스도를 전하는 문화의 사람에게 온전히 감정 이입을 해야 한다(Pharshal, 2003, 119). 그러므로 수령자들과의 관계를 얻기 위한 추구는 그들을 이해하는 것으로 시작하여, 그들에게 우리 자신을 주는 것으로 끝이 난다.

이 과정에서 우리는 그들과 동일시하고 그들의 삶에 참여한다. 그리고 우리의 자기 노출과 자기 전달을 통해 우리는 그들을 우리와 동화하게 할 수 있다(Kraft, 2007, 262).

그러므로 GMCM의 타문화 사역자들은 서로를 동일시하고 정서적 유대감을 형성하면서 자기 노출과 전달을 통해 신뢰하는 협력 관계를 맺어야 할 것이다.

다음은 수신자 중심의 의사소통 원리와 함께 여러 집단이 함께 소통할 때 적용할 수 있는 사회 집단 의사소통 원리를 고찰할 것이다.

(3) 사회 집단 의사소통의 원리

동반자 사역은 여러 사역 주체들 간의 협력 관계를 유지해야 한다. 비록 개인일지라도 특정 그룹을 대표하는 사람일 경우가 많다. 이때 유용한 커뮤니케이션 이론이 사회 집단 의사소통 방법인데 이것은 '사람들은 사회 집단의 한 사람으로서 의사소통에 반응한다'라는 원리다.

집단은 모든 개인에게 중요하지만, 특히 이해를 조성하려고 시도할 때 매우 중요하다. 개인은 집단 속에서 발달하기 때문이다. 의사소통에 영향을 미치는 집단 효과를 무시하는 것은 근본적인 현실을 무시하는 것이 된다(Smith, 2017, 434, 436).

집단의 의사소통 방법은 다음을 고려해야 한다.

> 집단 내에서 구성원들은 상호 작용하고 서로에게 영향을 끼치며 상호 의존을 발달시킨다. 그리고 집단 내에서 이루어지는 관계는 상호 지원하는 사회적인 규범들, 공통의 목표들, 사회적인 역할들을 공유하게 된다.
> 둘 이상이 모이면 집단이 될 수 있다고 말한다. 20명 이상이 모인다면 대집단이 된다. … 한 개인은 동시에 여러 집단의 일부다(예를 들어, 가족과 스포츠 팀, 성경 공부반, 도시, 도나 군, 나라).
> 그렇다면 주어진 의사소통에서 어떤 집단이 중요한가?
> 그것은 의사소통의 주제와 목적에 달려 있다고 한다(Smith, 2017, 437).

그리고 집단 특성에 따른 효과적인 의사소통을 위해 다음과 같은 지침을 제시한다:

- **준거 집단(Reference Group) 인지하기**

  집단들은 집단의 관심사와 관련 있다고 간주된 의사소통의 기준점을 갖기 때문에 준거 집단으로 불린다. 준거 집단은 사전이나 백과사전 같은 기능을 담당하고, 외부 의사소통에 영향을 끼친다(2017, 438).

- **집단적 사고의 위험 인지하기**

  집단의 기존 관념들이 도전을 받으면 집단의 일체감이 위협을 받기 때문에 집단에 순응하는 집단 사고를 강요당할 수 있다(2017, 441).

- **집단 수용**

  모든 개인에게는 집단의 수용감이 필요하다(2017, 443).

- **집단 이해**

  개인을 알기 위해서는 집단을 알아야 한다. 집단은 개인에게 강력한 영향을 끼치므로 개인을 알려면 집단을 알 필요가 있다. 집단의 반응과 의견은 개인의 현실적 지각에 영향을 미친다(2017, 443-45).

- **집단의 변화**

  변화의 주도자가 집단의 변화 필요를 인식하고 충족시키도록 욕구를 자극하고 도울 수 있다. 그러므로 변화 주도자는 그 집단을 알고 친밀감을 발달시켜야 하며, 집단과 변화 주도자의 관계는 반드시 자발적이어야 한다.

집단의 유력자들은 제안된 변화에 대해 충분한 정보를 얻어야 하고 쟁점을 논의할 때는 반드시 집단의 대인 관계 네트워크와 같은 자체 의사소통 체계가 사용되어야 한다(2017, 446-50).

■ 복음 전도에서 반드시 집단을 염두에 두기

복음주의 기독교는 매우 개인 지향적이다. 성경 안의 위대한 인물들도 각각은 개인적 정의와 용기를 가지고 행동했지만, 집단이라는 장소 안에서 행동했다. 그리스도 안에 있는 우리의 삶은 집단 내에서 유지되고 완성되며, 그 결과 우리는 우리의 삶을 개별적으로 표현할 수 있게 된다(2017, 451-453).

2. 요약

제3장에서는 타문화 동반자 사역에 관한 선교학적 이론들을 살펴보았다. 선교학에서 타문화 동반자 사역은 선교 원리이며 효과적 선교 전략이다.

타문화 파트너십이란, 서로 문화가 다른 두 개 이상의 기독교 주체가 하나님의 선교라는 공동의 목적을 이루기 위해 동반자로서 협력하는 것을 말한다.

사역의 분야는 교회 안에서의 연합, 글로벌 선교의 동반자적 협력, 남녀의 동반자적 협력 그리고 신학 교육과 선교의 동반자적 협력 관계 등이 있고, 효율적 파트너십은 겸손과 상호 신뢰와 의존, 공유라는 파트너십 속성과 효과적 의사소통, 갈등 해결이 있어야 한다.

동반자 개념의 역사 연구를 통해 동반자 사역은 사도 시대 이후로 지금까지 주요 국제 회의의 의제였고 많은 슬로건이 있었으나 아직도 성숙한 파트너십에 이르지 못했다는 것과 이것의 원인이 교회의 불순종과 신학적 일치 문제만이 아닌, 국제 정치와 경제적인 요소도 있다는 것을 발견할 수 있었다.

따라서 서로 대등하며 순종하는 동반자 관계를 맺고 단체 간 선교 구조의 효율성을 가질 때 동반자 사역은 더 많은 열매를 거둘 수 있을 것이다.

21세기 들어 인구의 대규모 이동 및 통신과 교통의 발달로 모든 교회가 함께 참여하고 자원을 공유하는 파트너십 사역이 세계 복음화의 중요한 원리와 전략이 될 수 있지만, 코로나 팬데믹 이후 나타나는 탈세계화(Deglobalization) 현상을 극복하며 동반자 선교를 실천해야 할 것이다.

파트너십의 선교신학은 삼위일체론과 성육신적 선교 원리다. 현대 선교신학에서 삼위일체론은 '하나님의 선교'(Missio Dei)의 토대가 되었다.

미로슬라브 볼프가 제시한 대로 삼위일체 하나님은 공동체적 인격을 가지고 계신다. 삼위일체 하나님은 공동체적으로 존재하신다. 종속이란 있을 수 없으며 상호 내주와 침투, 동등성과 통합성을 가지시고 연합과 겸손, 희생과 사랑 무한한 교제를 실천하신다.

그러므로 타문화 동반자 사역자들도 서로 존중하고 상호 의존하며 대등한 동반자 관계를 가져야 한다. 그러기 위해서는 하나님 왕국에 기반한 하나님 나라 파트너십 의식을 가져야 한다.

필 버틀러의 하나님 나라 파트너십 원리를 살펴보았다. 하나님 나라 파트너십이란 온 세계를 향한 하나님의 뜻과 목적이 이루어지도록 온 교회가 순종하며 협력하여 선교하는 것인데 이런 동반자 관계를 어렵게 하는 장애 요인으로 문화 차이와 상대방 정치·경제 이슈에 대한 민감성 부족, 커뮤니케이션 부재, 인격적 충돌들, 목표의 부재, 재정 문제가 있었다.

이를 해결하기 위해 폴 히버트가 제시한 성육신적 삶과 사역 원리를 발견했다. 타문화는 내 문화를 초월하는 타인의 문화이므로 타인의 시각을 존중하면서 우리가 섬기는 사람들의 삶의 상황 속으로 성육신되어야만 한다.

의사소통을 원활하게 하기 위해 수신자 지향적 커뮤니케이션에서 제시한 커뮤니케이션의 4가지 기본 원리, 사회 집단 의사소통의 원리, 문화 내 커뮤니케이션 이론 등이 유용한 선교학적 원리가 되는 것을 발견하였다. 이 원리들을 사용하면 GMCM의 타문화 동반자 사역과 의사소통을 더욱 원활하게 할 수 있을 것이다.

본 장에서는 동반자 사역에 필요한 선교학 원리들을 발견하였다.
제4장에서는 동반자 선교의 사회과학적 관점을 논의하고자 한다.

제4장
동반자 사역의 사회과학적 관점

　사회과학은 인간들로 구성된 사회의 가치와 현상에 대해 연구하는 학문 영역이다(Kim, 2020). 사회과학은 인간의 변화를 이해하는 데 도움이 된다. 사회과학은 우리 자신과 우리가 처한 상황 그리고 이러한 것들이 성경과 선교를 연구하는 데 미치는 영향을 더 잘 이해하도록 도움이 될 수 있다(Hiebert, 1998, 415).

　GMCM의 타문화 동반자 선교를 위한 사회과학적 관점으로서 먼저 조직 이론과 조직개발 이론을 고찰한 후, 조직의 이해를 위해 유기체로서의 조직, 문화로서의 조직 이미지를 논의할 것이다.

　이어서 조직이 파트너로 일하기 위한 원리로 초국적 조직 모델, 상생적 파트너십 모델, 타문화 수용 능력 개발 원리, 성과 측정과 격려 이론에 대해 고찰한다.

1. 조직 이론

조직이란 두 명 이상의 사람들이 공동의 목표를 추구하고자 결성한 모든 형태의 상황을 지칭한다(McLean, 2011, 26).

조직 이론(Orgarnizational Theory)은 개별 조직을 연구하는 것이 아니며 조직 자체를 거시적으로 논하는 것이다. 즉, 조직 내의 개인이나 집단의 행동이 아닌 조직 자체를 분석 대상으로 하는 경영 이론이다. 교회의 기관이나 선교 단체도 조직이라고 할 수 있다. 그러므로 조직 이론의 의미와 역사를 이해할 필요가 있다.

> 조직 이론이란 조직에 관한 일종의 사고방식(a way of thinking about organization)으로 조직을 분석하는 이론이다. 조직 이론은 조직에 대한 관점과 인간에 대한 관점에 의해 총 네 가지로 구분되는데 스탠퍼드대학교 명예교수 스코트(Scott, W.)의 분류가 보편적으로 활용되고 있다.
> 이 연대적 분류법은 1900-1930년대의 폐쇄적-합리적 조직 이론부터 시작하여 폐쇄적-자연적, 개방적-합리적 조직 이론으로 발전되었다.
> 1970년부터 비교적 최근까지는 조직의 외부 환경을 중시하고 조직 구성원으로서 인간을 결정 측면에서 행동하는 사회적 존재로 보면서 조직과 인간을 개방적-자연적으로 보는 조직 이론으로 구체화되었다.
> 여기에는 마치(March, J.)의 쓰레기통 모형, 페퍼(Pfeffer, J.)의 자연 의존 이론, 센게(Senge, P.)의 학습 조직 이론 등이 있다(두산백과, s.v. "조직 이론").

초기 폐쇄적-자연적 조직 이론에서 테일러의 과학적 관리론과 앙리 파욜의 산업관리론에 해당하는 조직의 과학적 관리와 관리의 14원칙, 루터 귤릭(Luther Halsey Gulick)과 린들 어윅(Lyndall Fownes Urwick)의 행정 관리 원칙 등은 상호 보완적이면서 조직관리의 기초적 이론들이다(위키백과, s.v. "조직 이론").

이런 이론들을 미리 연구하고 지역 개발 사역과 같은 타문화 파트너십 사역에 참여한다면 시행착오를 줄이게 될 것이다.

현대 조직 이론에는 행태과학론이나 의사 결정 이론 그리고 조직이 외부 환경과 기술, 규모 등으로부터 받는 영향을 연구한 상황적 접근, 유기체적 조직 이론 은유를 이론으로 도입한 칼 루드비히 폰 베르탈란피(L. von Bertalanffy)의 시스템 이론(Systems theory)은 오늘날까지 영향을 미치고 사용되는 조직 이론이다(위키백과, s.v. "조직 이론").

현대 조직 이론 중에서 센게(P. Senge)의 학습 조직 개념은 기독교 파트너십 사역자들에게 유용한 개념이다. 센게는 위계와 효율성을 강조하는 전통적인 조직의 모습과 대비되는 학습 조직(Learning Orgarnization) 개념을 제시하였고 학습 조직을 만들기 위한 다섯 가지 요인을 제시했다.

① 개인 학습(personal mastery)

구성원들의 직무와 관련한 개인적 역량(지식, 경험, 기술)을 개발할 뿐만 아니라 지속적인 학습을 통해 그들을 성장시키는 것이다. 조직은 구성원들이 목표를 개발할 수 있는 환경을 만들어 주어야 한다.

② 개방적 사고(mental models)

세상과 인간에 대해 갖고 있는 이해와 전제가 스스로의 판단과 행동에 미치는 영향을 성찰하게 하여 개방적 사고방식을 육성한다.

③ 비전 공유(shared vision)

조직 구성원들이 추구하는 바람직한 미래의 모습을 함께 만들어 나가는 것이다. 목표와 원칙에 공감해야 한다.

④ 팀 학습(team learning)

개인 학습이 팀 학습으로 이어지기 위해서는 구성원 간 커뮤니케이션 활성화와 신뢰가 필요하다. 그리하여 함께 배우는 방법을 개발하는 것이 가능해지며, 이를 통해 개인의 관계를 극복할 수 있는 학습이 가능하다.

⑤ 시스템적 사고(systems thinking)

학습 조직의 중심 요소로서 다른 네 가지 요인을 통합하는 능력을 제고하기 위한 노력과 능력을 의미한다. 이를 위해 교육과 훈련을 실시할 수 있다(이ین석, 2019, 70-71).

이상과 같이 조직 이론의 여러 개념과 역사를 고찰하였고 센게의 학습 조직 개념을 통해 GMCM의 조직적 이미지를 형성하는 데 도움이 된다는 것을 발견하였다.

다음은 조직의 성장과 개발을 위한 조직개발 이론에 대한 논의다.

1) 조직 개발

조직 개발(Orgarnization Development)은 조직 효과성을 향상시키는 것으로서 개인과 조직 사이의 상호 관계와 프로세스에 역점을 둔다. 조직 개발의 근본적 인터벤션(조직 개발 전문가의 행동과 활동)은 개인과 조직의 유기적 관계에 영향을 줌으로써 하나의 시스템이 조직 전체에 효과를 발휘하는 것이다(McLean, 2011, 33).

조직 개발의 주안점은 전체적 시스템과 상호 의존하는 구성 요소에 있으며 변화로 영향을 받는 모든 이의 협력을 요구한다(McLean, 2011).

다음은 조직 개발을 통해 기대되는 성과다(2011, 34).

① 조직 재생의 촉진
② 조직 문화의 변화 촉진
③ 생산성과 경쟁력 향상
④ 조직과 직원의 건강과 안녕 보장
⑤ 학습과 개발의 지원 및 촉진
⑥ 문제 해결 능력 향상
⑦ 효과성 향상
⑧ 변화의 도입과 관리
⑨ 시스템과 프로세스 개선
⑩ 변화에 대한 적응력 지원

조직 개발은 민주주의와 사회 정의와 같은 인본주의 가치와 윤리적 관심사에 기반하고 있으며, 이 중에 교회와 선교 단체도 포함된다.

조직의 개발 원리로서는 조직 개발 분야의 모델을 활용한 8단계 조직 개발 프로세스를 가지고 모델을 만들 수 있고, 상호 관계를 가지고 있는 여덟 가지 단계를 실행할 수 있다.

그 밖에 인적 자원 개발, 인적 자원 관리, 조직 개발 전문가의 역량에 관한 원리들 그리고 개인 차원과 팀이나 그룹 차원의 인터벤션 방법들과 함께 글로벌 차원의 인터벤션 방법으로 가상 팀 빌딩(Virtual team building), 이문화 팀 빌딩(Cross-cultural team building), 이문화 훈련(Cross-cultural training) 방법이 GMCM의 조직 개발 방법으로 사용될 수 있다는 것을 발견하였다(2011, 157, 161-63).

조직 개발에 있어 내외부적 변화의 시기에는 경영 관리 관행을 이끌어 가고 있는 가정과 이론들을 잘 따져 보고, 그것들을 다른 목적을 위해서 설정하고 재설정해 가는 능력을 보유하는 것이 대단히 중요하며, 직면하고 있는 문제와 과제들에 대해 보다 유연한 관점을 견지할 것을 독려해야 한다(Morgan, 2012, 513).

다음으로 조직의 여러 특성을 이해하기로 한다. 조직의 특성을 이해하는 것은 효과적인 운영에 있어 필요하다.

2. 조직 이해

타문화 파트너십 사역을 하는 GMCM에 관련된 조직 이해로서 가렛 몰건(Gareth Morgan)의 '유기체로서 조직'과 '문화로서의 조직' 이미지를 논의하기로 한다.

1) 유기체로서 조직

유기체로서 조직(Organizations as Organisms) 이론은 조직에 관한 '시스템적 접근'(systems approach)의 근간을 이루는 것으로, 이론 생물학자였던 루드비히 폰 베르달란피(Ludwig von Bertalanffy)의 연구에서 영감을 받았다.

조직은 살아있는 유기체와 같이 환경에 대해 '개방적'이므로, 생존을 위해서는 항상 환경과 적절한 관계를 유지해야 한다는 원칙에 입각한다(Morgan, 2012, 64). 유기체로서 조직 원리의 강점과 약점은 다음과 같다.

강점은 조직을 환경과의 끊임없는 교환 과정을 수행하고 있는 유기체의 이미지를 사용함으로써, 조직에 대해 좀 더 개방적이고 탄력적인 관점을 취하도록 조장한다. 조직을 살아있는 유기체로 보기 때문에 가장 기본적 과제로서 '조직의 생존'(survival)을 강조하며, 생존 욕구에 대한 강조는 환경과 조직 내부적으로 균형을 잡는 상호 작용을 중요하게 여긴다.

이로써 조화롭고 생산적인 작업 환경을 조성하게 되고, 조직화 과정 속에서 상이한 종(species)들을 선택하고 상황 적합적 관점을 가지고 다른 하부 시스템을 적용하고, 조직과 환경 간의 적절한 적합성을 얻고자 하는 유연성이 있다.

유기체 조직은 기계적 조직에는 없는 미덕이 강조되고 상황 적합적 접근법을 사용하기 때문에 기업 전략의 바탕이 되는 조직 이론이기도 하다.

그런데 유기체적 조직 이론은 많은 장점에도 불구하고 조직을 생태계와 유기체적으로 보는 가정 때문에 조직을 통해 개인의 욕구가 채워지고 완전하고 만족스러운 삶을 영위할 수 있다는 것을 강조하는 경향이 있어서 개인이 조직에 흡수되는 조직 사회를 산출할 위험성을 내포하고 있다.

유기적 조직체가 아무리 진화된다 하여도 인간의 불완전성 때문에 모든 인간의 행복을 책임질 수 있다고 낙관할 수는 없다. 그러나 조직 내부의 균형을 잡는 상호 작용을 중요하게 여기고, 기계적 조직에는 없는 미덕이 강조된다는 점 등은 타문화 파트너십 사역에 적용할 수 있는 것이다.

한 걸음 더 나아가 유기적인 몸으로 비유되는 예수 그리스도의 교회(엡 1:22-23; 4:15-16)가 그분의 감독과 사랑을 받는 '영적 완전 유기체'(Perfect Orgarnisms)의 가능성을 갖고 있다는 사실을 유념하면 좋을 것이다.

다음은 동반자 사역과 관련된 '문화로서의 조직' 개념을 고찰하고자 한다.

2) 문화로서의 조직

문화로서의 조직(Organizations as Cultures) 이론은 같은 문화권에 속한 개인들이 서로 많은 점을 공유하면서도 각자가 서로 다른 개성을 지닐 수 있듯, 한 집단이나 조직도 문화를 가진다는 이론이다(Morgan, 2012, 180-81).

　제3장에서 논의한 대로 문화는 흔히 공유 가치, 공유 신념, 공유 의미, 공유된 이해 그리고 공유된 의미 부여의 측면을 가진다. 이런 문화적 특성은 상황들을 독특한 방식으로 인식하고 이해하도록 만드는 현실의 구축 과정(a process of reality construction)이다.

　이런 이해 패턴들은 당면한 상황에 대응하도록 돕고, 스스로의 행동을 의미 있는 것으로 만들어 주는 토대를 제공한다(2012, 193). 예를 들면, 기업의 문화는 조직 구성원들의 태도와 관점 속에 내재화된 독특한 능력과 성향들 가운데 자리 잡고 있으며(2012, 213) 사람들이 행동 규칙과 규범들을 준수할 때 그 문화에 적합한 사회적 현실을 구축할 수 있게 된다(2012, 195).

　문화로서의 조직 이론의 강점은 조직 생활의 모든 측면인 공식 구조나 위계, 규칙, 조직 관리 관행들을 포함하여 가장 구체적이고 실물적이며 합리적으로 보이는 측면들이 모두 상징적이며 매우 중요한 주관적 의미를 가지고 있음을 가정할 수 있다는 것이다.

　그러므로 한 조직의 문화를 연구하려면 표면적인 모습을 장식하고 있는 요란한 선전과 구호 그리고 의식(ritual)에 많은 관심을 갖는 것보다 조직의 가시적인 측면들을 떠받치고 있는 근본적인 구조의 차원을 파악해야 한다(Morgan, 2012, 204, 206).

　문화로서의 조직 이론의 약점은 이렇게 형성된 조직 문화는 결코 완벽히 통제할 수 없고 쉽게 이데올로기화되고 정치적이 될 수 있다는 점이다(2012, 213-24).

　GMCM 같이 서로 다른 민족 문화를 가진 구성원들의 문화를 이해하고 공통적 문화를 조성하려면 열린 마음으로 자신과 상대방의 문화를 이해하고 분석하며 공감대를 이루어 가야 한다. 타문화 파트너십 사역에 적합한 조직 원리와 모델을 논의하기로 한다.

3. 타문화 파트너십 사역에 유용한 조직 원리

타문화 파트너십 사역에 유용한 조직 원리로서 초국적 모델, 타문화 수용 능력 개발, 상생적 파트너십 모델, 성과 관리와 측정에 대해 고찰하기로 하겠다.

1) 초국적 모델: 구축과 관리

선교 현장은 항상 국제적이다. 본서의 연구 대상도 여러 나라에서 사역하는 그리스도인들이다. 개인도 있지만 선교회와 교회 그리고 현지의 자생적 단체들도 있다. 함께 파트너십을 이뤄 사역하고자 할 때 초기에 어떻게 관계를 구축하고, 사역을 관리해야 하는지에 대해 국가를 초월하여 협력하는 초국적 기업 조직 모델(transnational model)을 중심으로 논의하고자 한다.

국경이 사라진 글로벌 시장에는 초국적 도전이 생긴다. 새로운 조직적 도전이 생겨나는 국제 무대에서는 초국적 기업, 혹은 다국적 기업의 등장이 요구되는데 국제 경제 환경이 빠르게 변하기 때문에 글로벌 환경에서 기업 간의 인수 합병과 경영은 조직 운영자들의 핵심 과제로 부상했다.

『국경 없는 경영』의 저자 바틀렛(Christopher A. Bartlett)은 초국적 기업은 1990년 전에는 볼 수 없었던 모델이라고 한다.

초국적 기업이란 크지만 작고, 글로벌화된 기업이지만 현지화된 기업이며, 분권화된 의사 결정 구조를 지니고 있지만 중앙집권화된 의사 결정 구조를 지닌 기업을 말한다. 이런 초국적 기업은 행동적 규범과 문화적 가치에 의거해서 초국적 조직을 설립하고 운영해야 한다(Bartlett, 2020, 39).

초국적 조직은 통합된 네트워크로 경쟁력을 구축하고 전문화된 역할과 책임 부여를 통해 유연성을 개발하며 다수의 혁신 프로세스를 학습한다. 이런 초국적 조직의 구축과 관리, 즉 내·외부 환경의 다양성과 복잡성을 관리하고, 헌신을 구축하고 관리하기 위해서는 먼저 경영자의 사고방식에 매트릭스를 세워야 한다는 원리다.

다국적 기업은 조직에서 필요로 하는 다차원적이고 유연한 역량을 생산하며 중간 역할과 관계성을 지닌 사업부와 지역 및 국가 경영자들을 개발할 때까지는 효과적으로 운영될 수 없다(2020, 14). 이는 초국적 파트너십이 성공하려면 운영자가 먼저 준비되어야 한다는 뜻이다.

타문화권 동반자 사역은 국제적, 다자적 관점에서 일어나기 때문에 타문화 파트너십을 맺고 실행하기 위해서는 초국적 기업 조직 모델을 적용할 필요가 있다.

사역의 자원이나 가진 능력을 어떻게 하나님의 경륜을 따라 운영해 나아갈 것인가를 생각하면서 초국적 조직 모델을 적용하고 먼저 지역 담당 리더를 배양해야 할 것이다. 이런 초국적 조직에서는 서로 다른 문화 배경을 가진 사람이 함께 일하게 되므로 서로 대등하고 신뢰하는 문화가 형성되어야 한다.

이런 문화를 만들어 갈 수 있는 '상생적 파트너십 원리'를 살펴보고 응용하기로 한다.

2) 상생적 파트너십 모델

용어에서 밝힌 대로 파트너십이란 다수의 주체가 공동의 목표를 위해 서로 신뢰하는 관계를 맺고 함께 협력하는 것이다. 이때 다음과 같은 과제가 발생한다.

공통된 사역과 목표가 아무리 중요하다 해도, 함께 모인 사람들이 어떻게 신뢰를 구축해 나아갈 것인가?

사회적 조직과 기업에서 연구한 상생적 파트너십 모델(generative partnership model)이 하나의 제안이 될 수 있다.

상생적 파트너십은 각 개인이 이루어 낼 수 있는 수준보다 더 높은 성과를 도출하며 단순한 총합이 아니라, 더 깊이 있고 광범위하며 창의적이면서도 혁신적인 성과물을 도출해 내는 관계를 말한다(Herwitt, 2019, 39).

상생적 파트너십의 특징은 모든 구성원이 하나의 팀으로 최대한 잠재력을 발휘한다면 개인 몰입 차원을 넘어 팀 몰입(co-flow)이 가능해지고 효과를 발휘하게 된다는 것이다.

상생적 파트너십이란 업무 성과의 발생 과정에서 모든 팀원은 상생적 관계로서 동등하게 중시되어야 하며, 리더십과 팔로워십의 역할이 서로 잘 인정되고 이해되며, 최적화될 때 효과를 발휘할 수 있다는 이론이다.

즉, 모든 구성원이 리더십 역할을 보유하는 동시에 팔로워 역할도 가지고 있는 상생적 관계(2019, 44)에서 파트너십을 발휘하는 것을 말한다. 이러한 상생적 파트너십 모델은 5개의 원칙, 5개의 실행 스킬, 일련의 상생적 행동들로 구성된다.

그 다섯 가지 원칙은 다음과 같다(2019, 198).

① 파트너십에는 리더십과 팔로워십 모두가 필요하다. 이들은 서로 동등하고 역동적이며 서로 다르다.
② 리더십은 프레임을 구축하는 능력이고 팔로워십은 그 안에서 창조하는 능력이다.
③ 연결 관계 구축을 위해 린인(Lean in)하라.
④ 긍정성을 중시하고, 이를 기반으로 하라.
⑤ 목표를 깊이 있게 공유하라.

이 다섯 개의 상생 파트너십 실행 스킬 5대 영역은 <표 1>을 참고하라.

영역	팔로워십 스킬	리더십 스킬
의사 결정 파트너십 스킬	의사 결정 지지: 내가 한 의사 결정이 아닐지라도 정해진 의사 결정의 가치를 지지한다.	의사 결정 구조화: 협업과 의사 결정 품질을 최적화하기 위해서 환경과 프로세스를 구축한다.
관계 구축 파트너십 스킬	성과 극대화: 자신의 몰입도, 자기 개발, 협업 성과 강화를 위해 혁신을 실행한다.	성과 코칭: 목표, 진보, 긍정성의 환경을 조성한다.
조직 유연성 파트너십 스킬	조직 유연성 발휘: 상위 조직과 한 방향으로 정렬하고 인정 받는다.	조직 멘토링: 조직 관점에서 어떻게 실행하고 임무를 수행할지 지원함으써 돕는다.
소통 활성화 파트너십 스킬	소통 표현: 파트너에게 정보를 잘 전달하고, 올바른 리더십 실행을 자극한다.	소통 확산: 올바른 팔로워십 수행을 위해 적절한 정보를 제공하고 자극한다.
성과 창출 파트너십 스킬	관계 형성: 라포와 신뢰를 형성 및 강화하고, 리더와 잘 일할 수 있는 방법을 이해한다.	관계 구조화: 각 팀원과 편안하고 전문성을 기반으로 하는 공정한 관계를 조성한다.

〈 표 1 〉 상생적 파트너십 스킬의 5대 영역 비교표(Herwitt, 2019, 4; yoon 정리)

이상에서 살펴본 상생적 파트너십의 기본 개념은 제2장 "성서적 연구"를 통해서도 발견한 기독교적 원리다.

조직의 모든 구성원이 맡은 역할이나 지위에 상관없이 동등하고 상호적으로 존중되어야 하고, 서로 생산적이고 창조적 관계를 맺으며 팀에 헌신되어서 최대의 효과를 낸다는 사실을 재확인하게 되었다. 팔로워와 리더의 구체적 실행 스킬은 동반자 사역 지침에 적용할 수 있을 것이다.

또한, 다국적 팀이 함께 모여 일하는 글로벌 환경에서는 타인의 문화를 이해하고 의사소통해야 한다. 그러나 누구나 타문화에 잘 적응하는 것은 아니다. 그러므로 타문화 수용 능력을 개발하고 훈련해야 한다.

3) 타문화 수용 능력 개발

중국과 한국의 문화를 가지고 타문화권에서 사역하는 GMCM은 타문화를 수용하는 능력을 개발할 필요가 있다. 먼저, 문화 간 커뮤니케이션 과정을 이해하고 타문화 수용 능력 개발에 유용한 이문화(異文化) 간 커뮤니케이션 과정을 분석하며 통문화적 시각으로 본 '제3의 이방인 문화' 원리를 논의하기로 한다.

(1) 문화 간 커뮤니케이션 과정

의사소통에서 문화는 한 집단의 사고방식, 가치관, 관습과 규칙을 공유하는 정체성을 나타낸다(김정은, 2021, 94).

가치관의 편의상 서구의 가치관과 동아시아 가치관으로 이분화하지만 이것은 절대적인 것이 아니며 가치관은 변화를 겪기도 한다. 문화 안에서 가치관의 다름은 절대적이지 않으며 다른 점과 함께 공통점도 있다.

그러나 가치관이 다르기 때문에 사람들은 커뮤니케이션 과정에서 오해와 좌절, 긴장감과 혼란, 거부감 및 당혹감 등을 느끼게 된다. 이것은 피할 수 없는 현실이다. 이런 한계에도 불구하고 열린 마음을 가지고 인내하고 노력하면 문화 간 커뮤니케이션은 발전할 수 있다.

이 과정을 도식화하면 <그림 2>와 같다(김숙현 외, 2001, 67-68).

문제점	당면 현실	필요한 덕목	결과
문화와 가치관 차이	좌절 오해 혼란 긴장 당혹	· 인내 · 역지사지(易地思之) · 열린 마음 · 신뢰 · 유형화 및 비판 자제 · 새로운 정보에 따른 고정관념과 편견 수정 · 다른 문화에 대한 지식과 다른 언어, 비언어 습득	이해 용납 문화 적응 성공

문제점	당면 현실	필요한 덕목	결과
문화와 가치관 차이	좌절 오해 혼란 긴장 당혹	· 문화적 우월감과 열등감 · 자민족 중심주의 · 경직된 고정 관념과 편견 · 다른 문화에 대한 비판과 비난	소외감 침잠 부적응 극심한 문화 충격

〈 그림 2 〉 문화 간 커뮤니케이션 과정(김숙현 외, 2001, 67호)

    이상의 문화 간 커뮤니케이션 과정은 두 가지 결과로 나타날 수 있다. 필요한 덕목과 기술을 익히고 소통한다면 이해와 용납, 문화 적응으로 나아갈 수 있지만, 문화 간 커뮤니케이션에 장애가 되는 요소를 바꾸지 않는다면 부적응과 문화 충격으로 나아갈 수 있다.

    아래에서는 서로의 문화 차이를 이해하고 수용하며 소통하기 위해 이 문화 수용 능력 개발 방법을 알아보기로 한다.

(2) 이문화 수용 능력 개발 방법

나와 다른 문화를 있는 그대로 받아들이는 이문화(異文化) 수용 능력은 문화 간 소통 능력의 기반을 형성한다. 단계별 지침은 다음과 같다.

▶ 1단계 : 개방적 자세
- 이문화의 이질성을 있는 그대로 인정하는 열린 마음, 자신의 문화적 성향을 관찰하고 자문화의 습관에서 벗어날 수 있는 마음 준비하기
- 이문화 방식이 나와 맞지 않을 때 상대방 방식 수용하기
- 성급한 평가를 자제하고 고정관념에 얽매이지 않으며 이문화를 경험하려는 열린 마음 갖기
- 안정된 마음과 침착한 행동을 유지하며 이문화 관점에서 사안을 바라보기

▶ 2단계 : 자신과 타인에 대한 인식
- 나 자신의 문화적 성향과 생활 속에서 미치는 영향 점검하기
- 내 문화와 이문화 사이에서 나는 얼마나 이질적인가?
- 이문화 적응력은 어느 정도인가?
- 이문화 접촉을 위해 나의 능력을 어떻게 증진시킬 수 있는가?
- 공통적인 부분이 존재하는가?
- 어떻게 공감대를 형성할 수 있을까?

> ▶ 3단계: 문화적 지식 쌓기

> ▶ 4단계: 문화 간 훈련과 기술
> · 문화 간 접촉의 효율성을 극대화할 수 있는 행동 개발을 위해 의사소통의 기술, 갈등 해결의 기술을 개발한다. 이문화 적응력을 측정해 본다(김정은, 2021, 138-148).

이문화 안에서 서로 이해하고 의사소통을 하려면 위와 같이 의도적이고 지속적인 노력이 필요하다. 또 하나의 방안으로는 서로의 문화와 동양과 서양을 초월한 제3의 인간관계 문화, 즉 '이방인 문화' 의식을 익히는 것도 필요하다.

(3) 제3의 이방인 문화 원리

김숙현은 『한국인과 문화 간 커뮤니케이션』에서 이방인 문화를 제3의 문화로 규정하고 다음과 같이 설명한다.

> 필자가 말하는 이방인 문화는 '소속은 되어 있되, 구속되지 않는 문화에 대한 자유로운 태도'를 말한다 ··· 즉, 한국 문화라는 지류와 서구 문화라는 지류를 모아서 세계 문화라는 큰 강을 만드는 것이다.
> 현재 우리가 경험하는 동양과 서양의 문화 간 인간관계는 '현지인 문화' 관점에서 벗어나지 못하고 있다. 저마다 자신이 속한 문화의 우월성 또는 불변성을 내세우면서 일방적으로 상대방이 자신의 문화에 적응하거

나 이해하기만을 바란다.

그러나 참다운 문화 간 인간관계는 저마다 자신의 문화를 짐멜이 말한 '이방인'의 눈으로 볼 수 있을 때 가능하다…. 이방인 문화는 현지를 떠나는 이방인에게만 해당되는 것이 아니라 언제 이방인이 될지 모르는 오늘날의 모든 현지인에게 요구되는 동서양을 초월한 새로운 인간관계 문화다(김숙현 외, 2001, 138-39).

타문화권에 있는 교회나 단체도 문화적 조직이라 말할 수 있다. 적극적으로 타문화 수용 능력을 개발하고 교차문화적 커뮤니케이션을 훈련하며 이방인 문화 원리를 참고하여 통합된 동반자 문화를 만들어야 한다는 것을 발견했다.

타문화 수용 능력 개발을 위한 문화 간 커뮤니케이션 과정, 이문화 수용 능력 개발, 제3의 이방인 문화를 살펴보았다. 이렇게 이루어진 타문화 사역이 열매를 맺을 수 있도록 사역의 계획과 과정, 검증 단계에서 활용할 수 있는 성과의 측정과 격려 이론을 고찰한다.

4. 성과의 측정과 격려

동반자 선교는 다양한 방면으로 진행된다. 학교 교육이나 구제 사역 또는 교회 개척과 지역 개발 등 여러 종류의 동반적 사역이 일어난다.

그런 사역들은 믿음을 통해 하나님의 뜻을 따라 진행되지만 사역을 착수하기 전에 성과를 측정하고 사후 검토와 평가 및 보상이나 격려 또한 필요하다. 이에 글로벌 조직 문화에 따른 평가와 보상의 원리들을 논의하고자 한다.

경제 위기와 세계적 환경 변화로 인한 여러 제약이 따를 때는 기존 구조의 개혁을 논하게 된다. 그때 성과를 측정하고 경영 전반 계획을 검토하는데 다국적 기업들은 글로벌 스탠더드(Global Standard)에 맞추어 경영 목표를 효율적으로 달성할 수 있도록 정책과 전략이 수정된다.

글로벌 스탠더드는 영구 불변한 것이 아니고 시대 흐름에 따라 변해왔고, 앞으로도 변화할 것이다(이정아, 2014, 92).

현대 산업 경영의 중요한 인사관리 시스템은 일명 '성과 관리'로 불리는 '성과의 측정과 격려 기법'(Performance Management by Process: PMP)이다.

성과 관리는 목표의 설정 및 달성 과정 그리고 평가와 결과에 대한 피드백 과정을 부하(部下) 스스로 통제하는 자주적 관리 시스템이며, 개인의 목표인 경제적, 심리적, 사회적 목표를 동시에 충족시키고 나아가 조직의 목표와 통합하는 기업의 생산성 향상과 개인의 만족을 도모하려는 관리 기법이다.

성과주의 인사 관리는 종업원의 시장 가치에 다른 보상으로서 연봉제가 도입되면서 시가주의가 부각되었다. 시가주의란 근로자의 보상 기준은 기업의 대내 가치의 기준이 아닌 외부 노동 시장의 시장가치에 따라 결정되는 것을 말하여 시가주의의 보상은 노동 생산성에 따른 공정한 보상이 될 수 있고, 개인 경쟁력을 키울 수 있는 방법이 된다.

업무의 성과는 매년 원칙과 객관적 자료에 근거한 성과 개발 계획(Performance Development Plan: PDP)을 세우고 과정과 지침에 따라 실행에 옮긴다. 계획 수립 과정에는 다음의 내용이 포함된다(2014, 93-94).

① 현재의 스킬, 능력, 가치 판단
② 경력 개발 가능성 및 목표 파악
③ 자신의 경력 개발 목표를 이룰 수 있는 가능성에 대한 현실적 평가
④ 개발 필요성 파악
⑤ 적절한 훈련 및 개발 활동 선택
⑥ 합의된 개발 계획을 문서화
⑦ 계획 실행

이러한 성과 관리 순환 과정과 지침을 도식화하면 다음과 같다.

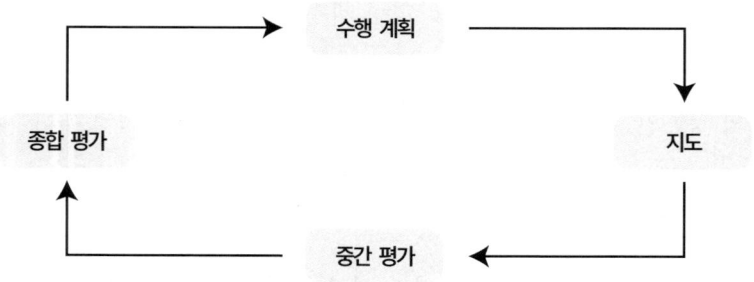

〈 그림 3 〉 성과 관리 순환 과정(이정아, 2014, 98, 그림1)

조직의 성과 관리 과정에서 잘못된 성과 관리를 지양하고 올바른 성과 관리를 추구하기 위한 기준은 다음과 같다.

올바른 성과 관리	잘못된 성과 관리
성과 = 무엇을 + 어떻게	'무엇'을 할 것인가에 집중
실천 목표(실천 결과)와 역량	'누가' 할 것인가에 집중
양방향 의사소통 및 직원의 참여	일방적 지시
합의된 성과 목표 설정	강압에 의한 목표에 위임
개인의 목표와 행동을 조직과 일치	조직의 목표와 불일치
난관을 극복하여 성공으로 연결	책임의 전가
동기 부여	사기 저하

〈표 2〉 성과 관리 지침(이정아, 2014, 98 그림 2)

성과 관리는 <표 2>에 나타난 종합평가를 통해 개인이나 팀, 부서 업무, 지역 등의 성과를 평가하고 합당한 보상을 실시한다. 이때 보상 방법으로는 인센티브, 표창 등의 형태로 성과급을 시행하고 있다.

이정아는 이 방안이 결실을 맺기 위해서는 조직 내에 도사리고 있는 장애 요인을 제거하고 성과 측정에 정확, 투명성이 더해지고 근로자에게는 프로 근성, 장인 정신 같은 내면의 변화가 필요하다고 말한다(2014, 102). 기업에서 성과 관리가 중요하다면 글로벌 사역에서는 사역의 운영 계획과 관리가 중요하다고 하겠다.

하나님께서는 모두에게 달란트를 주셨지만 적극적인 태도로 잘 활용하기를 바라신다. 교회와 기독교 단체들이 대내외적인 사역에서 PMP 원리를 참고해서 계획을 세우고 최종적 검토와 격려까지 설계한다면 활력 있고 순조로운 파트너십 관계를 유지할 수 있을 것이다.

5. 요약

제4장에서는 타문화 동반자 사역을 위한 사회과학적 이론들을 검토하였다. 교회나 선교 단체도 하나의 조직이다. 하나의 조직으로서 GMCM을 이해하기 위해 조직 이론과 조직개발 이론을 고찰하였고 조직의 특성을 이해하기 위해 유기체적 조직과 문화로서의 조직을 살펴보았다. 그 후, 타문화 파트너십에 유용한 조직 원리로서 초국적 모델, 타문화 수용 능력 개발, 상생적 파트너십 모델에 대해 고찰하였다.

조직 이론을 통해 조직의 구성 요소가 물적, 인적 자원이며 조직 자원은 개발되고 성장할 수 있다는 것을 발견하였고 타문화 동반자 사역 조직과 관계 있는 유기체로서 조직과 문화로서의 조직 특성을 고찰하고 강점과 약점을 분석하였다.

유기체로서의 조직 이론은 많은 장점에도 불구하고 조직을 생태계와 유기체적으로 보는 가정 때문에 개인이 조직에 흡수되는 조직 사회를 산출할 위험성을 내포하고 있다.

문화로서의 조직은 자기만의 독특한 문화와 하위 문화 패턴을 가진 사회의 축소판으로 보는 이론으로서 조직의 가시적인 측면들을 떠받치고 있는 근본적인 구조의 차원을 파악해야 조직의 문화를 이해할 수 있다.

이 이론의 약점은 형성된 조직의 문화는 결코 완벽히 통제할 수 없고 쉽게 이데올로기화되며 정치적일 수 있다는 점이다. 그러므로 GMCM 같이 여러 다른 문화를 가진 구성원들은 열린 마음으로 자신과 상대방의 문화를 이해하고 비교 분석하여 공통의 문화를 조성해야 한다는 것을 발견하게 되었다.

또한, 타문화 파트너십 사역에 유용한 조직 원리로서 초국적 조직의 구축과 관리 이론을 발견했다. 타문화권 동반자 사역은 국제적 다자적 관점에서 일어나기 때문에 타문화 파트너십을 맺고 실행하기 위해서는 초국적 기업 조직 모델을 적용할 필요가 있다.

다국적 기업은 조직에서 필요로 하는 특성을 지닌 지역 및 국가 경영자들을 개발할 때까지는 효과적으로 운영될 수 없다는 것과 초국적 조직 운영에서는 타문화 의사소통과 수용의 필요성이 생긴다는 것을 발견하게 되었다.

이를 위해 상생적 파트너십 이론과 타문화 수용 능력 개발 방법을 고찰하였고 사역 전후의 계획과 성과 관리 이론을 발견 성성과 관리 이론을 발견하였다.

제5장

동반자 사역의 상황적 관점

제5장에서는 '글로벌선교공동체사역원'(GMCM)의 동반자적 선교의 상황적 관점을 논의하고자 한다. 이를 위해 먼저, GMCM의 지역 상황을 이해하고 주요 구성원인 한국인과 중국 한족의 동반자 관계 맺기 및 협력과 소통 방법을 논의한 후, 이 특성들이 역사적으로 동반자 사역에 어떻게 나타났는지 사례를 통해 논의하기로 한다.

1. GMCM의 지역 상황 이해

GMCM에서 동반 사역을 하는 구성원들은 다양한 언어와 문화를 가지고 있다. 10개의 국가에 22개의 언어 그룹이 있고, 지리적으로 47개 주요 지역에 흩어져 있다. 이에 GMCM의 지역 상황을 이해하고 논의하고자 한다.

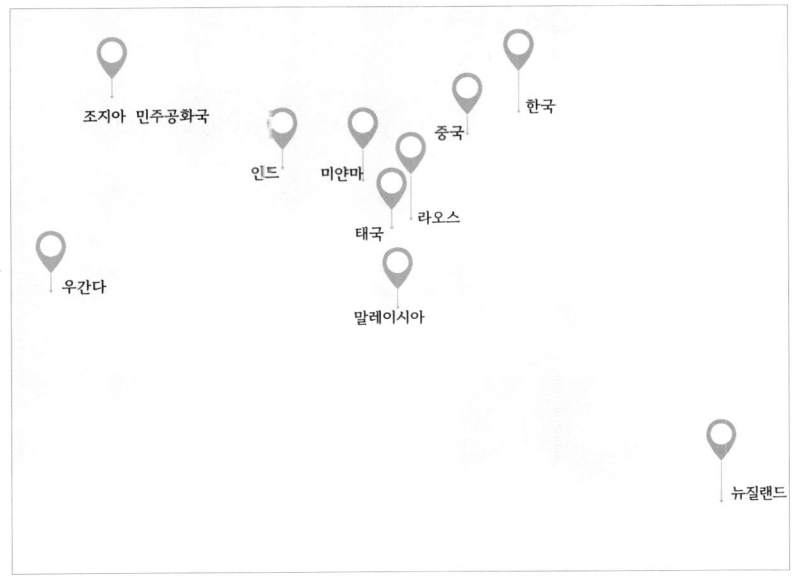

< 지도 1 > GMCM 파트너십 지역(제한 지역 불표시)

GMCM의 파트너들이 사역하는 곳은 한국을 비롯하여 중국, 미얀마, 라오스, 태국, 인도, 조지아 민주공화국, 뉴질랜드, 우간다 등 10개국이다. 이처럼 다양한 국가와 지역에서 타문화 동반자 사역이 일어나지만, 연구 배경에서 밝힌 대로 한 도시에서 시작되어 이주한 경우로, 주로 한국어나 중국어를 사용해 소통할 수 있는 사역자들이다.

이에 본 장에서는 중국 한족과 한국인 사역자를 대상으로 동반자 관계 맺기 및 협력과 소통 방법, 중국 교회와 한국 교회의 동반자 사역 사례를 간단히 논의하고자 한다.

2. 한국인과 중국 한족의 문화적 정체성

중국 한족과 한국인은 같은 아시아인이라는 유사성이 있지만 문화적으로는 다른 점이 존재한다.

제2장에서 밝힌 대로 동반자 사역의 파트너들은 상대방이 자국 문화에 민감성을 가지기를 바란다. 서로의 문화를 파악하고 유의하는 문화 감수성이 필요하다. 그러므로 중국 한족과 한국인의 문화적 정체성을 연구하기로 한다.

한 민족의 정체성에는 문화적 정체성(cultural identity)과 국가 정체성(national identity)이 있다. 문화적 정체성이 고유한 문화가 그들을 결속시키는 소속감, 유대감, 동질감 및 일체감이라면, 국가 정체성은 한 개인이 국가라는 정치적인 집단의 구성원으로서 소속감을 느끼고 일체감을 통해 국가에 대한 충성심 및 애국심을 갖게 되는 것을 의미한다(김종만 외, 2020, 197).

여기서는 한국인과 중국인의 문화적 정체성만 논하기로 한다. 문화정체성 중에서도 가치관과 행동 양식 그리고 관계 문화 의사소통 방식을 논할 것이다.

1) 한국인의 가치관과 행동 양식 및 의사소통

일반적으로 볼 때 한국인의 가치관과 행동 양식(Values, Patterns of Behaviors) 그리고 관계 맺기와 협력 방법 및 의사소통 방식은 다음과 같다.

(1) 가치관과 행동 양식

한국인은 종교에 상관없이 약 70퍼센트가 유교적 가치관을 가지고 있는 것으로 보고된다(김정은, 2021, 19). 유교는 사회의 근본이 되는 인간 본성과 적절한 인간관계에 대한 사상으로 인간이 바른 행동을 할 수 있도록 하는 네 가지 본성인 인(仁), 의(义), 예(礼), 지(智)와 인간을 바른 행동으로부터 이탈하게 하는 일곱 가지 본성, 즉 희(喜), 노(怒), 애(爱), 낙(乐), 공(恐), 오(恶), 욕(欲)이 있다.

이 가운데 네 가지 본성에 기인한 네 가지 마음씨인 사단(四端), 즉 측은(恻隐), 수오(羞恶), 사양(辞让), 시비(是非)는 장려하였고 일곱 가지 본성은 칠정(七情)이라 하여 억제하였다.

또한, 인간관계를 중요하게 여긴 유교에서는 오륜(五轮), 즉 군신유의(君臣有义), 부자유친(父子有亲), 부부유별(夫妇有别), 장유유서(长幼有序), 붕우유신(朋友有信)을 큰 덕목으로 삼았다(2021, 19).

김정은은 이런 유교적 가치관이 한국인의 의사소통에 영향을 주고, 조선 시대에는 지배 권력의 독점 강화와 중국 문화의 예속성을 가져왔다고 말한다(2021, 20). 이러한 한국인의 문화적 특성은 집단주의, 인간관계 중심의 가치관과 신념을 형성하고 소극적 행동으로 나타난다.

(2) 관계 맺기와 협력 방법

앞서 살펴본 대로 한국인은 유교적 영향으로 조화를 중시하고 열정적 특성을 가지고 있기 때문에 관계를 맺는 데 큰 어려움이 없다. 그러나 김정은의 말대로 관계 속에서 갈등이 생겼을 때 그 원인을 상호 의존적인 것으로 보지 않고 일방적으로 파악하며, 공동의 문제로 인식하고 상호 관계를 생각하기보다는 자신에게 유리한 방향으로 접근하며 우선적으로 회피를 선택하는 경향이 있다.

이로 인해 다른 문화권과의 의사소통이 잘 안 되고 협상 능력이 떨어진다. 그러나 갈등은 의견의 다양성이 표출된 것이며 이런 다양한 의견을 잘 절충하여 최선의 결정을 하는 것이 문화 간 갈등을 해결하는 방법이다(김정은, 2021, 96-97).

이런 특성들을 고려할 때, GMCM의 한국인 선교사들도 유교적 가치관과 집단주의적 행동 양식이 존재하고 있다고 해야 할 것이다. 이것은 동반자 사역에 긍정적으로 작용할 수도 있고 부정적 영향을 끼칠 수 있다.

먼저, 유교적 가치관은 파트너십의 동등성과 상호성을 저해한다. 누군가의 말대로 예절과 서열을 중시하다 보니 다른 구성원들과 평등하게 관계를 맺지 못하고, '역동적'이라 좋게 말하는 '빨리빨리'와 열정은 사역 중 목표 지향적 태도가 되게 한다.

또한, 유교에서 군자의 덕으로 여겨지는 인간관계의 원만한 조화를 추구하다 보니 많은 사람이 함께 있을 때 서로의 목표가 부딪혀서 일어나는 문제를 상호 의존적으로 보지 않고, 개인의 인간성 문제로 인식하는 경향이 있다.

흔히 '끈기'라고 불리는 참음은 단체 안에서 갈등이 발생했을 때 치열하게 대화하면서 방법을 모색하기보다는 문제를 회피하거나 참다가 갈등이 폭발하면서 관계가 끊어지고 하나 됨에서 멀어지게 할 수 있다.

선교에 있어서도 예외가 아니다. 김명혁은 상당수의 한국 선교사들이 선교에 있어서 실망과 실패를 경험했는데, 그 주요 이유는 그들이 협력과 동역을 이루지 못했기 때문이라고 한다(김명혁, 1991, 303).

중국의 한 좌담회에 참가했을 때 한국은 유교적 인간관계의 기초라 할 수 있는 인, 의, 예, 지 중에서 인이 강하고, 일본인은 의가 강하다는 말을 들었다. 그래서 우리나라 사람은 정과 사랑이 많은 민족이라고 평가를 받는다.

정과 열정과 흥이라는 한국인의 문화 유전자는 관계 맺음과 소통에 좋은 요소로 작용한다. 그러나 타문화권에서 장기적으로 동반자 관계를 유지해 나아가려면 상대 민족을 이해하는 지적 요소와 갈등을 극복하고 조화와 화합을 이루기 위한 의지적 노력을 함께 구비해야 할 것이다.

(3) 한국인의 의사소통

언어적 표현과 가치관 및 사고방식은 의사소통 상황에 직접적인 영향을 미친다(김숙현 외, 2007, 45).

한국인의 유교적 가치관 영향으로 우리 말의 대표적 특징은 복잡성이다. 대화하는 상대에 따라 어법이 달라진다. 또한, 대화에 의한 의사소통이 약하다. 이는 유교에서는 서면 소통을 강조하고 대화에 의한 의사소통을 경시하기 때문이다.

이러한 복잡성과 대화 부재와 대화 단절 이외에 간접성이 있다.

일보다 인간관계를 우선으로 하는 유교적 사고방식의 영향으로 자신의 의견을 겉으로 드러내기보다는 상황, 즉 분위기 파악을 위한 '눈치'가 한국인의 의사소통에서 중요한 능력으로 여겨지고 있다(2007, 21-24).

집단주의와 개인주의 문화권의 가치관에 따른 의사소통 방식을 도표로 살펴보면 다음과 같다.

집단주의 문화관	개인주의 문화관
인간관계를 업무보다 우선으로 함: 업무에 '인화'가 주요 요소로 작용	업무를 인간관계보다 우선으로 함: 업무를 위한 비판과 논쟁이 자유로움
상호 의존적 자아인 '우리'를 강조	독립적 자아인 '나'를 강조
애매한 답변(침묵/미소)	명백한 답변(예/아니오)
의사소통이 상황에 좌우되기 쉬움	의사소통이 상황에 좌우되기 어려움

〈 표 3 〉 집단주의와 개인주의 문화권과 가치관 차이(김숙현 외, 2001, 2007, 33)

도표의 설명과 같이 한국인은 집단주의 문화권에 속하므로 의사소통 방식에서 업무보다는 인간관계가 우선하고 있다.

언어 표현에서도 상호 의존적 자아인 '우리'를 강조하고 있으며 침묵과 미소 등 애매한 답변과 더불어 분위기를 파악하는 '눈치' 등이 의사소통의 중요한 능력이 되고 있다.

또 상대방에게 화가 나거나 불만이 있으면 말로 설득하기보다, 말을 하지 않고 삐치는 비언어적 표현 방식을 사용한다. 이러한 한국인의 의사소통 특성은 타문화적 상황에서 자칫 갈등 심화의 요소가 된다.

이 밖에도 대화의 선호도에 있어 한국이나 중국, 일본 등 동양 문화권에서는 서양에 비해 모르는 상대에 대한 관심이 적고 오히려 저항감이 높다고 한다.

회의의 발화권에 있어서도 서양의 경우엔 화제를 가진 사람이 길게 말하고 다른 사람에게 발언 기회가 균등하게 주어지지 않는다. 그러나 한국이나 일본 등은 누구에게나 균등한 발화 기회가 주어진다. 그러면서 어떤 대립된 의견을 말할 때는 다양한 논점을 함께 표현함으로써 대립 관계를 피하려 한다(2007, 47-49).

이상과 같이 한국인의 문화적 특성은 유교 문화의 영향으로 집단주의, 서열 중심, 인간관계 중심의 가치관과 신념을 형성하여 관계 맺기나 감정 표현 그리고 의사소통에 소극적 행동으로 나타난다.

현대에 와서 한국인 스스로가 느끼는 한국의 문화적 특성은 좀 더 밝고 유연하게 바뀌고 있다. 2012년 한국국학진흥원의 조사 연구 결과를 보면, 한국인의 문화 유전자의 특징은 다음과 같다.

한국인에겐 자연에 기대어 사는 생태학적 지혜 그리고 혼자가 아니라 남들과 더불어 살아가는 인간학적 정신이 있다. 그리고 역동적이면서도 끈질긴 기질, 예절의 긴장과 해학의 여유를 신명 나는 흥의 몸짓으로 펼치는 문화적 전통과 개성을 가지고 있다(주영하 외 2014, 7).

2) 중국 한족의 문화와 협력 방법

14억 명의 인구수를 자랑하는 중국인은 세계 인구의 약 6분의 1을 차지한다. 오천 년이 넘는 유구한 중국 역사는 변하지 않는 불굴의 문화를 이루었다. 수많은 내부 갈등과 외부 침입의 참화를 견뎌 낸 중국인은 오늘날 독특하고 복합적인 민족으로 남아있다(Winter et al., 2010, 401).

중국어로 문화(文化)의 의미를 살펴보면, 문(文)은 '선(善), 미(美), 덕행'(德行)이라는 뜻이고, 화(化)는 '생성하다, 만든다'라는 뜻이다. 그러므로 문화란 '인간 사회의 정신과 물질세계를 아름답고 선하게 만들어 나아가는 것'(方克立編, 2001, 1, 3)이라는 뜻이다.

다른 나라와 마찬가지로 중국학에서 문화는 철학, 사상, 역사, 종교,

예술 등의 종합적 체계다(楼宇烈, 2016, 66). 그중에서 중국 한족의 가치관과 특징 그리고 관계 문화와 소통에 한정해서 논의하기로 한다.

(1) 중국 한족의 가치관

중국 한족의 가치관(Values)은 전통적 가치관과 현대적 가치관으로 양분될 수 있으나 서로 밀접하게 연결되어 있다. 그러므로 함께 논하기로 하겠다.

대표적 가치관은 유교의 윤리 도덕과 집단주의(集体主义, 群体主义)와 전체주의 그리고 실사구시적 실용주의(实事求是)다.

그렇다면, 유교적 윤리 도덕(伦理道德)이란 무엇인가?

중국의 전통문화는 유교를 중심으로 확립되었고 유가(儒家)와 불가(释家), 도가(道家)는 대략 동진(东晋) 시대부터 20세기까지 약 1,600년 동안 서로 통합·보완하면서 중국 문화의 기본 체계를 정립하였다(楼宇烈, 2016, 99).

중국의 전통문화는 농경 사회로 시작되었으며 이로 인해 가족과 혈연 중심의 사회 구조를 낳게 되었다(王晖, 2017, 14). 중국의 역사 발전 과정에서 혈연 의식은 사회 질서를 유지하는 데 중요한 연결고리가 되었다. 따라서 혈연 중심의 윤리 도덕은 지속적으로 사람들의 행위 규범과 사회 분위기의 중심 사상이 된다.

예를 들면, 전통적으로 자신을 중심으로 혈연관계에 있는 사람들을 호칭할 때 '육친'(六亲), '구족'(九族) 등으로 범위를 정하는데, 이러한 관계 안의 혈연의식은 매우 농후하고 명칭 또한 다양하다. 혈연관계에 속한 사람은 자기의 책임을 다하여야 하며 반드시 개인 도덕을 수양해야 한다.

도덕 중에서도 '효도'는 매우 중시되며 윗사람에게 아랫사람은 절대적으로 효도를 다해야 한다. 이것이 모든 도덕규범의 핵심이며 윗사람에 대한 복종은 더 나아가서 국가와 사회의 모든 차원에 미치게 된다(王暉, 2017, 15).

사회의 안정적 발전을 위해서 '덕치'(以德治国) 혹은 '예치'(以礼治国)와 '법치'(以法治国)는 중요한 수단이 되는데, '예'(礼)는 '덕'(德)의 외부적 표현으로 본다.

또한, 중국인의 인간관은 '예'를 중심으로 한다. 공자는 『논어』(论语 尧曰篇)에서 다음과 같이 말했다.

> 하늘의 뜻을 알지 못하면 군자가 될 수 없고, 예를 알지 못하면 바르게 처신할 수 없으며, 말을 식별할 줄 모르면 사람을 이해하지 못한다.
> 不知命, 无以为君子也 不知礼, 无以立也 不知言, 无以知人也

즉, 하늘의 뜻을 알고 예를 갖추어 처신하며 남의 말을 분별할 줄 아는 것을 처세의 기본 원칙으로 삼는다(黄保罗 罗明嘉, 2004, 40).

윤리 도덕을 행할 인간과 인간관계에서 중요시하는 덕목은 다음과 같다.

유교는 인간을 천성적으로 선하게 태어났다고 본다(性本善). 그러므로 개인적으로 도덕 수양을 잘한다면 완전에 도달할 수 있다고 여기는 것이다(王暉, 2017, 15). 인간관계에 관한 중국 전통 미덕은 자신과 인간, 사람과 사람 사이, 사람과 사회 군집이라는 이 세 가지 관계에서 형성된다.

공자는 최초로 도덕과 인간관계에 관한 체계를 만들었다. 그는 '지(知), 인(仁), 용(勇)'이라는 세 가지 덕의 기초 위에 '예(礼), 효(孝), 중용'(中庸) 등의 덕목을 첨가했다.

반면, 맹자는 '인(仁), 의(义), 예(礼), 지'(知) 라는 네 가지 덕을 모체로 하여 '오륜십교'(五伦十教)로 전해지다가 후대에 '삼강'(三纲: 君为臣纲, 父为子纲, 夫为妻纲)과 '오상'(五常, 仁, 义 礼 智, 信)으로 확장되면서 인간관계의 불변하는 규율이 되었다(方克立编, 2001, 280-81).

이런 전통적 기초 위에 다음과 같은 인간관계에 관한 보편적 사상이 기본을 이룬다.

천인합일(天人合一)과 인간 본위(以人为本) 사상과 더불어 강건 요위(刚健有为), 귀화 상중(贵和上中)이 그것이다. 이제, 각각 그 의미를 살펴보자.

먼저, 천인합일은 신인 관계를 규정한 것으로서, 하늘과 사람이, 하늘의 도와 인간의 도가, 천성과 인성이 서로 소통하고 통일을 이루어야 한다는 개념이다.

하늘과 인간의 화합과 일치는 중국 고대 철학의 주요 기조이며 중화 문화의 가장 독특한 사유 개념이다(孙伟平, 2019, 14). 여기에서 하늘의 개념은 전통 종교마다 다소 해석이 다르나 현대 중국의 가치관에서는 생태적 자연계를 의미한다.

인간 본위 사상은 인간을 우주 만물과 역사를 이끄는 중심으로 보는 것과 동시에 물질보다는 사람을 먼저 고려해야 한다는 사상이다. 왜냐하면, 중국 문화에서 인간을 우주 만물의 중심으로 보기 때문이다. 이와 같이 전통적 유교 사상은 인본주의를 장려하고 인간관계와 하늘과의 관계에서 이치에 맞게 행동하도록 장려한다.

강건 요위 사상은 삶에 대한 적극적인 태도를 말한다. 이것은 사명감과 책임감 있게 처신하고 일하며 학습하는 것으로 나타난다.

귀화 상중은 중용의 도(中庸之道)와 비슷한 것으로, 희로애락의 감정을 표출할 때 한쪽으로 치우치거나 기울어짐 없이 중간 상태를 유지함이 아름답다는 뜻이다.

이는 처세와 갈등의 해결에서 조절 기능을 갖는 상태로서 군자의 미덕으로 여겨졌다(方克立編, 2001, 382-393). 여기에는 의복이나 언어나 행동이 포함된다.

> 현재 중국의 가치론은 중화 민족의 위대한 부흥을 꿈꾸는 사회적 분위기 속에서 외국에서 유래된 문화의 폐단을 분석하고, 중국의 전통 가치관 유산을 현대적으로 적용하고 있다.
>
> 유교는 긴 세월 속에 기본 도덕을 가르치는 교호 작용을 해 왔으며 전통 사회에 가치 기준을 제공하였다(桌新平, 2003, 268). 이러한 전통 유교의 도덕 기준을 따라 국가는 중국 특색 사회주의 문화(中國特色社會主义文化)의 핵심 가치관을 설정했는데 부강(富强), 민주(民主), 문명(文明), 화합(和諧), 자유(自由), 평등(平等), 공정(公正), 법치(法治), 애국(爱国), 경업(敬业), 성심(誠信), 우호(友善)의 열두 가지 개념이 바로 그것이다.
>
> 순서대로 처음 네 가지는 국가 차원의 가치관이고, 다음 네 가지는 사회적 차원의 핵심 가치관이며, 마지막 네 가지는 개인이 가져야 할 핵심 가치관이다(王輝, 2017, 20).

① 집단주의와 전체주의

유교 윤리 강령들의 영향으로 중국인은 공동체 안에서 자기를 인식한다. 그러므로 개인은 혈족이나 지역공동체 등 집단 안에서 자신의 위치에 맞도록 처신해야 한다. 즉, 무슨 일을 할 때 다른 사람과 공동체를 생각해야 한다.

집단 안에는 일정한 조화가 있으므로 구성원은 이 조화를 깨뜨려서는 안 된다. 집단주의와 전체주의도 중국의 전통 사회에 뿌리를 두고 있다.

> 중국 전통 사회는 가정과 가족 본위를 중시한다. 집단과 국가도 하나의 확대된 가정이다. 그러므로 개인은 가정을 위해 책임을 다해야 하며 전체 집단과 국가를 위해 섬겨야 한다.
>
> 개인은 집단을 초월할 수 없으며 개인의 이익과 전체의 이익이 충돌할 때는 개인의 이익을 버려야 하며 개인의 의견과 전체의 의견이 불일치할 때는 전체의 의견에 복종해야 한다. 이것이 중국인의 귀에 익은 "개인은 전체에 복종한다, 소수는 다수에 복종한다"(个人服从集体, 少数服从多少)라는 원칙이다.
>
> 이는 사회의 단결과 안정적 발전으로 이어진다. 그러나 과도하게 전체의 중요성이 강조되면 개인의 이익과 가치가 소홀히 여겨질 수 있고, 보호와 존중을 받지 못할 수 있으며 개인의 적극성을 훼손하게 되어 전체와 국가의 발전에 불이익을 준다. 중국인의 창조성이 비교적 약하다는 것은 이것과 비교적 큰 관계가 있다(王暉, 2017, 17).

또한, 전통적으로 혈연관계가 기초가 되는 중국 사회는 집단주의와 전체주의에 따른 사회 서열을 중시하며 유학 사상 또한 등급과 질서를 매우 강조한다.

유교의 군사부일체(君師夫一体) 개념은 사회적 질서이며, 삼강(三纲)은 가정과 혈연관계의 질서다. 중국인의 관념 속에서 스승은 '일생 동안 학생의 주인'으로 여겨진다(老师是终生的主). 유교의 개념으로 볼 때 평생 변함없이 충성을 바칠 대상은 왕과(君) 스승(师) 그리고 가족관계(亲)이다(林语堂, 2002, 11).

이것은 한중 사역자들이 함께 사역할 때 한 집단의 대표로 참석하는 사람을 비중 있게 여겨야 한다는 것을 의미한다. 권위주의와 등급과 서열 중시의 문화는 함께 간다. 만일, 권위에 복종하지 않을 때는 도덕적 처벌 및 실제적 형벌을 받을 수 있다.

이런 현상이 오래 가면 일반인은 점점 독립 의식을 잃고 권위자의 관리를 따라가는 것이 습관화되며 사회도 생명력을 잃게 된다(王暉, 2017, 17). 그러므로 비슷한 집단 문화를 가진 한국인과 중국인 사역자들은 파트너십의 근본 정신이 흔들리지 않도록 권위주의의 단점을 해결해야 할 것이다.

② 실사구시적 실용주의

중국인은 실용주의적 삶의 태도를 중시한다. 실사구시의 사전적 의미는 '실제적 상황에서 시작하는 것이며 과장하거나 축소하지 않고 문제를 정확하게 대하고 보이는 그대로 사실에 토대하여 판단하거나 처리한다'로 정의된다(吕叔湘 丁声树, 2019).

이것은 어떤 일을 결정할 때 원칙도 중요하지만, 상황의 변화를 광범위하게 이해하고 사실을 토대로 일을 결정하며 실행한다는 과학적 사고 개념이라고 할 수 있다. 따라서 사역을 계획하고 진행할 때 중국인의 이러한 현실주의와 실용주의 태도를 적절하게 이해해야 한다(노윤식, 2013, 87).

이 밖에 정치적 목적이 없는 공개적이고 정상적인 교류와 협력에는 금지하지 않는 폭넓은 실용적 관점도 가지고 있다는 것도 염두에 두어야 한다. 필자는 중국 교회와 공개적 협력을 하면서 이런 특성들을 확인할 수 있었다.

지금까지 중국 한족의 가치관을 개략적으로 고찰하였다. 다음은 가치관에 따른 중국인의 문화적 특성과 행동 패턴을 고찰하고자 한다.

3) 중국인의 관계 문화 및 소통 원리

중국 한족의 신뢰 구축과 관계 형성에서 중요시해야 할 가치와 의사소통 방법은 다음과 같다.

(1) 신뢰 구축과 관계 형성

관계 중심의 사회인 중국은 신뢰를 중요하게 여긴다. 중국 대륙이든, 대만이나 홍콩 등지에 거주하는 화교 교회든 이 점은 비슷하다는 것을 경험했다. 그러므로 사역 이전에 서로의 신뢰를 구축해야 한다.

중국인은 사람을 알고 만난다는 것을 일종의 연분(緣分)으로 여기며 나의 선택이 아닌 운명적 성격이 있다고 생각한다. 이에 관해 역중천(易

中天)은 이렇게 말한다.

> 중국인이 서로 우호적인 관계를 맺으려면 먼저 진정성이 중요하다. 이것은 부부 관계든, 친구나 동료든 마찬가지다.

중국인들이 친구 맺기에서 중요하게 보는 세 가지가 있다. 그것은 '의도적이지 않은 자연스러운 관계, 이익을 초월한 대담한 관계, 관용을 베풀고 고상함을 추구하는 것'이다. 이에 역중천은 공동체 안에서는 서로에게 유익하고 함께 누리는 원칙을 적용하라고 조언한다(易中天, 2018, 281-311).

신뢰 구축과 관계 형성에는 관찰의 시간이 요구되므로 자기를 노출하고 개방하며 장기간 동안 관계를 형성해야 한다.

인간관계망이 협소하다는 것은 인생에서 자산이 부족한 것과 같다. 사람과 그 사람의 일은 따로 떼어서 생각할 수 없으며 그 사람의 부탁을 거절하는 것은 어느 정도 그 사람을 거부하는 것이다. 그리고 부탁을 하기 위해서는 평소의 관계가 중요하다. 서로 오래 왕래해 온 관계는 시간이 짧은 것보다 친화력이 있다. 조상으로부터 내려온 인간관계는 운명을 같이하는 관계로 여겨진다.

(2) 중용과 화합

중용과 화합(中庸与和諧)을 추구해야 한다. 앞서 기술한 대로 중용의 도는 최고의 덕으로 여겨진다.

중용이란 말은 어디에도 치우치거나 기울어짐 없는 상태를 말하며,

자기 수양이 잘된 사람이 도달할 수 있는 경지다.

중용은 도덕인 동시에 사유의 방법이고 처세의 철학이며 사람 됨의 예술이다. 중용의 마음에 도달할 때 서로 조화를 이루고 화합을 이루게 된다(易中天, 2018, 71-75). 화합에서 화(和)라는 말은 단지 융합하는 것만을 말하는 것이 아니며 다원화와 다양성을 뜻한다(王守常, 2017).

중국인과의 관계 형성에 있어 먼저는 친밀하고 비이기적인 마음으로 교류하여 신뢰를 구축해야 한다. 또한, 여러 사실과 지식의 바탕 위에서 일을 진행해야 하며 극단에 치우치지 않고 서로 조화를 이루며 다양성을 인정해야 한다는 것을 발견했다.

따라서 GMCM의 한국인 사역자와 중국인 사역자가 신뢰를 구축하고 관계를 형성하여 사역하려 할 때도 중국 사역자들의 문화적 특성을 이해하고 사역해야 한다.

한국에서 중국복음주의협회를 세워 중국 선교를 하고 있는 유전명(俞全明)은 다음과 같이 말한다.

> 한편, 한국인은 "급하다"라는 말을 많이 하는데, 중국인과 비교한다면 그 말은 거짓이 아닐 것이다. 급한 사람 쪽에서는 상대방을 느리다고 함부로 규정짓기 쉬운데, 한국 교회가 화교권 네트워크와 관계를 맺고자 할 때 주의할 일이다.
>
> 동역은 혼자 하는 사역이 아니다. 상대방과 발 맞춰 나가는 것이 동역의 의미라고 한다면, 한국 교회는 화교 교회와의 진정한 동역을 위해 상대에 대한 배려와 인내를 각오할 수 있기 바란다.

한국 교회의 따뜻한 배려로 전반적인 한국의 화교 사회에도 하나님 나라의 확장이 이뤄지기를 바란다(유전명, 2009, 60).

이것은 함께 사역하기 위해서는 자기 관점 위주의 생각에서 벗어나 파트너를 배려하고 이해하려는 노력과 태도가 중요하다는 것이다.

한국인 사역자들에겐 본인들이 세계 교회의 모델이라는 생각이 잠재해 있다고 한다(KWMA 1996, 278). 이제는 상대방의 문화적 정체성을 느끼는 감수성과 함께 적극적으로 조화를 이루어 사역하도록 훈련해야 할 것이다.

(3) 의사소통

중국인의 사유 방식과 행위 규범은 논리적 분석과 변증적으로 종합하기, 직관적 깨달음, 알고 행하며 체계화하기 등이 있다.

논리적 분석은 묵가[1]가 확립했는데, 개념과 판단, 추리의 논리적 순서와 규칙을 따른다. 변증적으로 종합하는 것은 전체로서 상황을 접근하고 과정과 실마리를 다지면서도 균형을 중시하는 것이다. 아울러 직관적 소통은 언어 배후에 자리 잡은 의미를 파악하는 방법이다.

또한, 중국인의 의사소통 방식에서는 지행통일(知行统一)을 장려한다. 이로써 아는 것과 더불어 행동하는 규범을 가져야 하며, 자신이 말한 것과 몸과 마음의 수양 정도가 부합해야 한다(方克立编, 2001, 338-43).

---

[1] 춘추전국 시대의 제자백가 중 한 학파로, 묵자(墨子)를 시조로 한다. 출처: 나무위키, https://namu.wiki/w/%EB%AC%B5%EA%B0%80(액세스 연월일 2024-07-16 15:03:23).

중국인의 이런 사유 체계와 행동 규칙들을 이해하고 적용하면서 커뮤니케이션을 시도해야 할 것이다

중국인의 문화적 특성에는 집단주의가 있다. 이에 중국에 사는 중국 한족이든, 해외의 중국인 교포든 중국인이라면 모두 관계를 맺는 데 있어 신뢰 관계 형성을 중요하게 여긴다. 그러므로 신뢰를 형성하고 구축하는 데 시간이 흘러야 집단에서 받아들여지고 교제할 수 있다.

반면, 실사구시를 추구하는 합리적 민족이므로 사실을 함께 인식하고 경험하는 장을 마련할 때 파트너십을 증진시키게 될 것이다. 협력할 때는 서로 중용의 도를 지켜야 한다. 이에 치우침 없이 서로가 합의하고 만족한 상태가 되었는지 확인하는 것이 좋다.

중국인의 전체주의 사고는 단결이 잘되고 명료한 의사소통을 할 수 있다는 강점이 된다. 그러나 도널드 K. 스미스(Donald K. Smith)의 '사회집단 이론'에서 밝힌 것처럼 준거집단의 문화가 전체를 지배하게 되는 위험에 빠질 수 있다. 그러므로 파트너 사이에는 평등한 대화를 통해 결정사항을 점검하고 반추하는 활동이 있어야 한다.

개인적 인간관계는 비교적 수평적이나, 공적 업무에서는 전체적 결정을 따르는 분위기가 있으므로 준거집단을 잘 이해해야 하고 먼저 그들과 융화를 이뤄야 한다.

또한, 의사소통에서 언어적 표현을 잘 이해해야 한다. 관계 안에서 서로 소통할 때 겉으로 드러나지 않는 은유적 표현과 직관적 소통을 하는 경우가 많으므로 언어 배후에 자리 잡은 의미를 이해하기 위해 공을 들여야 한다. 많은 경우에 해결의 실마리는 거기에 있다. 가치관에 따른 중국 한족의 문화적 특징과 행동을 논의하면 다음과 같다.

① 문화적 특징과 행동

한 민족이 가진 철학과 사상은 행동에 영향을 미친다. 왕휘 박사는 중국인의 문화적 특징과 행동 양식(Patterns of Behaviors)을 다음과 같이 정리하고 있다(王暉, 2017, 30-33).

> ▶ 예절을 중시함(重礼节)
> 중국은 예부터 '예의지국'이라는 명성을 가지고 있다. 중국에는 쌍방 관계와 지위와 연령의 차이에 따라 서로 다른 예절이 있다. 예를 들면, 중국인은 자기의 부모나 윗사람, 지도자의 이름을 직접 부르지 않는다. 만일 그런다면 교양이 없는 사람으로 여겨지고, 정식으로 손님을 청할 때는 손님의 중요한 정도와 지위에 따라 좌석을 안배한다.
>
> ▶ 근검 정신(爱勤俭)
> 중국인은 근검절약을 숭상하고 낭비를 수치로 여긴다. 2015년 「포브스」가 선정한 세계 500대 기업의 최우선 4대 기업은 모두 중국의 은행들이다. 이로 볼 때 중국인의 저축률이 비교적 높고 많은 가정이 돈을 은행에 저축하고 필요할 때를 대비한다는 것을 알 수 있다. 이처럼 중국인들은 수입에 따른 생활을 하며 낭비하지 않는다.
>
> ▶ 인내와 끈기(善忍耐, 有韧性)
> 중국인은 작은 일에 참고 일을 그르치지 않는다. 장기적 계획과 목표를 위해 일시적 억울함이나 불공정을 참는다. 중국인은 자기의

목표를 정하고 계속 노력하며 난관을 두려워하지 않는다. 이것은 중국인의 끈기와 지구력을 보여 주는 것이다.

자족하고 기뻐하며 관용과 너그러움을 가진(自足常乐, 豁达宽容) 중국인은 얻지 못할 것을 억지로 구하지 않는다. 될 수 있는 한 스스로 고뇌에 빠지지 않고 자연으로 물러가 낙관적이고 너그러운 생활 태도를 유지하려 한다.

▶ **실용적 실제적 특성(实用 务实)**

중국인은 비교적 가견적이고 실제적인 이익과 사물을 믿는다. 예를 들면, 중국이 발명한 발명품이나 중의학, 천문학, 경학 등은 사람들의 생활과 관련된 것들이며 실용적 학과를 중시한다. 이는 수천년의 농경 생활과 관련이 있다.

▶ **충효를 중시함(讲忠孝)**

중국인은 애국주의 관념이 강하며 국가에 충성하고 매국적 행위를 비열하게 여긴다. 또한, 가족 안에서 어른에게 효도하고 손윗사람을 존중하며 그들에게 인생의 지혜를 배우고자 한다. 어른에게 불손한 것은 결례 행위로 여겨진다.

▶ **전체와 집단을 중시함(重群体)**

중국인은 스스로를 대가족 안에서 사는 것같이 여기며 이 대가족 안에서 전체와 공통의 목표를 위해 노력하고 일하며 전체의 이익이 개인의 이익과 모순될 때, 전체를 생각하여 개인의 이익을 무시하거나 심지어 희생한다.

▶ **가정에 대한 강한 책임감(家庭责任心较强)**
중국인은 남녀가 결혼하여 가정을 세우면 자신들의 가정일뿐 아니라, 모든 것을 두 가정의 일로 여기고 책임을 다한다. 이혼을 쉽게 거론하지 않으며 아이가 자라면 사회에 유용한 인물로 자리매김하도록 힘쓴다. 또한, 부모로서 자녀가 결혼하고 일할 때 관심을 갖고 도우며 교육한다.

▶ **인정과 관계를 중시함(讲人情, 重关系)**
중국 사회는 인정 사회라고 할 수 있다. 중국인은 친척, 친구, 사제, 동문, 동료, 고향 간의 감정을 매우 중요한 인지상정(人之商請)으로 여기며 각종 통토를 통해 각양의 관계를 맺고 인간관계에 대한 중요도가 다른 국가들보다 높다.

▶ **체면 중시(好面子)**
체면을 중시하는 것은 중국인의 매우 분명한 특징 중 하나이며 이것은 여러 방면에서 나타난다. 자신의 자질과 능력, 소유면에서 다른 사람보다 부족하지 않다고 여긴다. 많은 사람 앞에서 다른 사람의 잘못을 거론하지 않으며, 결혼한 여인이라면 친구들 앞에서 남편이나 아이를 자랑한다. 사람을 청해 음식을 주문할 때는 넉넉하게 시킨다.

▶ 완곡어법을 좋아함(喜委婉)

중국인은 체면을 중시한다. 그러므로 완곡하게 말하며 상대방을 비평하거나 서로 다른 생각을 가졌을 때 될 수 있는 한 부드럽게 표현하고 의사 전달에 있어 힘을 제어하며, "아니다"라는 거절을 쉽게 하지 않는다. 이는 면전에서 상대방 체면을 상하게 하지 않고 물러설 기회를 주려는 것이다.

▶ 모호함, 유보적 태도(慣將就)

중국인에게는 유보적 습관이 있다. 생활하다 보면 "비슷하다"(差不多)는 말을 자주 한다. 시간을 잘 지키지 않는 것도 이런 표현이고, 정식 회의가 통지 시간보다 다소 늦어지는 것도 이런 현상이다. 중국인이 어떤 계획을 제정할 때는 일반적으로 먼저 큰 틀을 정하고, 세부 사항은 나중에 구체적 상황을 보고 일을 진행한다.

▶ 계급과 권위 의식이 비교적 농후함(等级与权威意识较浓厚)

유교 사상의 영향으로 중국인은 계급과 권위 의식이 비교적 농후하다. 윗사람을 존중하고 권력을 경외하며 권위에 복종한다. 많은 대학생이 졸업할 때 공무원 시험에 응시한다. 또한, 자신의 일을 마치고도 교장이나 동사장(董事长) 등의 업무를 맞는 것을 명예로 여긴다. 이는 자신의 재능을 충분히 이용함과 더불어 주변 사람들에게 더 많은 존중을 얻기 위함이다.

> ▶ 종교 신앙을 가진 사람이 많지 않음(信仰宗教的人不多)
> 중국 본토의 종교는 도교, 기독교, 불교, 이슬람교 등이며 모두 외부에서 전래된 종교다. 유교는 하나의 사상 학파이고 종교라 할 수 없다. 어떤 중국인은 불교를 믿고, 많은 곳에 절이 있다. 매년 절기 혹은 인생의 대사가 있을 때 많은 중국인이 절에서 향을 피우며 소원을 말하고 하늘에 복을 빈다.

이상 한국인과 중국인의 문화적 특성과 가치관 그리고 그에 따른 행동 양식을 고찰하였다. 여기에서 중국 문화와 한국 문화에 따른 행동 양식의 유사점과 차이점을 비교 정리해 보고 앞으로 GMCM의 파트너십 사역에 적용하기로 한다.

② 중국 문화와 한국 문화의 유사점과 차이점

중국 한족 문화와 한국 문화에서 가치관의 유사점을 먼저 논하고자 한다. 먼저, 양쪽 모두 능경 문화 영향 속에서 유교의 윤리·도덕·가치관을 가지고 있다. 이에 집단주의적 사고, 충효 사상과 가족과 집단 간의 상호 관계를 중요하게 여기고 있다. 이를 원만하게 유지할 수 있도록 바른 행동을 장려하는 인, 의, 예, 지의 네 가지 인성을 함양하는 교육을 한다.

또한, 윗사람과 아랫사람 그리고 집단과 개인 간의 계층과 서열 구조, 우선순위가 암묵적으로 정해져 있다. 이런 가치관에서 예절 중시, 계급과 권위의식, 체면 중시, 가정과 집단에 대한 책임감, 인정과 관계 중시의 생활 태도, 인내와 끈기의 행동 양식과 태도를 보인다. 이에 관계 맺기에서 믿을 만한 대상인지를 알아보는 신뢰가 쌓인 후 협력이 가능하다.

의사소통 면에서 중국인과 한국인은 동양인의 집단주의적 사고에 근거해 소통에서 상호 관계적 언어를 사용하며 침묵이나 미소, 삐침 등 비언어적 요소로 소통하기도 한다. 또한, 조직의 상급자 등 준거집단의 의견이 중요하게 반영된다.

이런 유사한 문화를 가지고 있지만 중국 한족과 한국인 문화에는 차이점이 존재한다.

중국인의 가치관은 중용의 도를 관계의 미덕으로 여기지만 한국인은 열정과 진취적 경향을 보인다. 중국인은 무슨 일을 할 때 극단적인 경향을 보이지 않는다. 이것은 중국 유가 문화의 '중용지도'와 밀접한 관계가 있다(王暉, 2017, 30). 그러나 한국인에겐 흥의 문화와 더불어 열정과 진취성, 역동성이 존재한다.

전체주의적 사고에 있어, 현대 한국인의 가치관은 소수가 다수 의견에 복종하는 중국보다 더 개인주의화되어 있다. 이것은 사역에서 조화를 이뤄야 할 때 참고해야 하는 점이다.

또한, 중국인은 실사구시적 사고를 중시하여 구체적 현실에 맞추어 일을 처리하는 편이지만, 한국인의 '정(情) 문화 유전자'는 사실보다 관계 중심의 평가를 내리도록 한다.

의사소통 방법에서 중국은 중국어의 특성과 전체주의 사고로 단결이 잘되고 명료한 의사소통을 할 수 있는 강점과 완곡 어법과 모호성, 유보성을 동시에 가지고 있다. 그러나 한국인은 의사소통에서 대립을 기피

하는 측면과 서열에 따른 복잡성, 대화의 간접성을 가지고 있었다.

문화에는 우열이 없다. 중국인과 한국인 사역자가 타문화권에서 동반자 관계를 유지해 나가려면 서로의 문화적 특성을 이해하며 협력해야 한다. 한국인 문화 유전자는 관계 맺음과 소통, 창의성에 좋은 요소로 작용한다. 중국인의 중용적 성격과 실사구시의 태도와 근면함, 진취성은 안정적 사역과 꾸준한 발전에 기여할 수 있다.

이러한 특성을 바탕으로 상대방을 이해하는 지적 요소와 갈등을 극복하고 조화와 화합을 이루기 위한 의지적 노력을 함께 구비해야 할 것이다. 중국인과 한국인 사역자는 동양인으로서 가지는 문화적 공통점이 있기 때문에 함께 협력하여 사역할 수 있는 좋은 토대가 마련되어 있다. 더 나아가서 상대방이 가진 문화적 상이점을 서로 존중하고 서로 적응하며 보완적으로 사역한다면 시너지 효과를 창출하게 될 것이다.

다음은 중국 교회와 한국 교회의 역사적 상황 속에서 중국인과 한국인의 문화적 특성이 어떻게 발견되었는가를 한국 교회와 중국 교회의 동반자 사역 사례를 통해 고찰한다.

3. 중국 교회와 한국 교회의 동반자 사역 사례들

GMCM의 한국인과 중국인의 효과적 동반자 사역 전략을 연구하려 할 때, 역사적으로 이루어졌던 중국 교회와 한국 교회의 동반자 사역을 빼놓을 수 없다. 선교 전략은 때로 선교 역사와 긴밀한 관계를 가지고 나타나기 때문이다(이현모, 2007, 270).

중국은 그 자체로 선교적인 나라다. 20,280킬로미터에 달하는 영토 가장자리를 따라 14개의 나라가 국경을 마주하고 있고, 56개의 민족과 민족 안에 437여 개의 방언이 존재하는 나라이기 때문이다.

중국에 복음이 전래된 것은 AD 635년 네스토리안 선교사 알로펜(Alopenzz, 아브라함)이 당나라 조정이 있던 장안에 도착하면서부터다.

그 후 AD 650-841년에 이르는 약 190년간 12대 황제를 지내면서 평온하게 발전하였으나, 중국 기독교의 출발은 19세기 초에 입국한 개신교 영국 선교사들에 의해서 시작되었다고 할 수 있다(김학관, 2008, 16-17).

하나님께서는 약 15세기 전부터 이 땅에 선교사를 보내셨고 교회를 세우셨으며, 2012년 기준으로 중국에는 약 8-9천만 명을 헤아리는 그리스도인이 있다(우심화, 2012, 54).

한국의 이웃인 중국 교회와 한국 교회의 동반자 사역 역사는 19세기 말, 한글 성경이 번역될 때부터 지금까지 130여 년 동안 지속되고 있다. 이 동반자 사역의 역사와 유형을 살피면서 오늘에 적용하기로 한다.

1,900년대 초 한국 교회의 산동성 선교와 2014년의 중한 교회 전략 협의체 사례 그리고 GMCM 과 함께 사역하는 한인 디아스포라 교회의 동반자 선교 사례를 살펴볼 것이다.

1) 초기 한국 교회의 협력 선교

한국 교회와 중국 교회의 조우 그리고 협력 사역은 1900년대 초부터 시작되었다. 한국 교회의 중국 선교는 주로 만주 선교와 산동성 선교를 들 수 있다.

먼저, 박기호 박사는 1908년 북장로교 선교사로 내한하여 사역했던 노해리 선교사(Harry A. Rhodes, 1875-1965)의 만주 선교 기록을 참고하여 이 시기의 협력 상황을 다음과 같이 평가한다.

> 한국인들의 만주 선교는 이미 그곳에 가 있던 서양 선교 단체들과의 협력 사역으로 특징지을 수 있다. 이것은 오늘날 한국 선교사들과 서양 선교사들 간의 협력 사역을 위한 좋은 본보기다.
> 미국 선교사들은 때때로 한국 교회를 방문하여 사경회를 인도하였고, 영국 해외 성서공회에서는 문서 전도를 위해 권서인을 후원하여 주었다. 만주 선교 사역은 사역자들, 선교사들, 조사들 그리고 권서인들의 팀 사역이었다. 이것은 오늘날 한국 선교 단체들에게 도전이 되고 있다.
> 요즘 대부분의 한국 선교 단체들은 선교사들을 독자적으로 보내고 있고 선교사들은 독립 사역을 한다. 동료 선교사들과 협력 사역을 하는 선교사들이 별로 없다.
> 해외 선교부와 여선교회뿐 아니라 평양에 있는 여섯 장로교 학교 학생들이 제주도에서처럼 만주에서도 그곳에서 지속되는 사역을 후원하므로 선교 사역에 참여하였다(박기호, 2009, 41-42).

한국 교회는 첫 해외 선교지인 만주에서부터 서양 선교 단체와 동반적 사역을 시작했고 아직은 어린 교회인 한국 교회의 선교부와 교회들, 신자들이 함께 참여하는 한 몸 된 선교를 지향하였다. 하나님께서 선교지에서 이미 하고 계신 일이 무엇인지를 알고 그곳의 그리스도인들과 연합하여 사역하는 지혜가 필요하다.

산동성 선교는 1912년 9월 장로교 창립 총회에서 가결되었고, 첫 타문화권 해외 선교지는 조선총회와 화북대회 그리고 미 북장로회선교부 3자의 협력과 합의로 중국 문화의 발상지인 산동을 정하게 된 것이다. 1913년부터 1957년 방지일 선교사가 추방될 때까지 한국 교회는 산동성에서 많은 선교의 열매를 거두었다.

현지 중국 교단 그리고 많은 외국 선교부, 선교사와 화평한 가운데 사역하게 되었는데, 40개의 교회를 설립하고 3개의 노회를 조직하였으며 학교들을 설립하고 현지인 지도자들을 훈련하였다. 그것은 본토 교회, 선교지에 있는 서양 선교부들 그리고 본국 교회와의 밀접한 협력 속에 이루어졌다.

한국 교회의 해외 선교 사역은 한국 교회 지도자들이 그들의 선교 사명을 수행할 수 있도록 한국에 와서 사역하던 외국 선교사들의 도움과 협력으로 가능했다. 선교사들은 자신들이 사역하는 나라의 교회가 선교하는 교회가 되도록 돕고 그들의 선교 사역을 도와야 한다.

한국 선교사들은 중국에 가서 새로운 교단을 세우지 않고 중국 교회의 회원이 되어 자발적으로 중국 교회와 본국 교회의 지도 아래 일하였다(박기호, 2009, 78).

백정성은 한국 교회의 초기 산동성 선교가 성공적으로 지속될 수 있었던 요인 중 하나로 한국 선교사들의 현지인 교회와 서구 선교 단체들과 상호 협력하며 사역했고, 목사와 선교사, 평신도 전문인 선교사가 한 팀을 이루어 총체적인 사역을 수행했기 때문이라고 분석하였다(백정성, 2012, 162).

또한, 당시의 중국 교회가 예수 그리스도 안에서 중용과 화합이라는 태도로 이들을 섬기고 형제자매로 맞아들였다는 부분도 간과할 수 없다. 아울러 선교 경험이 없던 조선 교회가 이처럼 성숙한 동역이 가능했던 것은 오직 하나님의 은혜다.

겸손히 중국 교회의 일원이 되기 원했던 성육신적 태도와 희생 그리고 숱한 어려움 속에서도 어학 공부, 열정적인 기도와 전도, 성경 교육 등 책무에 신실했던 선교사들의 헌신은 지금 이 땅에서 섬기는 한국인 교회에게 지혜를 던져 준다.

1957년 초기 산동성 선교가 끝나고 약 20년 후 중국 교회는 다시 개방되어 예배드리기 시작했고 점차 외국의 그리스도인과 교회 단체들과 교류를 확대하였다.

21세기에 중국 교회와 한국 교회는 어떠한 동반자 관계를 맺어야 하는지에 대해 중한교회교류협의회 창립 모임의 보고서를 중심으로 논의하도록 하겠다.

2) 전략적 협의체 사례

1992년 한중수교 이후 한국과 중국은 우호 관계가 깊어지고 있다. 물론, 동북아 정세는 앞으로 어떻게 전개될 것인지 예측하기 어렵지만 한국과 중국의 우호적 협력 관계는 지속될 것으로 보인다(장훈태, 2014, 274).

이런 변화를 반영하듯이 2014년 서울에서 중국 교회와 한국 교회의 공식 교류 채널인 '중한고회교류회'(中韓基督教交流会)라는 교류 협의체가 발족되었다. 그동안 개교회나 교단, 지역 별로 교류해 오던 중국 공인 교회와 한국 교회가 앞으로는 공식적 채널을 통해 교류하기로 한 것이다(김영호, 2015, 195-96).

　한국 교회에서는 각 교단 임원과 선교 책임자 등이 참석했고 중국 교회에서도 전국 기독교협회와 삼자애국운동회 소속 주요 인사들이 참석했다. 이 두 개의 협회는 정부에서 공인된 기관이며, 하나님의 섭리적 관점에서 보면 사회주의 국가에서 기독교가 빠르게 성장할 수 있는 매개체다(강성광, 1995, 193).

　현재 두 기관 소속의 중국 교회는 공식적으로 약 4,000만 명 정도의 신자와 수십 개의 신학교, 기관, 성경 인쇄소 등을 갖추고 있다. 이단이나 교회 교육 등 약 8개 분야에서 양국 교회는 동반자로서 협력하기를 서로 약속하고 있다(中韓基督教交流会, 2014, 자료집). 그리고 협력의 원칙은 공식적인 절차를 통해 서로 신뢰성 있게 협력하기를 바라고 있다.

　이런 약속대로 그 후 신학 교육이나 교회 교육 등 많은 영역에서 교류가 이루어졌고 필자도 지금 있는 도시에서 한국 이단의 중국 진출이라는 이슈 때문에 서로 협조해야 할 필요가 생겼을 때 이 기구를 통해 한국에서 강사를 청하여 함께 토론할 수 있었다.

　오늘날의 중국 교회는 '자전, 자립, 자전'이라는 3자 원칙 위에 세워져 있고 공인 교회와 가정 교회를 합쳐 약 1억 명을 헤아리는 복음주의적 신자가 존재하기 때문에 대외적인 원조나 일방적 선교가 필요하지 않다. 그러나 예수 그리스도의 한 몸 된 교회로서 교류할 수 있고 동역할 수 있다.

　앞으로도 이런 전략적 협의체가 활성화되어서 양국 교회가 서로의 필요를 확인하고, 상호 존중과 사랑으로 효율성 있는 동반자 사역을 펼쳐 나가야 할 것이다.

3) 중국 내 한인 디아스포라 교회의 동반적 선교 사례

앞서 살펴본 대로 중국 교회가 한국 교회와 교류와 협력을 추진하면서 가장 중요하게 생각하는 부분은 주는 자와 받는 자가 아닌 서로 동반자적 협력이요, 은밀하게 하는 것이 아닌 공개적인 협력이다.

중국 소주시(苏州市: 수저우시, Suzhou)에 있는 소주한인연합교회는(SKUC) 이 두 가지 원칙하에서 서로 존중하며 협력하게 되었다.

소주시는 중국의 문화유산을 간직한 고도(古都)이면서도 발달된 현대 도시다. BC 5-3세기 중국의 전국 시대(战国时期)에는(呂思勉 2019, 30) 오나라(吳国)의 영토였으며, 소설 『삼국지』(三国演义)의 무대가 된 곳이고, 손무(孙武)의 『손자병법』(孙子兵法)이 쓰여진 도시다.

이처럼 많은 고대의 이야기가 있으며 노래와 악극이 발달한 문화 도시이며 유네스코에 등재될 유명한 정원(garden)들이 도시 곳곳에 산재해 있는 운치 있는 도시다. 또한, 고대로부터 잠사(蚕丝)산업이 발달하여, 실크(silk)무역이 시작된 곳으로 유명하다.

현재 1,274만 명의 인구를 가진 대도시이며, IT 산업과 금융업, 글로벌 제조기업이 운집되어 있는 IT, 생명공학 등의 첨단 산업, 정보와 교육, 문화의 도시로서(百度百科, 2023) 경제적으로 중국 안에서 경제 개발 모델이 되고 있으며 많은 인재가 모인다. 이처럼 소주는 경제력과 인재 양성, 거주 환경 면에서 중국 전체에서 10위 이내에 드는 미래 지향적 도시(百度百科, 2023)로서 복음 전파의 많은 잠재력을 가지고 있다.

소주한인연합교회는 1994년 10월 한국인들에 의해 세워진 교회로서, 1992년 한중수교 후 2년이 지난 1994년 10월에 세워졌다. 당시 소주에는 한국의 대기업과 중소기업, 제조 회사들이 진출하였고 기업인, 주재원과 가족들, 유학생들이 거주하게 되어서 세워지게 되었다(권요셉 목사 시무).

교회는 도시 동남쪽에 있는 소주 공업원구로(국가급 경제개발 지역)에 위치해 있다. 이곳은 각급 학교들과 외국인 기업이 밀집되어 있는 지역이고, 중국의 첨단 제조업체들과 외국 기업 및 수백 개의 한국 기업이 있으며 한국의 은행과 금융 기관도 진출해 있다.

도시를 이해하고 그 안에 사는 사람들에게 복음을 전하기 위해서는 먼저 그들의 삶과 행동을 이해할 수 있어야 한다(김에녹, 2019, 59). 이런 안목으로 이 도시를 바라보면 소주시는 역사적 문화 도시이고 현대적 첨단 도시이며 중국의 경제 수도라 칭하는 상하이(上海市)의 배후 도시다. 또한, 복음의 허브 역할을 하는 잠재력 있는 도시다.

소주시는 역사적으로 기독교 유산이 많은 곳이다. 1868년 중국 내지회(China Inland Mission)의 전도 활동으로 복음이 전파되었으며 1872년 미국 남장로회의 두 보시(Du Bose) 부부가 소주에서 와서 복음을 전파하면서 주변 도시로도 복음이 전파되었다(李寬淑, 1998, 217).

또한, 19세기 중반에 개신교 선교가 시작될 때 소주에는 교회와 기독교 학교와 병원 등이 세워져서, 기독교 인재를 양성하고 복음이 내지로 확산되는 허브 역할을 하였다.

소주가 속한 강소성의 남부 지역은 신자 수나, 교회의 질적인 면에서 북부 지역보다 훨씬 우수하다는 평가를 받고 있다(Ka-lunLeung, 1999, 113). 이런 복음 전도의 헌신과 잠재력을 바탕으로 지금도 60여 개의 크고 작은 정부 공인 교회가 많은 사역을 감당하고 있고 비공인 교회들도 공존하고 있는 도시다.

외국인들은 주로 도시적 상황 속에서 현지인을 만난다. 동시에 현대화의 영향도 대부분 도시 지역에서 시작된다(Kim, 2018, 42). 소주한인연합교회도 예외가 아니어서 국제 도시이자 중국의 주요 도시인 소주시에서 정부 공인 교회와 협력 사역을 시작하게 된다.

소주시의 공식 교회와 필자가 사역하는 소주한인연합교회와의 협력은 2005년 성탄절에 시작되었고, 여러 가지 모습으로 계속되고 있다. 동역 분야로는 학술 교류, 예배와 강단 교류, 이단 세미나, 전도 초청 집회 등이며 정기적 혹은 비정기적으로 협력하게 되었다.

필자는 이 사역들이 시작되고 진행되는 과정을 지켜보고 함께 계획하고 참여하였으며, 하나님께서 중국 교회와 한국 교회의 협력을 통해 맺는 놀라운 열매들을 목격했고, 지금도 보고 있다. 이에 관한 상세한 자료들이 있지만 지면의 한계와 제한적인 상황으로 인해 본서에는 게재하지 못했다.

한 도시 안에서 30년이라는 시간을 중국 그리스도인들과 동반자로 살고, 사역하면서 깨달은 중국 교회와 한국 교회의 바람직한 동반자 사역 방안 7가지는 다음과 같다.

첫째, 나의 계획이 아닌 하나님의 뜻을 따라 협력해야 한다. 중국 교회와 한국 교회의 동반자 사역은 하나님께서 주도권을 가지고 계신다.

하나님께서 무엇을 하고 계신가를 살피며 민감하게 순종해야 한다. 하나님께서 여신 시간에 중국 교회가 원하는 방법으로 협력하는 것이 좋다.

교회는 하나님의 인도에 순종하고 헌신해야 한다. 교회는 하나가 되게 하고 성결하게 하고 화목케 하며 선포하는 예수 그리스도의 활동이며, 지역 교회의 핵심적 본질은 선교다(Van Engen, 2000, 94).

어떤 교회든 자신이 가진 자원을 다른 교회와 나누는 것에 늘 준비되어 있는 것은 아니다. 그러나 하나님이 여시는 기회의 시간에 바로 순종하려는 태도를 가져야 하고 이를 위해 기도하고 헌신해야 한다. 문은 잠시 열리고, 곧 닫히기도 하기 때문이다.

중국 교회와의 동반자 사역을 교회의 우선순위에 놓을 수 있도록 교회 내부에서부터 비전과 사명의 공감대를 형성해야 한다.

둘째, 먼저 사랑과 신뢰 관계를 형성해야 한다. 관계된 중국 교회와 목회자, 관계자들과 신뢰를 쌓고 함께 검토하는 것이 좋다. 도시의 기관이나 교회협의회, 목회자 등 다수의 인사가 포함될 수 있으며 평소의 친밀한 관계 속에서 점차 신뢰하며 협력할 수 있을 것이다. 이런 조정 과정에서 중재인이 필요할 수도 있으며 시간이 걸릴 수도 있다.

셋째, 파트너십 과정에서 상호 존중하고 서로에게 유익해야 한다. 현지 리더십을 존중하며 먼저 충분한 조정을 해야 하며, 과정과 방법이 적합하고 유익해야 한다.

한국에서 유익했던 프로그램도 중국에는 적합하지 않을 수 있다. 그러므로 함께 사역을 전개하고 복음의 메시지를 상황화하는 것에 대한 책임은 그 문화 속에서 나온 교회와 그 지도자들이 담당하는 것이 바람직하다(Wilbert, 2001, 92).

넷째, 중국인과 중국 교회를 사랑하고 문화와 법규를 존중해야 한다. 중국 교회의 시작은 한국 교회보다 오래되었으며 지금 세계에서 가장 많은 복음주의적 신자가 있는 곳이다. 이에 필요하다고 인정된 부분을 협력하는 것이 좋고, 중국 문화의 틀과 종교 법규 안에서 사역하는 것이 좋다.

중국인의 문화 특징 중 하나는 예와 법도를 거부감 없이 준수하는 것이다(明礼守法, 曾仕强, 2011, 第十六集). 불가피한 경우가 아니라면 주어진 절차를 따라 파트너십 사역을 해야 한다.

다섯째, 진정으로 섬기는 자세를 가져야 한다. 앞서 말한 한국인과 중국인의 관계 문화 차이점을 잘 이해하고 배우며 실천해야 한다.

과거 세계 기독교 역사에서 힘에 의한 선교가 아시아 지역에 남긴 상처를 한국 교회가 되풀이해서는 안 되며, 진정으로 섬기는 자세를 가져야 한다. 중국 교회는 그것을 구별할 수 있다.

여섯째, 목회자와 평신도 사역자들의 파트너십이 필요하다. 언어와 문화가 다른 중국 교회와의 협력 사역에서 목회자는 훈련된 평신도와 함께 사역해야 한다. 경우에 따라서 충분한 준비 시간이 없기 때문에 먼저 교회 안에 동반자 관계가 잘 형성되어 있어야 한다. 이 점에 대해서는 아무리 강조해도 지나치지 않지만 지면상 생략하기로 한다.

일곱째, 사역 전문성을 갖추고 있어야 한다. 중국 교회의 필요들을 위해 기도하고 더 나은 협력을 위해 사역적 은사를 발굴하고 전문성을 갖춰서 유용한 협력이 되도록 해야 한다.

밴 엥겐(Van C. Engen)은 이민자 교회는 미래의 기독교 확장에서 중요한 세력이 될 것으로 예견했다. 그는 특별히 한국인 디아스포라 교회가 21세기 세계 교회 부흥에 중요한 요소임을 지적했다(Van, 2010, Mk731).

중국의 소주한인연합교회는 현장에서 이 사실을 확인했다. 상호적이고 대등한 진정한 파트너십을 가진 동반자 사역은 파트너들에게 커다란 유익을 주며 어려운 선교 현실 속에서도 복음의 빛을 밝히는 전략이다.

4. 요약

본 장에서는 타문화 동반자 사역 전략을 위한 GMCM의 상황을 연구했다. GMCM은 사역 지역은 달라도 한국어와 중국어로 소통할 수 있는 공동체들이기 때문에 효과적인 파트너십 사역을 위해 한국과 중국의 가치관과 관계 문화와 의사소통을 논의하고, 1900년대 초 한국 교회의 산동성 선교와 2014년의 중한 교회 전략 협의체의 사례, 중국 소주의 한국인 디아스포라 교회의 동반자 선교 사례를 통해 효과적 동반자 사역의 요소들을 살펴보았다.

중국 한족은 전체주의, 집단주의적 민족 정체성을 가지고 있으며 관계 문화에서는 신뢰 관계 형성을 중요하게 여긴다. 실사구시의 합리적 문화를 가지고 있고 귀화상중, '중용의 도'로 조화를 중시하며 은유적 표현과 직관적 의사소통을 하고 있다. 그러나 한국인은 유교적 가치관과 집단주의적인 행동 양식과 더불어 열정과 역동성의 '정'의 문화를 가지고 있다.

문화에는 우열이 없다. 중국인과 한국인 사역자는 서로의 문화적 특성을 이해하며 협력해야 한다. 한국인 문화 유전자는 관계 맺음과 소통, 창의성에 좋은 요소로 작용한다. 중국인의 중용적 성격과 실사구시의 태도, 근면함, 진취성은 안정적 사역과 꾸준한 발전에 기여할 수 있다.

상대방을 이해하는 지적 요소와 갈등을 극복하고 조화와 화합을 이루기 위한 의지적 노력을 함께 구비해야 할 것이다. 중국인과 한국인 사역자는 동양인으로서 가지는 문화적 공통점이 있기 때문에 협력하여 함께 사역할 수 있는 좋은 토대가 마련되어 있다. 더 나아가서 서로 상대방이 가진 문화적 상이점을 존중하고 서로 적응하며 보완적으로 사역한다면 시너지 효과를 창출하게 될 것이다.

만주와 산동성에서 시작된 초기 한국 교회의 중국 선교는 광범위한 동반자 사역으로 시작되었다. 그것은 중국 교회와 서양 선교부, 성서공회의 권서인 선교사들, 본국 교회의 팀 사역이었으며 감사하는 마음과 헌신과 희생이라는 십자가 정신을 구현한 선교였다.

GMCM의 동역도 서로 복음의 빚을 갚고자 하는 겸손과 감사로 사역해야 함을 발견하였다. 지난 2014년에 설립된 중한교회교류협의회는 양국 교회 구성원들이 공식적 절차를 통해 서로 신뢰성 있게 협력하면서 사역을 함께해 나아가며 존중하기로 의견을 모았다. 기독교를 침략의 도구로 오해하지 않도록 겸손과 섬김과 더불어 희생적인 협력 정신이 요구된다.

2005년부터 시작된 중국 소주시의 소주한인연합교회와 중국 교회의 동역을 통해서는 하나님 주권에 민감하게 순종하고 기도하며, 연합 사역을 할 때 존중과 섬김의 태도를 가지며, 상대방의 실제적 필요를 도울 수 있도록 사역의 전문성을 갖춰야 한다는 것을 발견하였다.

기본에 충실하고 잘 준비된 동반자 사역을 한다면, 어려운 시기에도 복음 전파의 활력을 잃지 않을 것이다.

이상 살펴본 바와 같이, 제1부 이론 연구에서는 현장 연구를 더 깊이 할 수 있게 했다.
　제2부에서는 GMCM의 타문화 동반자 사역에 관한 현장 연구를 실시할 것이다.

제2부

현장 조사

제1부에서는 문헌 연구를 통해 동반자 선교의 성경적 개념과 속성, 선교학적 다양한 이론, 파트너십에 대한 사회적 이론들과 GMCM 주요 구성원인 중국과 한국의 문화 상황적 개념과 역사적으로 진행되었던 중국 교회와 한국 교회의 파트너십 사역을 분석하였다.

제2부에서는 문헌 연구를 통해 발견한 것을 토대로 GMCM 동반자 선교의 현장을 연구하고자 한다.

제6장에서는 현장 연구 설계와 방법론을 소개한다.
제7장에서는 수집된 자료들을 분석하고 평가하여 전략적 적용과의 관계를 논의할 것이다.

제6장

GMCM 타문화 동반자 사역 현장 연구 설계

문헌 연구를 통해 발견한 내용과 GMCM(Global Mission Community Ministry: 글로벌선교공동체사역원)의 동반자 사역 현황을 비교하기 위해 현장 연구 설계를 실시한다. 이는 자료를 수집하여 본 연구의 충분한 증거를 얻기 위함이다(김기홍, 2016, 107).

제6장 연구 방법에서 논의한 대로 질적 조사를 통해 양적 조사의 내용을 선정하고 양적 조사 후 다시 심층 집단면담을 통해 조사 내용을 해석하는 탐색적 순차적 설계 방법을 사용하기로 한다.

본 장에서는 현장 연구의 목적과 목표, 방법론, 필요 정보, 자료 수집 계획 등을 논의할 것이다.

1. 현장 연구 목적

본 현장 연구의 목적(Purpose)은 GMCM 구성원과 교회들의 동반자 사역 현황과 취약점을 이해하고, 조사 도구를 개발하여 양적 연구를 실시하여 효과적 타문화 동반자 사역 전략 제시를 위한 자료를 확보하는 것이다.

2. 현장 연구 목표

본 현장 연구의 도표(Research Objective) 4가지 항목은 다음과 같다.

- **목표 1**: GMCM의 동반자 사역 현장 연구 참여자의 일반적 현황을 파악한다.
- **목표 2**: GMCM 구성원의 타문화 동반자 사역의 동기와 요건을 연구한다.
- **목표 3**: GMCM 동반자 사역의 취약점과 장애 요인을 파악한다.
- **목표 4**: GMCM의 동반자 사역 실천 전략과 미래 전망을 파악한다.

3. 통합연구방법 설계

본 연구의 통합연구방법 설계(Mixed Methodology Design)는 다음과 같다.

연구에 적용할 방법론은 앞서 밝힌 대로 통합연구방법을 사용할 것이며, 설계 유형으로는, 크레스웰(Creswell)의 '탐색적 순차 설계'(exploratory sequential design) 유형을 취하고자 한다.

탐색적 순차 설계란 질적 데이터 수집과 분석을 통해 어떤 문제를 먼저 탐구하고 도구 혹은 중재를 개발하며 세 번째 단계에서 후속 절차에 돌입하는 것으로서, 일명 '3단계 설계'라고도 한다(이준우, 2021, 9).

탐색적 순차적 설계를 참조하여 구성한 GMCM의 파트너십 선교 현장 연구 과정을 도표화하면 다음과 같다.

	조사 방법	조사 형태	자료 분석·적용
1단계	질적 조사	문헌 연구 결과를 토대로 포커스 그룹 인터뷰	나선형 자료 분석
2단계	양적 조사	(도구 개발) 설문 조사 (Survey Research)	빈도 분석 상관 관계 분석
3단계	질적 조사	양적 조사 결과 분석 전문가 집단 면담	해석·논의
비 고	추출된 자료 논의 후 실험 연구(Pilot Project) 실시		

〈 표 4 〉 GMCM 파트너십 현장 연구 설계표

GMCM의 파트너십 선교 현장 연구를 위한 1단계는 질적 조사다. 문헌 연구 결과를 토대로 포커스 그룹 인터뷰를 실시한 후 나선형 자료 분석을 통해 분석할 것이다.

　포커스 그룹 인터뷰(Focus Group Interview)는 질적 조사의 일종으로, 진행자가 사전에 준비된 토론 주제를 정하여 10-12명 정도의 참여자를 엄선하여 실시하는 집단 인터뷰로, 참여자나 청중에게 리서치 주제에 대해 전반적 지식을 향상시키는 정성적 정보(qualitive information)를 제공한다(소가드, 2011, 152-53).

　2단계에서는 1단계에서 범주화된 조사 항목을 토대로 설문 조사 문항을 만들 조사 도구를 개발하여 시행할 것이며, 3단계에서는 2단계에서 얻어진 GMCM의 타문화 동반자 사역 제반 상황을 분석하고 논의할 것이다.

　3단계 질적 조사에서는 양적 조사 결과를 가지고 중국과 기타 지역에서 파트너십 사역을 15년 이상 했던 파트너십 사역 전문가 8명의 집단 면담 내용을 함께 분석하고 변화가 필요한 항목을 정리한 후, 변화를 위해 파일럿 프로젝트(Pilot Project) 방안을 수립하게 될 것이다.

　1단계와 3단계의 면담 진행은 일상에서 대화하듯이 자연스런 분위기를 조성할 것이며, 참여자들의 사역 현장에서 진행될 수도 있다.

4. 자료 분석 계획

　1단계와 3단계 질적 자료 분석은 질적 연구자들의 일반적 형태인 시각적, 나선형(spiral) 모델을 사용할 것이며, 수집된 자료를 준비하고 조직화한 후 논의 단계를 거치게 될 것이다.

자료 수집, 자료 분석, 보고서 작성의 과정은 별개 단계가 아니며, 서로 연결되어 있고 종종 연구 프로젝트에서 동시에 진행되므로 순환적 과정을 되풀이하는 나선형 구조를 띠게 된다(Creswell, 2015, 216-17).

텍스트는 특별한 담론을 담고 있고, 행동을 기록하고 탐색하며, 설명하거나 정당화하고 예측하는 내용을 제공한다(CharmazKathy, 2013, 89). 따라서 인터뷰 내용 기록을 분석하면 검증을 위한 설명이나 예측 등을 얻을 수 있을 것이다.

질적 면담을 분석할 때 지속적 비교 방법을 사용하기로 한다. 자료를 코딩하다가 중심 주제가 나타나면(귀납적 단계) 이 중심 주제와 일치하는지 지속적으로 비교할 것이다. 비교하기는 질적 분석은 내외적 타당성을 높여 준다(김인숙, 2016, 314).

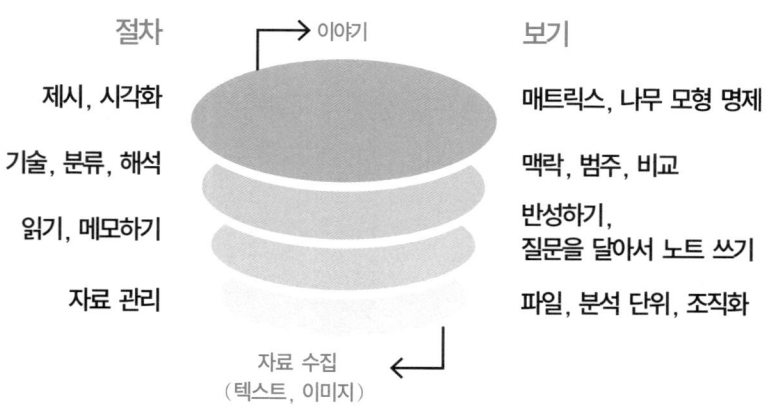

〈 그림 4 〉 나선형 자료 분석(Creswell, 2015, 219)

2단계 양적 연구의 양적 자료 분석은 통계를 통한 분석을 시도할 것이다. 소가드의 서베이 리서치 자료 수집과 분석표(Sogaard, 2011, 45) 순서에 따라 도표화와 차트 분석 방법을 통해 실시된 20개의 설문 문항을 분석한다. 이때 분석 단계는 다음과 같다.

① 엑셀을 사용해서 자료 입력
② 빈도 조사와 상관 관계 분석
③ 도표화

이는 3단계 질적 연구의 자료로 제공하게 될 것이다. 2단계 설문지 설계는 구조화 질문과 함께 인식과 사고를 자유롭게 표현할 수 있는 반구조화(semi-structured) 질문지도 사용할 것이다.

질문의 내용은 현장 연구 질문(Research Question)에 답할 수 있는 필요 정보들과 하위 질문들로 이루어질 것이며, 연구 참여자의 응답 상황에 따라서 질문의 내용이나 횟수가 수정될 수 있다.

다음으로 GMCM의 파트너십 요건과 단계 현장 연구에 필요한 정보를 조사하기로 한다.

5. 필요 정보

필요 정보(Information Needs)는 선택형과 개방형 설문지로 수집되었다.

- **목표 1**: 연구 참여자의 일반적 특성을 파악한다.
- **질문 1**: GMCM의 파트너십 선교 현장 연구 참여자의 일반적 특성은 무엇인가?

필요 정보 1 〈 일반적 특성, 개념 이해 〉	설문지 번호
1.1 연구 대상자의 성별, 연령, 사역 국가, 선교 지역	1, 2
1.2 선교지의 환경 여건, 협력 사역 기간	3, 4
1.3 협력 선교 대상과 사역 종류	5, 6

〈 표 5 〉 일반적 특성, 개념 이해

- **목표 2**: GMCM의 파트너십 선교의 요건 개념을 연구한다.
- **질문 2**: GMCM 파트너십 선교의 개념과 요건은 무엇인가?

GMCM이 이해하고 있는 파트너십 선교의 의미와 현황을 파악하는 것은 파트너십의 요건을 객관적으로 파악하는 데 도움을 준다.

필요 정보 2 〈 동반자 선교 개념 이해와 요건 〉	설문지 번호
2.1 동반자 선교 개념 이해	7-13
2.2 동반자 선교의 동기	14(주관식 문항)
2.3. 의미 있는 동반자 선교의 요건	15-20, 21(주관식 문항)

〈 표 6 〉 동반자 선교 개념 이해와 요건

- **목표 3**: GMCM 파트너십 선교의 취약점을 파악한다.
- **목표 3**: GMCM 파트너십 선교의 취약점은 무엇인가?

필요 정보 3 <GMCM 파트너십 선교의 취약점>	설문지 번호
3.1. GMCM 파트너십 선교의 취약점 요소들	22-28
3.2 GMCM 파트너십 선교지 속의 장애 요인	26(주관식 문항)

〈 표 7 〉 GMCM 파트너십 선교의 취약점과 장애 요인

- **목표 4**: GMCM의 파트너십의 지속 발전 가능성과 전망을 파악한다.
- **질문 4**: GMCM 파트너십의 지속 발전 가능성과 전망은 무엇인가?

필요 정보 4 <GMCM 파트너십의 지속 발전 가능성과 전망>	설문지 번호
4.1 GMCM 동반자 선교의 지속 발전 가능성	32-36
4.2 지속적 발전을 위한 요소들	37(주관식 문항)

〈 표 3 〉 GMCM 파트너십의 지속 발전 가능성과 전망

6. 자료 수집 계획

본 현장 연구에서의 자료 수집(Data Collection)은 질적 연구 조사인 인터뷰를 사용할 것이다. 질적 연구의 자료 수집 형태는 주로 관찰, 면접, 문서, 시청각 자료 등이 있는데 이런 접근들이 엄격한 지침은 아니다(Creswell, 2021, 196).

본 연구에서는 질적 면접과 관찰, 문서를 주로 사용할 것이다. 세 그룹의 타문화 파트너십 사역 전문가 그룹을 인터뷰하고 문헌 연구 결과를 반영해서 2단계 설문 조사 문항을 선정하고 검토할 것이다.

질적 조사 연구로 인터뷰 자료 수집 계획(Interview Data Collection Plan)을 보면 다음과 같다.

1) 인터뷰 자료 수집 계획

연구의 제한에서 밝힌 대로 GMCM의 선교 파트너십 연구는 선교 제한 국가인 중국과 일부 사회주의 국가에서 사역하는 참여자들을 대상으로 하고 있기 때문에 질적 연구의 인터뷰는 비대면 혹은 온라인 형식으로 진행될 수 있으며, 양적 연구는 현지에서 공개하고 있는 데이터베이스의 통계를 일부 사용할 수 있다.

① 파트너십 선교를 위한 전문가 그룹들에게 면담원이 되어 달라고 메일을 보낸다.
② 허락한다는 답변을 받은 후 포커스 그룹 인터뷰의 면담 주제를 발

송하고 장소와 시간을 정한다.
③ 각 그룹이 편리한 시간에 조사자가 참석하여 공식, 비공식으로 인터뷰한다.

2) 설문지 자료 수집 계획

설문지 자료 수집 계획(Survey Data Collection Plan)은 정확한 연구 결과를 위해 중요한 과정이다.

질문지의 종류 형태는 응답자의 반응 형태에 따라 자유 기술형 선택형, 체크리스트형 등위형, 평정 척도형, 조합 비교형(박도순, 2004, 18) 등으로 구분할 수 있다. 본 양적 연구의 질문지는 자유 기술형과 척도형, 선택형, 체크리스트형을 사용할 것이다.

질문지 작성의 목적은 정보의 수집을 명확히 하는 것이므로, 사실적 정보와 내재적 정보 및 사람들의 신념이나 태도에 대한 개인의 내재적 정보를 얻기 위함이다(2004, 9). 이에 설문지는 사실적 정보 문항과 내재적 문항으로 나뉜다.

먼저, 사실적 정보 문항의 예는 다음과 같다.

"당신의 교회는 지난 1년간 몇 번의 협력 사역을 수행했습니까?"

다음은 내재적 정보 문항의 예다.

"파트너십에는 어떤 요소가 포함되어야 합니까?"

이러한 개념화(conceptualization)와 조작화(operationalization) 과정을 거쳐서, 자료를 전사하여 설문 조사를 준비한다(이준우, 2021, 45-50). 이때 자료 수집은 다음과 같은 순서로 진행된다.

① 한국인 참여자를 위해서 한글로 설문지를 만들고 중국인 참여자를 위해서는 중국선교학(M.A.)을 전공한 크리스틴 간사가 번역하고 대조한다. 다른 한 사람은 감수한다.
② 네이버 설문 조사 도구를 사용하여 온라인 설문 조사 형태로 3주 동안 게시한다.
③ 중국인과 한국인 참여자가 제출한 설문 결과를 수집하여 분석한다.

7. 표본 추출 계획

본 연구의 표본 추출 계획(Sampling)은 비확률표집에서 유의적(판단적) 표집과 연구 참여자의 추천에 의한 눈덩이 표집을 사용할 것이다.

8. 윤리적 이슈

본 연구는 심각한 윤리적 문제를 발생시키지 않을 것이다. 연구 참여자들의 개인적 정보와 기록은 HSR(Human Subjects Review) 계획서에 따라 처리될 것이다.

연구자는 연구 참여자들과 함께 사역하고 있기 때문에 연구 대상자들에게 중요한 영향을 끼칠 수 있고 참여자들이 마음을 열어 모든 것을 털어놓지 않을 수도 있다는 윤리적 과학적 문제를 고려해야 한다.

이 영향을 근본적으로 완전히 차단할 수는 없지만, 연구자는 연구 대상 집단에 완전히 참여하기는 하지만 완전 참여자(full participation)가 아닌 연구 수행자임을 밝혀고 연구에 임할 것이다.

9. 연구자와 연구 참여자의 모집과 선정

연구자는 2001년부터 연구 참여자와 함께 선교 파트너십을 형성하여 사역에 참여하고 있다.

본 연구의 연구 참여자의 조건은 선교 단체 운영자, 타문화 선교와 지역 교회에서 10년 이상 사역한 한국인과 중국인 사역자들이며, 설문 조사 대상은 GMCM과 동반자 사역을 하고 있는 중국인, 한국인 사역자 65명으로 한다.

10. 요약

본 장에서는 문헌 연구를 통해 발견된 내용을 토대로 GMCM의 타문화 동반자 파트너십 사역의 실제와 취약점을 파악하기 위한 현장 연구를 설계하였다. 이를 통해 구성원들의 동반자 사역 현황과 취약점을 이해하고, 조사 도구를 개발하여 보다 객관적인 자료를 얻게 될 것이다.

현장 연구의 목표는 동반자 사역 현장 연구 참여자의 일반적 현황과 타문화 동반자 사역의 현황과 취약점을 조사하고 구성원들이 참여하고 있는 동반자 사역 유형과 실천 전략과 미래 전망을 얻는 것이다.

연구 방법은 통합 연구 방법론을 사용할 것이며, 설계 유형으로는 크레스웰의 탐색적 순차 설계 유형을 취하고자 한다.

탐색적 순차 설계란, 질적 데이터 수집과 분석을 통해 어떤 문제를 먼저 탐구하고, 도구 혹은 중재를 개발하며 평가하고 점검하는 방법론인데 본 현장 연구에서는 문제 탐구-양적 조사-집단 면담으로 분석하고 결과를 수렴하기로 하였다.

이렇게 두 번의 질적 단계를 둔 이유는 중국인과 한국인의 타문화 동반자 전략 연구라는 특성상 충분한 대화를 통한 현장의 의견을 수렴하는 것이 중요하기 때문이다. 양적 연구 질문지의 질문은 폐쇄형과 개방형 질문을 사용할 것이다.

1단계 자료 수집은 질적 연구 조사인 인터뷰를 사용할 것이다. 두 개의 선교 전문가 그룹을 포커스 그룹 인터뷰하고 문헌 연구 결과를 반영해서 2단계 설문 조사 문항을 선정하고 검토할 것이며 표본 추출 계획은 비확률표집에서 유의적(판단적) 표집과 연구 참여자의 추천에 의한 눈덩이 표집을 사용할 것이다.

준비된 자료를 온라인 플랫폼(네이버)에 올려서 설문 결과를 수집한 후 핵심 사역자 그룹의 집단 면담으로 결과를 수렴하여서 GMCM의 타문화 동반자 사역의 실태와 취약점을 분석하였다.

제7장에서는 현장 조사 결과에 관한 분석을 다룬다.

제7장

GMCM 타문화 동반자 사역 현장 연구 결과 분석과 발견

제7장에서는 질적 양적 통합 연구 방법론으로 진행된 현장 연구 자료의 분석을 논의할 것이다. 먼저는 실행 결과와 분석 방법을 논의하고, 이어서 검증, 윤리적 이슈를 논할 것이다.

1단계 질적 조사 결과(Focus Group Interview)에서는 문헌 연구를 토대로 효과적 타문화 동반자를 위한 사역 포커스 그룹 인터뷰를 실시하였다.

또한, 연구 결과를 사용해서 2단계 양적 조사 설문지를 제작하고 실시하였다. 조사 도구로는 네이버 온라인 설문지를 사용하였다.

3단계 양적 조사 연구 결과는 15년 이상 중국과 한국의 파트너십 경험이 있는 전문가 그룹과 함께 분석하고 검증하였다.

1. 1단계: 질적 조사 결과

포커스 그룹 인터뷰(Focus Group Interview)는 어떤 특정한 주제를 집단이 함께 모여 면담하는 것을 말하며, 실제적으로 유용하지만 관심 현상에 대해서 알려진 것이 거의 없을 때 실시하는 탐색적 연구다(Stewart 외, 2015, 115).

다수의 기관에서 사역하는 타문화 파트너십 전문가들과 15년 이상 타문화권에서 동반자 사역을 하고 있는 선교사들을 대상으로 동반자 선교의 개념과 관계 수립 그리고 방안을 주제로 인터뷰하였다.

인터뷰 질문은 문헌 연구 결과를 사용하여 반구조화된 질문으로 구성하였고, 먼저 이메일을 통해 인터뷰 내용과 시간, 장소를 정하여 대담하였다.

1) 질문과 토의 주제

① 하나님은 인간을 동반자로 삼으시고 대위임령을 주셨습니다. 귀하가 하고 계신 파트너십 선교를 소개해 주시고, 동반자 선교의 동기와 개념을 정의해 주실까요?
② 타문화권에서 동반자 선교를 하려면 어려움이 많습니다. 어떤 장애 요인이 있었으며 그것을 어떻게 극복하고 한마음으로 일할 수 있었는지 나눠 보겠습니다.
③ 한국인이 외국 교회나 단체와 동반자 사역을 할 때 예상되는 장점과 단점은 무엇입니까?

④ 보다 나은 동반자 사역을 위한 전략은 무엇이라고 생각하십니까?

2) 인터뷰 요약

[그룹 A]

2021년 8월 6일 서울 신툰동 글로벌호프선교회[1] 사무실에서 한국세계선교협의회(Korea World Missions Association : KWMA) 조용중 사무총장과 Choi 선교사, 박화목 중화선교회 선임 선교사 그리고 대담자 윤정숙 네 명이 함께 만났다. 며칠 전 제15회 한인세계선교사회(Korean World Missionary Fellowship : KWMF)를 마치고 다시 모인 터라 감사를 표한 후 곧 인터뷰에 들어갔다(조용중, 박화목, 2021).

윤 : 두 분은 오랫동안 파트너십 사역을 연구하고 진행해 오셨다. 파트너십 사역의 시작과 동기에 대해 말씀해 주시면 좋겠다.

파트너십 사역의 시작과 동기에 대해 C는 1988년 미국에서 미주 한인 디아스포라 교회들이 교제를 위해 모여서 세계 선교 협력 모임으로 발전한 기독교한인세계선교협의회(Korean World Mission Council : KWMC)의 동기를 회상했다.

조 : 처음에는 연합적인 교제의 장으로 시작되었지만 '한인 교회의 세계 선교를 위한 연합'이라는 확실한 목적을 가지게 되니까 4년마다 대회를 열 수 있었다. 회를 거듭하면서 서구 선교 지도자들을 초청해 배우는 의미에서 그들과 협력하게 되었다.

---

[1] 글로벌호프선교회는 GP와 협력 사역하는 NGO단체다.
https://www.sarangmission.org/us-cho

개인적으로는 청년 시절 진정으로 회심하면서 "성령이 우리를 하나 되게 하셨다"라는 말씀이 깊이 뿌리박혀 예전에 미워하던 사람도 더 이상 밉지 않고 하나님께서 우리를 이미 하나 되게 하셨고 우리는 연합을 힘써 지키기만 하면 된다는 생각을 한다.

내가 이렇게 변한 것은 성령의 은혜다. 모두 이 은혜 안에 있으라고 말세에 성령을 보내시는 것이다(욜 2:28). 파트너십 사역은 선택이 아닌 필수다. 문제는 우리가 필수를 선택으로 전락시킨 것이다. 그러므로 훈련을 통해 순종의 결의를 다짐해야 한다.

박: 파트너십의 동기는 존중과 사랑이어야 한다. 80년대에 중국복음선교회를 시작하면서 자기 힘을 빼고 청지기 정신을 가질 때 중국 화교 사역자들과 하나 되고 자원도 나눌 수 있었다.

윤: "파트너십을 잘해 나가기 위해서는 자기 결심에 의존하기보다 우리를 사랑하시고 청지기로 삼으신 하나님께 응답하고 사랑과 존중의 마음을 가지며 에베소서와 사도행전에 나타난 성령이 하나 되게 하신 사실을 확신하고 순종하는 마음이 동반자 사역의 동기다"라는 말씀을 하셨다.

이제 동반자 사역의 장애 요인과 발전 전략을 나눠 보겠다.

박: 파트너십 사역을 잘하는 것보다 중요한 것은 서로 간에 사이가 좋아야 한다. 주체들 간에 서로의 영역은 존중하고 각자의 지역과 다양성을 따라 연합한다고 생각해야 한다. 서로를 이해하고 오해도 풀 수 있는 시간이 쌓여야 동반자가 되고, 신뢰하고 말과 태도로 존중하다 보면 의기투합해서 사역을 할 수 있었다. 그러나 너무 인생에 개입하거나 너무 소원하지 말아야 한다.

조: 각자를 존중하고 대등하게 인정하는 것도 중요하지만, 때로는 각자의 은사에 따라서 포지션이 바뀌는 경우도 있다. 리더도 있고 팔로워로 일하는 사람도 있는 것이다. 그러나 동등한 동역자로 대해야 한다.

팀워크와 진정한 파트너십이 이루어지려면 어떤 투명한 삶의 나눔이나 정신이 공유되는 것이 굉장히 필요하다. 그들의 문화와 생활 방식을 이해하고 동반자적인 삶과 사역을 가져야 한다(필리핀의 경우 나눔).

[그룹 B]

2021년 5월 19일 경기도 광주 부근에서 미얀마와 중국, 히말라야 지역에서 25년 이상 동반자 사역하는 2명의 선교사(김병천과 정아브라함)와 러시아에서 사역하다 한국의 러시아 이주민 교육 사역을 하고 있는 동료 선교사(윤정숙, 형진성)와 대담했다.

윤: 그동안 경험을 통해서 볼 때 동반자 사역의 동기와 개념 그리고 효과적 파트너십의 방법은 무엇이라고 생각하는지 말씀해 주시면 좋겠다.

김: 하나님의 일은 맡은 역할과 은사에 따라 힘을 합쳐 이루는 것이다. 전(全) 미얀마선교사대회를 섬기고 마치고 나서 더욱 느낀 것은 혼자서는 할 수 없는 일을 동반자들과 함께하면 해낼 수 있다는 것이다.

정: 파트너십이란 사명의 성취를 위해 자기의 특수성을 가지고 상호 기여하는 것이다. 어떤 목적을 위해 단기적 혹은 장기적으로 서로 대등한 관계를 맺고 개체성을 잃지 않으면서 네트워킹하는 것이다.

윤: 하나님의 일을 위해 서로의 다양한 은사를 가지고 함께 협력하고 헌신하는 것이라고 말씀하셨다. 그렇다면 동반자 사역을 실행할 때 장애 요인은 무엇이며, 어떻게 극복해야 효과적인 동반자 사역을 이룰 수 있다고 생각하는가?

김: 파트너십의 장애 요인은 교만과 미숙한 소통이라고 생각한다. 다른 사람을 무시하거나 자신을 높이는 상황에서는 함께하기가 어렵다. 그러나 파트너십을 실행할 리더가 구성원들을 눈여겨보고 그가 잘할 수 있는 일을 격려한다면 매우 원활할 것이다.

이번 전(全)미얀마선교사대회에서도 나는 제일 오래됐다고 대회장이 된 것인데 함께 팀을 구성해 보니까 나보다 유능한 사람이 많았다. 프로그램부터 시작해서 의전에 이르기까지 그들 적성에 맞는 일을 부탁하고 격려하는 것이 내가 한 일의 전부였다.

윤: 그분들의 적성을 안다는 건 평소에 친밀하게 지냈기 때문이라고 이해된다.

김: 그렇다. 평소에 관계가 잘되어 있어야 마음이 하나 되고 마음이 하나 되어야 동역을 할 수 있다고 생각한다.

형: 서로 관계가 이루어지지 않은 상태에서 사역만 같이하는 것은 효과도 없을뿐더러 때로 위험하기까지 하다. 서로 돕는 것은 좋은 일이라고 하여서 현재 하고 있는 사역에 여러 사람을 참여시키고 구청에 성공적인 사례로 보고되었다. 그런데 내가 원하지 않는 방향으로 사역이 흘러가고 있는 것을 보고 잠시 협력을 중지했다.

러시아 이주민 어린이들에겐 학습센터만 필요한 것이 아니라 채플이 필요

> 하다. 이렇게 콜라보레이션하다가 목적이 상충되는 경우가 있다. 충분한 대화와 합의가 전제되어야 할 것이다.
>
> 정: 서로 겸손해야 동반자가 될 수 있다는 말에 동의한다. 우리는 경험과 실력이 풍부한 사람이 많이 모인 국제 네트워킹 단체다. 의견을 하나로 모으고 함께 좋은 결정을 하기 위해 평소에 대화를 많이 한다. 그리고 함께 기도도 많이 한다.
> 사도행전을 보면 열두 제자들도 자기의 문화권을 넘어가기 어려워했다. 그때마다 성령께서 나타나 베드로를, 바울을 전진하게 하셨다. 나라도, 성별도, 주된 사역도 다르지만 우리도 성령의 인도에 순종하기 위해 간절히 기도한다. 포럼이 있는 기간 동안 매일 저녁마다 말씀을 듣고 간절히 기도한다. 그리고 모두 발언을 할 때도 있다.

3) 결과 분석

결과 분석은 제6장에서 논의한 것처럼 크레스웰의 '나선형 분석 방법'을 사용하였다. 포커스 그룹 인터뷰의 녹음 파일을 여러 번 들으면서 내용과 평가와 토고 쓰기를 병행하였다. 주제어 대해 토의하는 동안 특별한 중재자 없이 집단 역동성이 일어나는 것을 보게 되었다.

(1) 동반자 선교는 하나님의 명령이며, 선택이 아닌 필수다. 성령은 이미 교회들을 하나 되게 하셨다. 우리가 해야 할 일은 한 몸을 힘써 지키는 것이다. 이 순종의 결의를 훈련해야 한다.

우선적으로 좋은 이웃이 되기 위해 주변을 살피고 우리가 가진 자원과 은사를 통해 지속적으로 이웃을 사랑하고 섬기는 노력을 기울여야 한다. 교회들 간의 협력에 힘써야 한다.

(2) 우리를 하나 되게 하고 타문화 파트너십의 도전을 넘어가게 하는 분은 성령이시다. 깊은 예배와 기도를 통해 성령의 인도하심을 따라야 한다.

(3) 동반자 선교는 성경에 근거해야 하며 예수 그리스도의 성육신을 본받아 겸손과 사랑을 가져야 한다.

(4) 동반자 선교는 서로 신뢰하는 관계 속에서 시작되며 같은 비전과 대등성과 상호 기여, 함께 누림이 있어야 한다.

(5) 동반자 사역에서 역할과 은사에 따라 포지션이 바뀔 수 있다. 무슨 위치에 있든지 동등한 동역자로 대해야 한다.

(6) 재정권과 인사권이 하나님께 있다는 청지기 정신을 가져야 동반자 사역을 잘할 수 있다.

(7) 파트너십이 지속되려면 서로 문화와 생활 방식을 이해하고 투명한 의사소통이 이루어지며 삶을 나누어야 한다.

2. 2단계: 양적 조사 및 결과

이상 1단계 질적 연구(포커스 그룹 인터뷰) 결과로 조사 도구를 개발하여 2차 양적 조사의 설문지 문항으로 사용하였다.

이 설문 조사는 객관적인 시각에서 결과물을 추출하였으므로 신뢰성이 있다. 또한, 문헌 연구의 이론들을 바탕으로 된 것이기 때문에 현장감이 뚜렷이 반영되었다.

설문 조사는 1차 2021년 11월과 2차 2022년 6월 2회에 걸쳐 실시하였는데 1차 연구 대상은 GMCM과 파트너십을 가지고 있는 THN의 한국인 선교사들로서 중국과 네팔, 인도에서 사역하는 45명과 기타 지역 사역자 20명으로, 전체 65명에게 설문을 의뢰했고 51명의 설문지를 회수했다.

조사 도구로는 네이버 설문 조사 도구와 전사된 설문지를 사용했으며 중복 응답과 희망자만 응답하는 것을 허용하였다. 제한 지역 거주자는 일부 문항에 응답하지 않았다.

조사 문항은 6개 카테고리의 37개의 선택형, 개방형 문항으로 구성되었는데 먼저 연구 대상자의 일반적 특성 협력, 형태, 동반자 선교의 의미와 실천 요건, 장애 요인, 지속적 발전 요소 정도 결과를 확인하였다.

결과의 통계 분석은 SPSS 23.0(Ver)을 이용하였으며, 통계적 유의도는 $p<.05$를 기준으로 검증하였다. 문항 카테고리인 연구 대상자의 일반적 특성, 협력 형태, 동반자 선교의 의미와 실천 요건, 장애 요인, 지속적 발전 요소 정도는 기술 통계 분석을 통하여 실수와 백분율, 평균과 표준 편차로 제시하였다.

일반적 특성에 따른 동반자 선교의 의미, 실천 요건, 장애 요인, 지속적 발전 요소 정도 비교는 독립 표본 T검정(Independent t-test)과 일원배치 분산분석(One-way ANOVA)으로 분석하였으며, 사후 분석은 쉐페 검증(Scheffe test)을 사용하였다.

양적 연구의 자세한 분석 결과(Survey Research)는 다음과 같다.

1) 연구 대상자의 일반적 특성

연구 대상자의 일반적 특성은 <표 9>와 같다. 연구 대상자의 일반적 특성 결과는 다음과 같다.

성별은 남자가 34명(66.67%), 여자가 17명(33.33%), 연령은 40대 이하가 26명(50.98%), 50대 이상 25명(49.02%), 평균 연령은 49.71세(12.34)였다.

사역 국가는 중화권이 30명(58.82%)으로 가장 많고, 한국 10명(19.61%), 네팔 5명(9.80%), 인도 3명(5.88%), 방글라데시 2명, UN 1명 순이었다.

선교 지역은 제한 지역이 37명(72.55%)으로 가장 많고, 자유 지역 11명(21.57%), 일부 규제 지역 3명(5.88%) 순이었다.

사역 기간은 10년-20년 미만이 19명으로 가장 많고, 10년 미만, 20년 이상이 각각 16명(31.37%)이었으며, 평균 사역 기간은 14.55년(8.74)이었다.

협력 사역 기간은 10년 미만 30명(58.82%), 10년 이상이 21명(41.18%)이었으며, 평균 협력 사역 기간은 10.51년(6.91)이었다.

연구 대상자의 일반적 특성을 분석하면 GMCM 파트너십 사역이 이루어지는 주요 지역은 중화권과 인근 국가다(74.66%).

이는 사회주의권과 제한 지역이라는 특수성을 감안한 동반자 선교가 이루어져야 할 것을 보여 준다. 사역의 개방성을 볼 때 선교 제한 지역이나 일부 규제 지역이 78.4퍼센트를 차지하고 있다.

평균 사역 기간은 약 10년이어서 대상자들은 사역의 성숙기에 와 있다고 볼 수 있다.

변수	분류	빈도	%
성별	남자	34	66.67
	여자	17	33.33
연령	40대 이하	26	50.98
	50대 이상	25	49.02
	평균(표준편차)	49.71세(12.34)	
사역 국가	UN	1	1.96
	네팔	5	9.80
	방글라데시	2	3.92
	인도	3	5.88
	중화권	30	58.82
	한국	10	19.61
선교 지역	제한 지역	37	72.55
	일부 규제	3	5.88
	자유 지역	11	21.57
사역 기간	10년 미만	16	31.37
	10년-20년 미만	19	37.25
	20년 이상	16	31.37
	평균(표준편차)	14.55년(8.74)	
협력 사역 기간	10년 미만	30	58.82
	10년 이상	21	41.18
	평균(표준편차)	10.51년(6.91)	

〈 표 9 〉 연구 대상자의 일반적 특성(N=51)

2) 연구 대상자의 동반자 선교의 의미, 실천 요건, 장애 요인, 지속적 발전 요소 정도

연구 대상자의 동반자 선교의 의미, 실천 요건, 장애 요인, 지속적 발전 요소 정도 결과는 <표 10>과 같다. 동반자 선교의 의미, 실천 요건, 장애 요인, 지속적 발전 요소 정도는 모두 총점 5점이었으며, 동반자 선교의 의미는 평균 4.25(.53), 동반자 선교의 실천 요건은 3.83(.76), 동반자 선교의 장애 요인은 3.86점(.60), 동반자 선교의 지속적 발전 요소 4.06점(.64)이었다.

통계 결과를 통해 볼 수 있는 것은 연구 대상자들이 선교의 의미와 실천 요건, 장애 요인과 지속적 발전 요소 정도를 중간 이상으로 인식하고 있으며 특히 동반자 선교의 의미와 내용을 잘 이해하고 있다고 여겨진다.

변수	최소값	최대값	평균	표준편차	범위
동반자 선교의 의미	2.86	5.00	4.25	.53	1-5
동반자 선교의 실천 요건	2.33	5.00	3.83	.76	1-5
동반자 선교의 장애 요인	2.43	5.00	3.86	.60	1-5
동반자 선교의 지속적 발전 요소	2.80	5.00	4.06	.64	1-5

〈표 10〉 연구 대상자의 동반자 선교의 의미, 실천 요건, 장애 요인, 지속적 발전 요소 정도(N=51)

3) 연구 대상자의 동반자 관계

연구 대상자의 동반자 관계 조사 결과는 '한인 선교사와 자국인 리더십'이 11명(21.57%)으로 가장 많았고, '구제 등 선교 프로젝트'가 8명(15.69%), '지역 내 한인 선교사' 문항에 체크한 이가 4명(7.84%), '현지 혹은 본국 기관 간의 전략적 제휴'를 한다는 사역자가 3명(5.38%), '파송 교회와 자국인 리더십'(4.25%)이라는 답은 2명(3.92%) 순이었다.

연구 대상자들은 자국인 리더십과 파트너십을 맺고 있는 경우가 가장 많으며 구호 단체나 기관, 지역 내 한인 선교사와 함께 등 다양한 동반자 관계를 맺고 있다.

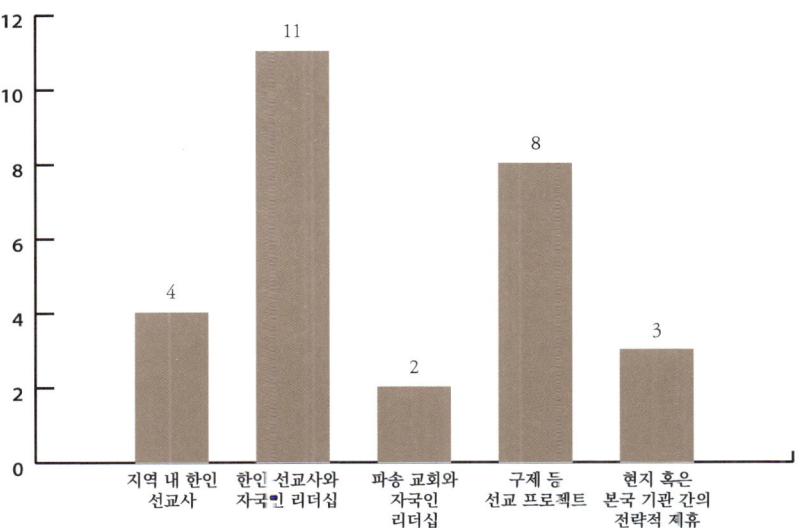

〈 그래프 1 〉 연구 대상자의 동반자 관계

4) 연구 대상자의 협력 사역 유형

연구 대상자의 협력 선교 종류와 대상 결과는 <그래프 2>와 같다.

사역 종류는 '목회'가 17명(33.33%), '선교 기관과 국제 단체'가 16명(31.37%), '교회 개척'이 15명(29.41%), '미전도 지역 개척'이 13명(25.49%), '신학교'는 12명(23.53%), '소그룹 제자화 사역'은 10명(19.61%) 순이었다.

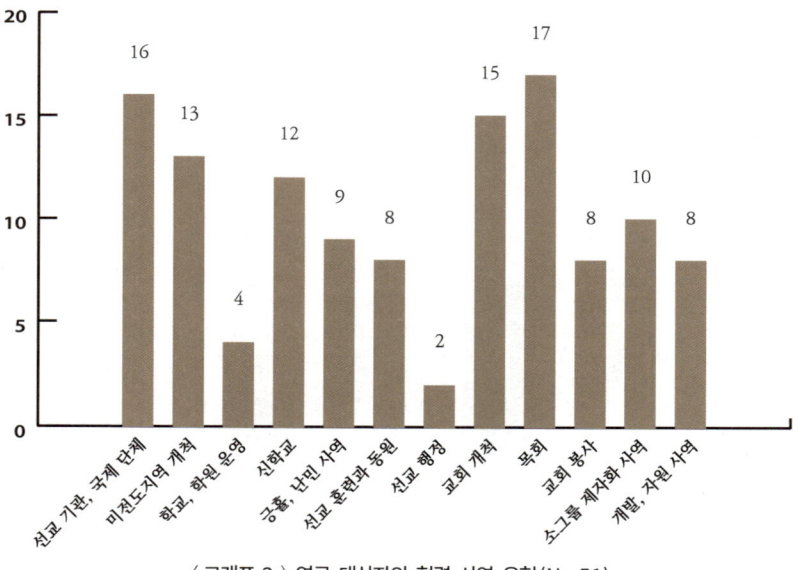

〈 그래프 2 〉 연구 대상자의 협력 사역 유형(N= 51)

5) 연구 대상자의 동반자 선교 동기와 실천 요건

연구 대상자의 동반자 선교 시작의 필요 요건 및 협력 사역 동기 결과는 다음의 <그래프 3, 4>와 같다.

협력 사업 동기는 '성경의 가르침과 성령의 감동 때문에'가 33명 (64.71%)으로 가장 많았고, '우연한 기회로 협력이 시작되었음'이 22명 (43.14%), '교단이나 기관의 프로젝트 때문에'가 12명(23.53%), '인적 물적 자원이 필요해서' 6명(11.76%) 순이었다.

동반자 선교 시작의 필요 요건은 '사귐을 통한 인격적 신뢰 관계 형성'이 12명(36.36%)으로 가장 많고, '예수 그리스도의 성육신, 십자가 정신'이 8명(24.24%), '하나님 가족의 마음과 순종' 7명(21.21%) 등 순이었다.

이렇게 볼 때 주된 협력 사업 동기는 성경의 가르침과 성령의 감동 때문과 환경적 인도하심으로 우연한 기회로 협력이 시작되었다고 볼 수 있다. 때로 교단이나 기관의 부름을 받아 시작되는 경우도 있었다.

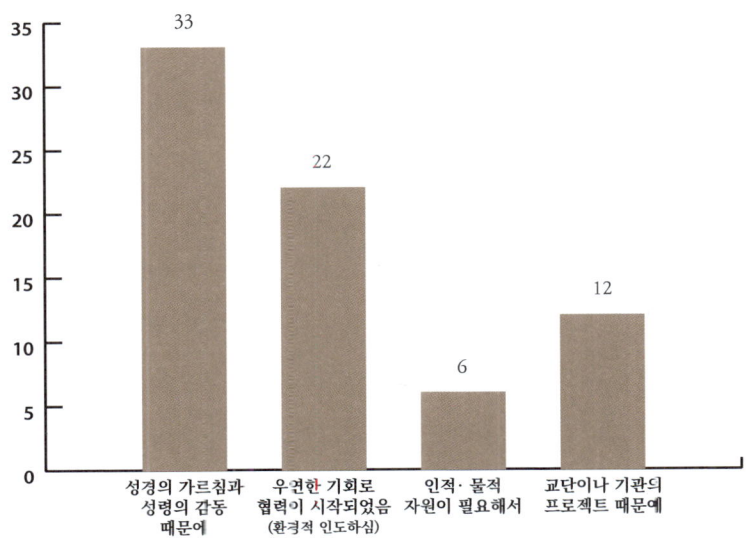

〈 그래프 3 〉 협력 사역 동기

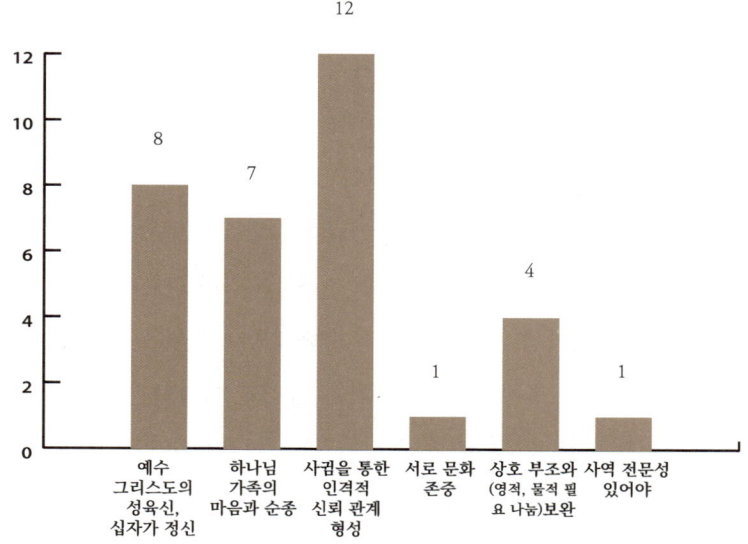

〈 그래프 4 〉 동반자 사역 실천 요건

동반자 사역 지속의 장애 요인과 동반자 선교의 발전을 위한 요소 결과는 <그래프 5, 6>과 같다.

동반자 사역 지속의 장애 요인은 '외부 환경 변화의 영향'이 6명(23.08%)으로 가장 많고 '인격적 문제', '사역 방법이나 훈련 부재'가 각각 5명(19.23%), '상호 문화 이해 부재', '건강한 의사소통 부재'가 각각 3명(11.54%), '영적 공급이 부족함' 2명(7.69%) 순이었다.

동반자 선교의 발전을 위한 요소는 <그래프 6>과 같다. 곧, '체계적 돌봄, 정기적 모임 참여'와 '관계와 사역 방향에 대한 논의, 훈련, 연구'가 각각 7명(25.00%)으로 가장 많았고, '성령의 인도에 순종과 기도' 6명(21.43%) 등의 순서였다.

GMCM 동반자 사역을 지속할 수 있는 요건으로 외부적 환경 변화 대응이 부분을 차지하고 있는데 이는 코로나 팬데믹의 영향과 선교 제한 국가에서 활동하는 사역자들이 모임과 소통이 어려움을 겪고 있는 결과로 보여진다.

또한, 상호 문화 이해 부족과 의사소통 부재 요소가 있다. 이는 타문화권에서 사역하면서 타문화 간의 의사소통 기술이 필요하고, 함께하는 동반자 사역에 대한 지식과 배움이 필요하다는 것을 보여 준다.

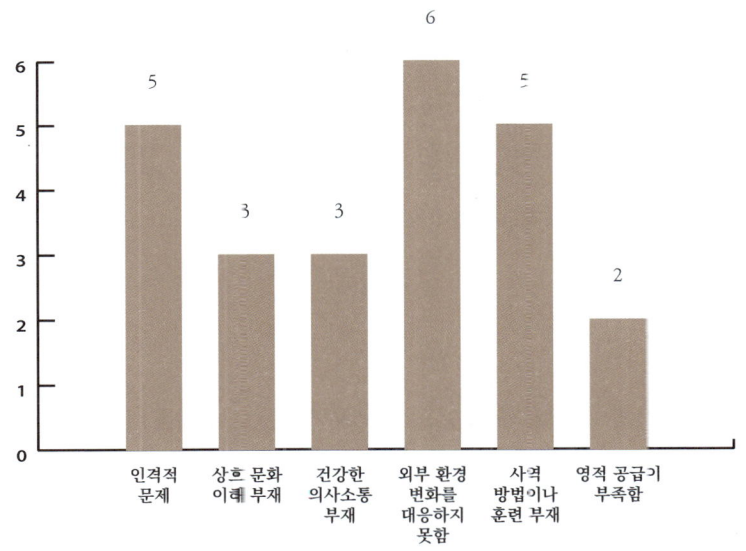

〈그래프 5〉 동반자 사역 지속의 장애 요인

동반자 선교 발전을 위해서는 관계 증진, 사역 방향 논의, 정기적 모임, 성령께 순종, 기도, 사역 열매의 공유가 각각 평균치를 넘었다.

서로 자주 만나고 기도하는 시간이 필요하고 방향을 공유하는 것이 필요하다는 것을 알게 되었다.

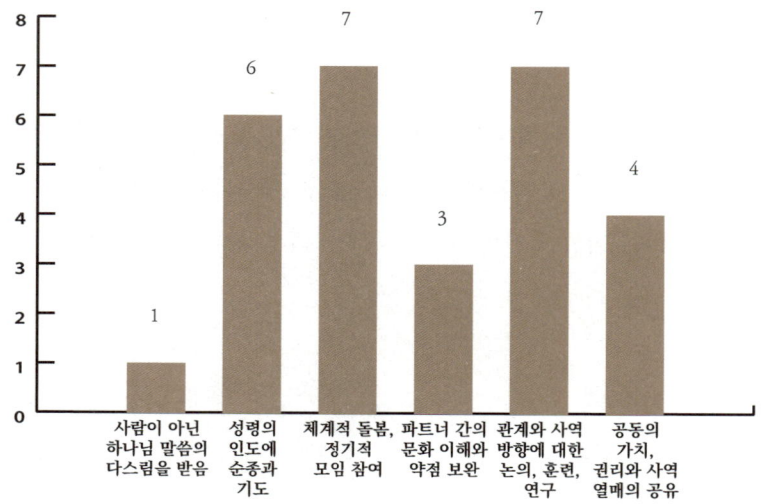

〈 그래프 6 〉 GMCM 동반자 선교 발전을 위한 요소

7) 결과 분석

연구 대상자의 일반적 특성을 분석하면 GMCM 파트너십 사역이 이루어지는 주요 지역은 중국과 인근 국가다(74.66%). 이는 사회주의권과 제한 지역이라는 특수성을 감안한 동반자 선교가 이루어져야 할 것을 보여 준다.

사역의 개방성을 볼 때 선교 제한 지역이나 일부 규제 지역이 대부분을 차지하고 있다(78.4%). 평균 사역 기간은 약 10년이어서 대상자들은 사역의 성숙기에 와 있다고 볼 수 있다.

연구 대상자들이 맺고 있는 동반자 관계는 매우 다양했다. 자국인 리더십끼리 협력 관계를 갖고 있는 경우에서부터 UN이나 국제구호단체 종사자들도 있었다.

협력 사역의 형태는 선교사가 자국인 리더십들과 함께 사역하는 경우와 자국인 리더십끼리 사역하는 경우가 주류를 이뤘으며 구제 등 선교 프로젝트에 참여하는 경우도 15.7퍼센트였다.

협력 선교의 유형은 국회, 제자화, 교회 개척 등 사람을 상대로 하는 사역이 74.51퍼센트를 차지하여 기관이나 행정 사역보다 많았다.

<표 10> 이하의 요소별 정도 비교를 통해 볼 때 연구 대상자들은 선교의 의미와 실천 요건, 장애 요인과 지속적 발전 요소 정도를 중간 이상으로 인식하고 있으며, 특히 동반자 선교의 의미를 잘 이해하고 있으나 중간 정도의 연구 대상자들은 동반자 선교의 장애 요소를 경험하고 있다.

동반자 선교를 시작하게 된 동기는 '성경과 성령의 감동'이 64.71퍼센트로 가장 많았고, 우연한 기회에 환경의 문이 열린 경우도 다수를 차지하고 있어 동반자 사역의 동기는 하나님 말씀과 성령의 감동과 인도하심이 있음을 발견할 수 있었다.

GMCM의 동반자 선교의 취약점과 장애 요인, 발전 요소 결과를 보면 내부적으로 해결할 수 없는 외부 환경 변화의 영향이 가장 큰 요소로 작용하고 있고 인격적 문제, 방법 혹은 훈련 부재가 그다음이며 소통, 지원의 부재 문제도 안고 있는 것으로 파악된다.

이런 장애 요인을 넘어서서 GMCM의 동반자 선교가 지속적으로 발전하기 위해서는 체계적 돌봄과 논의, 훈련, 연구라는 요소가 필요하고, 이를 실행하기 위해서는 말씀과 성경의 인도에 순종이 필요하다고 응답했다. 즉, 장애 요인과 지속적 발전 요소는 인과 관계에 있다.

이상의 GMCM 동반자 선교의 실천 요건과 전망에 대한 설문 조사는 각 선택 요소 간의 복수 응답이 존재하고 있어서 효과적인 파트너십 사역의 실천 요건은 한 가지가 아닌, 여러 요소가 상호 작용한다는 것을 발견하였다.

본 현장 조사에서 발견한 동반자 선교의 실천 요건은 사귐을 통한 인격적 신뢰 관계 형성이 가장 중요한 요소로 나타났으며 성육신, 십자가 정신, 하나님 가족의 마음도 큰 폭을 차지하고 있다.

이를 분석하면 바람직한 동반자 사역의 실천 요건은 먼저 인격적 신뢰 관계를 형성하고 성육신적 태도로 문화를 존중하는 가운데 삼위일체 하나님의 관계적 원리를 적용하면서 대등하고 상호적으로 기여하는 것이라고 할 수 있을 것이다.

또한, 동반자 사역이 지속적으로 발전하기 위해서는 상호 간의 체계적 돌봄과 훈련, 연구가 필요하며 이를 통해 발견된 사실들을 실천하기 위해서는 하나님 말씀에 순종함과 성령의 충만함이 필요하다.

3. 3단계: 핵심 사역자 집단 면담

현장 조사의 제3단계로서 질적 면담과 설문 조사를 통해 발견된 결과를 가지고 효과적인 GMCM 동반자 사역 전략 결과를 얻기 위해 3개의 핵심 사역자 그룹과 집단 면담(Group Discussion)을 하였다.

한국 내 중국인 사역을 하고 있는 사역자 팀(중국어권 임원, 2021)과 중국인으로서 타문화권 사역을 하고 있는 4명의 사역자(나라미션, 2021) 그리고 GMCM의 핵심 사역자들(GMCM 지역 대표, 2021) 등 세 그룹과 함께 평가하고 논의하였다.

현장 연구 조사 결과를 토대로 동반자 선교의 개념을 정의하고 공유한 결과는 다음과 같다.

첫째, 동반자 선교는 어떤 새로운 선교 방법이나 전략이 아닌 성서적 원리요, 선교의 기초로 삼아야 한다.

둘째, 파트너십 선교 요건에서 동반자 관계의 교육과 훈련이 필요하다는 답변이 많았던 만큼 GMCM의 구성원들이 아직 파트너십 선교의 개념과 요건을 잘 이해하고 있지 못한 것으로 가정하고 GMCM의 비전과 사명, 파트너십 간의 인격적 신뢰 관계 형성, 성육신적 삶과 사역에 있어 체계적 돌봄과 훈련, 연구 등을 공유할 프로그램과 일정 계획이 필요하다고 본다.

셋째, 장애 요인 중에서 가장 큰 요소인 환경 변화의 영향을 극복하고 파트너십 선교를 실천할 것인지에 대한 지침이 필요하다는 데 의견을 같이했다.

예를 들면, W사역자가 속한 공동체는 5-6년 전부터 라오스와 중국 사이의 개발 프로젝트를 매개로 복음을 전하고 있었는데 중도에 프로젝트가 취소되면서 이제 막 시작된 사역도 중단 상태가 되었고, 미얀마 북부에서 파트너십을 이루어 사역하고 있는 X는 2020년 미얀마 군정 쿠데타 가운데서도 사역을 계속하고 있는데 사역 지속 방안이 연구되어야 한다.

중국 본토 안에서도 새로운 종교 정책으로 교회 간 협력에 어려움을 겪고 있다. 과거의 모습이 아닌 환경을 극복하고 변화하는 환경에 적응하는 GMCM의 파트너십 선교 방안을 이뤄 가야 한다.

또한, 최근 3년동안 유행하고 있는 코로나 팬데믹이라는 외부 영향으로 이동이 제한되고 진행되던 협력 사역이 중단되고 있는 곳이 많아졌는데 이 역시 극복 방안이 필요하다.

연구 대상자의 일반 사항을 볼 때, GMCM 구성원의 78.4퍼센트가 선교 제한이나 규제 지역에 분포되어 있으므로 외부 상황이 더 어렵게 변할 때도 상황을 극복하고 파트너십 선교를 지속할 수 있도록 연구하고 변화된 방안이 나와야 한다는 평가가 있었다.

이와 같이 일반적 상황에서의 파트너십과는 또 다른 요소가 GMCM에 존재한다는 것을 발견하게 되었다.

4. 요약

GMCM 타문화 동반자 사역의 실제를 파악하기 위해 문헌 연구를 바탕으로 현장 연구를 실시하였다. 통합연구방법을 사용하였으며 현장 조사는 문헌 연구와 포커스 그룹 인터뷰에서 얻어진 결과를 사용하였다.

포커스 그룹 인터뷰는 타문화 선교 관련 8명의 선교 전문가들과 포커스 그룹 인터뷰를 하였고 그 결과로 조사 도구를 개발하여 2차 양적 조사의 설문지 문항으로 사용하였다.

설문 조사 대상은 한국인 선교사로 중국과 네팔, 인도에서 사역하는

GMCM의 동반자인 THN 45명과 기타 지역 20명의 사역자인 65명에게 설문을 의뢰했고 그중 51명의 설문지를 회수했다.

조사 도구로는 네이버 설문 조사 도구를 사용했다. 설문 조사는 6개의 카테고리와 37개의 문항으로 구성되었고 설문 결과의 통계 분석은 SPSS 23.0(Ver)을 이용하였으며, 통계적 유의도는 $p<.05$를 기준으로 검증하였다.

연구 대상자의 일반적 특성을 분석하면 GMCM 파트너십 사역이 이루어지는 주요 지역은 중국과 인근 국가다(74.66%).

설문에 응한 타문화 동반자 사역자들은 동반자 개념, 관계 형성, 요건 등 동반자 사역의 본질을 대체로 잘 이해하고 있었다. 동반자 관계를 형성하려면 사귐을 통한 인격적 신뢰 관계 형성이 중요하다고 응답했으며 이를 위해서 성육신, 십자가 정신, 하나님과 한 가족, 한 마음이 되어야 하고, 사역 이전에 신뢰하는 인격적 관계를 형성하며 문화를 존중하는 가운데 함께 동반자 사역하기를 원했다.

효과적 동반자 선교를 위해서는 영적, 관계적, 물질적, 환경적 요소가 상호 작용한다는 사실을 발견하였다. 그러나 중간 정도의 연구 대상자들은 동반자 선교의 장애 요소를 경험하고 있었다.

문화적 차이와 사역 외형의 격차, 외부 환경의 급변 등이 GMCM 파트너십 사역을 방해한다는 것이 발견되었다. 이를 극복하기 위한 방안으로 상호 간의 체계적 돌봄과 훈련, 지역 연구가 필요하며 아는 것을 실천하기 위해서는 하나님 말씀에 순종함과 성육신적 자세, 성령의 충만함이 필요하다고 답변하였다. 이런 장애 요인들에 대해 변화 유도가 필요하다.

3단계 질적 면담은 2단계 설문 조사 결과를 토대로 핵심 사역자들이 모여 GMCM의 효과적인 동반자 사역 전략을 주제로 집단 면담을 가졌다.

설문에서 나타난 동반자 사역의 장애 요인과 미래 발전을 위한 요소들이 인과 관계에 있음을 발견하였고 이를 해소하고, GMCM의 비전과 사명을 초점으로 한 파트너십 사역 전략을 수립하고 공유할 계획이 필요하다는 데에 의견을 같이하게 되어서 실험 연구를 통해 변화 적용을 시도할 것이다.

제3부

GMCM 타문화 동반자 사역 전략
(CHANGE DYNAMICS)

제3부에서는 GMCM의 타문화 동반자 사역의 변화 과정을 수립하고 동반자 사역 전략을 제시하기로 한다. 변화의 내용은 집중적인 만남을 통해 참가자가 함께 GMCM의 정체성과 사역의 본질을 진단하고 GMCM의 바람직한 동반자 사역 모델을 찾아가는 것이다.

제8장에서는 현장 연구 결과를 적용하여 타문화 동반자 사역에 관한 파일럿 프로젝트(Pilot Project) 연구 설계를 수립하며 이를 실행하기 위한 변화 적용에 필요한 기론들을 연구한다.

제9장에서는 타문화 파트너십 변화를 위한 파일럿 프로젝트를 실행하여 변화를 시도할 것이며 그 결과를 분석하고, 재평가하여 타문화 파트너십 선교의 원형(Prototype)을 얻고자 한다.

제8장

타문화 동반자 사역의 파일럿 프로젝트 연구 설계

제8장에서는 문헌 연구와 현장 연구의 결과물을 가지고 파일럿 프로젝트를 실시하고자 한다. 문헌 연구의 이론들과 현장 연구의 실제를 접목하여 '체인지 다이내믹스'(Change Dymamics, 변화 적용)를 실행할 것이다.

체인지 다이내믹스란 한 기관이나 조직의 취약점을 발견하여 연구 및 실험(Pilot Project)을 거쳐 특정 샘플 프로그램을 개발하는 것이다(박해영, 2021, 205).

이론과 실제를 접목하여 실행하였기 때문에 본 변화 적용 모델은 선교학적이고 현장에 실제적으로 접목할 수 있는 타문화 동반자 사역 전략이 될 것이며, 지속적으로 배가될 수 있는 결과를 산출하여 효과를 입증하게 될 것이다.

또한, 변화를 위한 기초 자료로서 GMCM 동반자 사역 현황과 변화의 필요성을 논의하겠다.

1. 변화 적용을 위한 이론들

GMCM의 파트너십 선교의 변화 적용을 위해 변화 과정의 사회적 기술을 담은 U이론(U Theory)을 주된 이론으로 사용할 것이다. 그 밖에 적응 리더십(Adaptive Leadership), PEST 분석과 긍정 탐구 이론(Appreciative Inquiry)을 부분적으로 사용할 예정이다.

각 이론들의 개요는 다음과 같다.

1) U이론

U이론은 MIT 공대 조직학습센터에서 활동하면서 프리젠싱연구소를 운영하고 있는 오토 샤머 교수의 변화 이론으로, 출현하려는 미래를 인식하고 그것을 현실화하는 과정에 관한 이론과 실천 방법이다(Scharmer, 2014, 9). U이론은 U프로세스라고도 하는데, 변화의 과정이 영어 알파벳 'U자 모양'이라서 붙은 명칭이다.

불확실한 미래는 우리에게 더 깊은 차원의 인류애, 우리 자신의 본질, 우리가 지향하는 사회에 좀 더 다가갈 것을 요구하고 있다. 그러나 사람들이 개인적, 집단적으로 어떤 행동을 할 때 갖는 인식과 관심의 질을 바꾸지 않는 한 행위를 바꿀 수 없으며 다가오는 미래는 인간의 '내면 공간'(Inner Place)을 변화시킬 때 비로소 다가올 미래를 감지하고 느끼고 현실화할 수 있다는 것이다(2014, 14, 36-39).

다가오는 미래를 현실화하기 위한 U프로세스는 그 경로와 단계를 따라 진행해야 한다. 경제학자인 브라이언 아서(Brian Arthur)에 의하면 U프로세스의 3가지 중요한 경로는 다음과 같다.

① U자를 따라 내려가기

'관찰하고 또 관찰하라.'

습관적인 다운로딩을 멈추고 잠재력이 가장 큰 곳 그리고 현상황에서 가장 중요한 곳에 완전히 몰입하라.

② U자의 바닥에 머물기

'반복해서 깊이 생각하면서 내적 깨달음이 찾아들게 하라. 조용한 곳으로 가 깨달음이 찾아 들게 하라.'

보다 깊은 듣기를 통해 얻은 모든 것을 나누고 깊이 생각하면서, 이렇게 자문한다.

어떤 미래를 원하는가?

그것이 앞으로 나아가려는 여정과 어떤 관련이 있는가?

어떻게 하면 과거사에 얽매이지 않고 미래사의 일부가 될 수 있을까?

③ U자를 따라 올라가기

'즉시 행동하라.'

행동하면서 미래를 탐색하라. 원형(prototype)을 개발하라. 원형을 만들면 보다 신속하게 미래를 탐구하는 것이 가능해지고, 모든 이해당사자들로부터 즉시 반응을 이끌어 낼 수 있으며, 지속적으로 아이디어를 만들어 나는 일이 가능해진다(Scharmer and Kaufer, 2014, 42).

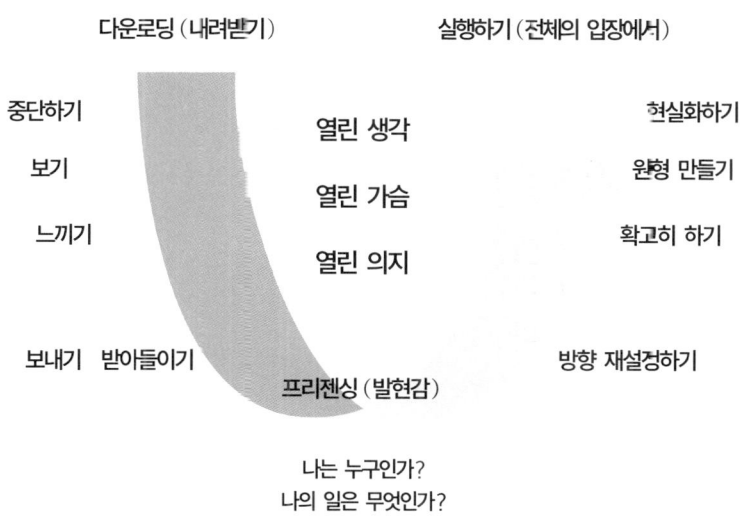

〈그림 5〉 U프로세스의 경로(Scharmer and Kaufer 2014, 43)

다가오는 미래의 현실화라는 U프로세스를 조직이나 집단에 적용하려면 리더가 열린 생각과 열린 가슴 그리고 열린 의지를 갖고 변화를 이뤄 가야 한다.

생각을 열면 낡은 사고 습관에서 벗어날 수 있고, 가슴을 열면 다른 사람의 눈으로 상황을 볼 수 있어 공감대의 폭이 넓어지며 의지를 열면 과거를 내보내고 새로운 것들을 받아들일 수 있게 된다(2014, 43). 즉, 다가오는 미래를 느끼고 반응하려면 먼저 자신의 '내면 공간'이 변화되어야 한다는 것이다.

오토 샤머는 특별히 팀이나 조직에서 집단적인 창의성으로 문제를 해결하려고 할 경우에는 다음과 같은 3단계 한계를 넘어서는 것이 중요하다고 한다.

① 중단하기

오래된 판단 및 사고 습관과 패턴을 중단하는 것이다.

② 방향 재설정하기

다른 사람들의 경험에 귀 기울이며 다양한 관점에서 현실을 바라보고 이해하는 능력을 키우는 것이다.

③ 보내기

침묵의 순간을 거치면서 낡은 자아를 내보내고 새로운 존재 상태에 이르면서 우리가 누구인지, 지금 무엇을 해야 하는지 알 수 있으며 불필요한 짐들을 내려놓으면서 공동의 창조적인 방향으로 행동할 수 있게 된다(2014, 228-29).

GMCM은 집단적 변화가 필요한 시점이기 때문에, 이상 세 단계의 한계를 넘어서서 진정한 정체성과 사명을 발견하는 것이 중요하다고 하겠다. 특히, U이론의 빙산 모델에서 서로 간의 차이를 극복하고 함께 하나 되기 위한 설명 체계를 발견하였다.

샤머 교수의 표현으로는 빙산이 꼭대기 10퍼센트만 수면 위에 떠 있듯이, 현재 드러난 세계의 여러 징후 역시 겉으로 보이는 현실의 일부에 지나지 않으며 크게 '생태적 격차', '사회적 격차', '정신문화적 격차'가 있다는 것이다(2014, 17-18). 이 격차를 줄이는 것이 전체 인류애로 나아갈 수 있는 길이다.

이 중에서 동반자 사역을 위해서는 사회적, 정신문화적 격차를 해소해야 한다. 이를 위해서 자신과 타인 그리고 현재의 자신과 미래의 자신 모습 사이의 간극을 해소해야 한다.

다양한 이해 집단이 다가올 미래 가능성을 감지하고 현실화하기 원하는 리더는 다음의 5가지 과정을 실천해 보는 것도 유익하다(2014, 180).

① **함께 시작하기**
  예를 들면, 잘게 쪼개진 시스템들 내부의 이해관계자들이 공동의 토대를 발견하고 서로 연대하도록 돕는 일

② **함께 느끼기**
  예를 들면, 사람들이 서로 상대방의 입장에 서 보고, 시스템의 주변부에서 시스템을 바라보고, 집단적 감지를 위한 역량을 높이도록 돕는 일

③ **서로 격려하기**
  예를 들면, 숙고의 시간과 침묵의 순간을 통해 사람들이 더 깊숙한 깨달음의 원천에 닿을 수 있도록 돕는 일

④ 함께 만들기
　　직접 원형을 제작해 미래를 탐구하는 일

⑤ 함께 발전하기
　　새로운 것을 더욱 바람직하게 조정하고 유지하는 일

　이상훈은 그의 책 『처치 시프트』(*Church Shift*)에서 U이론을 기독교공동체의 변화를 위한 효과적 변혁 이론으로 제시한다. 그 이유는 자기 이해와 본질에 대한 성찰을 토대로 비전을 새롭게 정립하여 함께 사역적 갱신을 이루어 갈 수 있는 이론이기 때문이다. 저자는 U이론이 적용되기 위한 가장 기본적 요소는 열린 마음(Open Mind), 열린 가슴(Open Heart), 열린 의지(Open Will)라고 한다(이상훈, 2017, 277).
　U이론의 7가지 단계를 요약하면 다음과 같다.

① 과거의 정형화된 패턴을 중지하는(Suspending) 단계다.
② 신선한 안목으로 자신을 보는(Seeing) 단계다.
③ 인식(Sensing)의 단계로서 함께 깊은 대화와 의견을 나누는 과정을 통해 구성원들은 중요한 어떤 것을 공유하는 단계로 진입하게 된다.
④ 자기 자신의 본질을 발견하고 실재화(Presencing)하는 단계다. 여기서 중요한 것은 자기 자신에 대한 정직한 질문을 할 수 있어야 한다는 점이다. '우리는 누구인가', '우리는 무엇을 하고 있는가'를 스스로 묻고 대답하면서 존재 가치와 목적을 재발견한다.
⑤ 비전과 의도를 재설정(Crystalizing)하는 단계다. 본질에 대한 분명

한 인식은 존재의 목적을 선명하게 드러내고 사역의 비전과 의도를 재설정하도록 인도한다.
⑥ 원형화(Prototyping) 단계다. 원형화는 마치 디자인을 하는 과정과 유사하다. 새롭게 설정된 조직의 비전은 다양한 형태로 실험되고 시도되어야 한다.
⑦ 수행(Performing)의 단계다. 원형 작업을 통해 시행된 다양한 시도와 모험을 통해 조직은 비로소 자신이 가지고 있는 비전과 목적을 이루기 위해 집중해야 할 것이 무엇인지 발견하게 된다(이상훈, 2017, 277-79).

2) 적응 리더십(Adaptive Leadership)

2009년 하버드대학교 케네디스쿨 리더십센터의 로널드 하이페츠와 동료 연구자들은 지난 25년간 적응적 변화에 대한 도구와 기술들을 결과를 묶어 『적응 리더십』(Adaptive Leadership)이란 책으로 출간하였다(Hifetz et al. 2012, 8).

적응 리더십이란 직장 생활이나 개인적으로 직면하는 중요한 도전에 대응하는 과정에 대한 접근법이다(2012, 17).

개인이나 조직(기업, 기관)은 과거의 방법으로는 풀리지 않는 적응적 변화나 도전을 만날 수 있는데, 그런 상황에서도 집단적 목적을 향해 사람들을 움직이게 돕는 것을 리더십의 목표로 하고 있다.

단기적으로 리더십의 핵심은 사람들을 그들의 적응적 도전에 맞서 움직이게 하는 것이다. 그러나 시간이 지남에 따라 이것들이 조직의 적응력을 형성하고, 세상의 계속되는 적응적 도전에 대응할 수 있도록 새로운 기준을 만드는 과정을 촉진한다(2012, 33).

적응 리더십은 과학적 배경을 가지고 있다. 사람들이 거센 도전에 맞서 번성할 수 있도록 도구와 방법을 제시하는 것으로서, 여기서 '번성한다'(thriving)라는 개념은 진화생물학에서 나온 말이다.

또한, 적응 리더십은 세계화와 상호 의존 시대에 필요한 리더십 이론이라고 할 수 있다.

21세기로 접어들면서 세계화된 세상의 일원으로서 경쟁과 협동을 위한 상호 의존의 시대에 지속 가능한 세상을 만들기 위해 더 나은 방법을 찾아야 하는 과제가 뒤따른다.

때로는 가장 중요하다고 여기는 가치와 역량을 보존하기 위해 혁신해야 하는 도전도 받게 될 것이다. 이런 시기에는 새롭고도 더욱 적응적인 해결책을 가지고 문제를 처리해야 한다(2012, 17). 그러므로 적응 리더십은 리더가 현장에서 상황을 점검하고 거센 도전 속에서도 번성하는 데에 필요한 리더십 이론이다.

적응 리더십의 과제는 변화하는 환경에서 번성하기 위한 조직의 적응력을 만들어 내기 위한 혁신이고 실천을 통해 배우며, 또한 다른 것을 시도해 보는 반복적 과정이다. 이는 자신이 속한 시스템과 자기 자신에 대한 진단과 행동을 통해 발휘된다. 이때 도전에 대응하는 접근법의 개념, 도구, 방법, 실례를 리더십의 내용으로 한다(2012, 6, 21, 40).

이런 과학적, 철학적 바탕 위에 다음의 이론이 세워졌다(2012, 30-32).

① 적응 리더십은 번성하는 능력을 가능케 하는 변화에 관한 것이다.
② 성공적인 적응적 변화는 과거를 버리는 것이 아니라 그것을 기반으로 한다.
③ 조직의 적응은 실험을 거친다.
④ 적응은 다양성을 필요로 한다.
⑤ 적응에는 시간이 걸린다.

적응 리더십을 실행하려면 다음 3가지 주요 활동을 반복하게 된다.

① 자신을 둘러싼 사건과 패턴의 관찰
② 관찰한 것의 해석(실제로 일어나고 있는 것에 대한 다양한 가설 전개)
③ 자신이 규정한 적응적 도전을 제기하기 위해 관찰하고 해석한 것을 바탕으로 한 간섭(중재 또는 개입)의 계획이며, 각각의 활동은 그 전에 오는 것들에 기반을 둔다. 그리고 전체적인 과정은 반복된다. 반복적으로 관찰, 해석, 간섭 등을 개선한다(2012, 51).

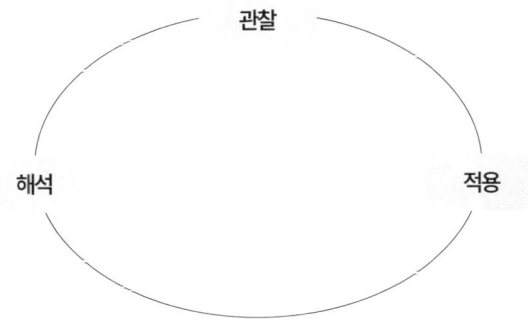

〈그림 6〉 적응 리더십 과정(Hifetz et al., 2012, 52)

적응적 도전을 해결하는 단계는 진단과 행동으로 나눌 수 있다. 먼저, 시스템을 진단하고, 시스템을 동원하며, 자신을 시스템으로 보고 자신을 효율적으로 활용하는 것이다.

시스템을 동원할 때는 해석을 해야 하는데 사람들은 적용적인 해석보다는 기술적인 해석에, 대립적인 해석보다는 무난한 해석에, 시스템 적인 해석보다는 개인적인 해석에 자연스럽게 끌린다.

이 같은 조직원들의 방식을 파악하고 지적하면서 워킹 그룹, 조직, 공동체에서 다양한 해석을 도출해야 한다(2012, 156, 161). 이때 리더는 효과적 중재안을 구상하고 고안해야 하는데, 이것은 다음 7단계로 진행할 수 있다(2012, 166-73).

- **1단계**: 발코니로 가라. 주변에 무슨 일이 일어나는지를 관찰하고 행동을 취할 때도 상황을 진단하는 자세를 유지하라. 자신의 정보, 타인의 중재안을 최대한 자주 보고받으라.
- **2단계**: 시스템에서 문제가 무르익었는지를 결정하라. 문제가 무르익는 것은 중재 전략을 기획하는 데 매우 중요한 요소다.
- **3단계**: 다음 사항을 물어라.
    이 그림에서 나는 누구인가?
    역할과 관점을 어떻게 피력할지 정하라. 일관성보다는 다양성을 가지라.
- **4단계**: 당신의 구성을 치밀하게 생각하라.
- **5단계**: 일관성을 유지하라. 일관성을 유지하는 것은 곧 균형 잡힌 경청을 하는 침묵이다. 침묵은 그 자체로 중재다. 중재안을

만들 때, 아이디어는 스스로 시스템을 통해 길을 만들어 간다는 것을 기억하라.
- **6단계**: 부각되기 시작하는 사람의 무리를 분석하라.
- **7단계**: 사람들이 계속해서 일에 관심 갖게 하라.

GMCM의 구성원들은 여러 문화권에 있고 제한 지역에서 사역한다. 그래서 자주 적응적 도전을 만날 수 있다. 이에 적응 리더십이 도전을 해결하는 방식인 시스템 동원하기와 자신을 효율적으로 활용하는 방안을 변화 적용 단계에서 사용할 것이다.

3) PEST 분석 이론

PEST 분석(Political, Economic, Social and Technological Analysis)은 기업이나 조직의 거시환경분석을 위한 틀로서 1964년쯤 프랜시스 아길라르가 고안한 것으로 알려져 있다.

일부 학자들은 이 내용에 법적(Legal) 특성을 추가하여 SLEPT로 부르기도 하며, 환경(Environmental) 분야를 추가하여 PESTEL 혹은 PESLE로 칭하며 영국에서 통용된다(위키백과, s.v. "PEST 분석"). PSET 분석의 프레임 워크는 외부 환경 분석을 위한 틀로 정치, 경제, 사회, 기술의 앞글자로 구성되었다.

이 이론을 적용하는 이유는 GMCM의 구성원 중 다수는 제한과 규제가 심한 지역에 있기 때문에 외부 영향으로 파트너십 선교가 위축될 때 구성원들 지역의 정치, 경제, 사회 상황을 분석하여 변화에 적용하기 위해서다.

PEST 분석의 주요 4요소 + 법적, 환경적 추가 2요소를 살펴보면 다음과 같다.

- 정치적(Political) 요소: 정부가 경제에 간섭하는 정도다. 특별 하게는 세금, 노동법, 무역 제재, 환경법, 관세, 정치적 안정성 등을 포괄한다. 국가적 차원에서 중앙 정부가 보건, 교육, 인프라 구축 등에 끼치는 영향을 고려한다.
- 경제적(Economic) 요소: 경제 성장률, 금리, 환율, 인플레이션 정도 등을 포함한다. 이러한 요소는 경제 주체(기업)가 의사 결정을 내리는 데 막대한 영향을 끼친다.
- 사회적(Social) 요소: 문화적 요소와 보건 인지도, 인구 성장률, 연령대 분포, 직업 태도, 안전 관련 요소 등이 포함된다.
- 기술적(Technological) 요소: 연구 개발(R&D) 활동, 자동화, 기술 관련 인센티브, 기술 혁신 등을 포함한다. 위 요소는 진입 장벽, 최소 효용 생산 수, 아웃소싱 등에 영향을 미친다. 기술적 요소는 기술 투자와 품질, 비용 및 혁신에도 영향을 끼치는 요소다.
- 법적(Legal) 요소: 차별법, 소비자법, 고용법, 독점금지법 등을 포함한다(강동현, 2022, 비즈니스 프레임워크).
- 환경적(Environmental) 요소: 생태학적, 환경적 요소로 날씨, 기후, 기후변화 등을 포함한다. 흔히 SWAT 분석의 기회(Opportunities)와 위협(Threats) 요인을 분석할 때 함께 사용하기도 한다(위키백과, s.v. "Environmental").

4) 긍정 탐구 변화 이론

긍정 탐구 변화 이론(Appreciative Inquiry)은 1980년 미국의 가장 인정받는 의료센터 중 하나인 케이스웨스턴리저브대학교(Case Western Reserve University) 박사 과정 학생으로서 의사 리더십 연구에 참여했던 데이비드 쿠퍼라이더(David Cooperrider)의 실험에 기초를 두고 있다.

그 후 2,000년대까지 의료계를 비롯한 여러 분야에서 활용되고 발전하였다(CoghlanHallie, 2003, 7).

긍정 탐구 변화 이론은 개인과 조직의 경험 중에서 문제점보다는 장점을 소중히 여기고 긍정적으로 생각하는 변화 접근 방법이다.

변화를 접근하는 방법은 조직이 경험한 변화를 기술해 보고 문제점이나 결핍된 것에 집중하는 방식이 있고, 근본적 원인이 무엇인지 생각하고 수정하기 위한 변화도 있을 수 있으며, 문제 해결을 위한 솔루션 위주로 접근할 수도 있다.

긍정 탐구 변화 이론은 조직이 현재 가지고 있는 결함과 약점에 집중하여 그것을 개선하기 위한 전통적인 문제 해결 방법을 사용하는 것이 아닌, 조직이 과거로부터 현재까지 보유하고 있는 강점과 성공 요소에 집중하여 조직이 처해 있는 문제를 긍정적으로 해결해 보고자 하는 변화 관리 기법이다(ShinSeon, 2022, 강의).

기본적으로 강점 위주의 변화로서 조직과 사역의 강점을 최대한으로 더 강점화시키는 데 투자하고 그런 의미로 변화를 추구해야 된다는 이론으로서 조직과 개인에게 다 적용될 수 있다.

긍정 탐구란 조직의 가치를 탐구하고 발견하는 행동이다. 새로운 잠재성과 가능성을 보는 것에 열려 있는 것을 말한다. 인간 조직에 대한 깊은 지식이 밝혀지는 여정이고, 시스템의 최고 미래를 함께 만들어 가기 위해서 시스템에 대한 깊이 있는 이해를 통해 조직이 잘 관리되게 하는 변화 이론이다.

변화의 과정은 구성원이 함께 협력하고 사람들이 적극적으로 참여하며 나중에는 전 시스템이 변화되는 접근 방법이다. 시스템이 최고로 잘 작동할 때 생명과 탁월성을 가져오는 가장 강력한 힘이 무엇인지를 찾아서 더 개선되는 방법을 사용하는 것이다. 다음은 그 구체적인 탐구 방법이다.

① 조직에서 중요한 경험을 기술하십시오.
② 자신에 대해 가장 소중하게 생각하는 것은 무엇입니까?
③ 조직에 생명력을 불어넣는 핵심 요소는 무엇입니까?
　어떤 조직이 더 이상 존재하지 않게 될까요?
④ 당신의 건강과 활력을 향상시키기 위해 당신이 바라는 세 가지 소원은 무엇입니까?

이런 질문을 통해 조직이나 개인의 강점을 탐구하는 것이다. 긍정 탐구는 구성주의, 동시성, 은유, 예측, 긍정성, 전체성, 실행, 자유 선택의 8가지 원칙을 가지고 있으며 조직 구성원에게 긍정 탐구를 소개하고 실행할 때 유연하게 사용한다.

긍정 탐구 변화는 4-D모델과 프로세스를 응용할 수 있다. 여기서 4-D는 다음과 같다.

① Discovery(발굴: 강점의 발견)
② Dream(꿈꾸기: 미래에 대한 비전 구상)
③ Design(디자인하기: 가치와 이상에 대한 형태 부여)
④ Destiny(실현하기: 자발적 행동 및 유연한 실행)의 약어(Whitney and Trosten-Bloom, 2014, 34)

이 네 개의 과정을 통해 원하는 목표에 도달하는 것이다. 이 과정은 반복적으로 일어날 수 있다.

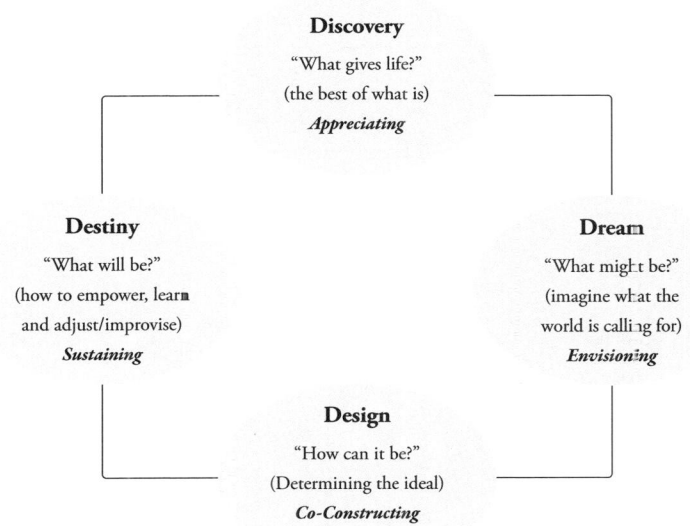

⟨ 그림 7 ⟩ APPRECIATIVE INQUIRY 4-D Model(Cooperrider D., 2003, 30)

2. GMCM동반자 사역과 변화 필요성

GMCM은 Z국과 Z국 주변 국가의 선교사, 교회, 선교회가 연합해서 선교공동체를 이루고 전방 개척하고자 협력하는 단체로, 2000년부터 부분적으로 협력하다가 2018년 9월 설립되었다.

지역 혹은 민족	리더십	교회, 공동체 수
동북아	70	43
K국(한국인)	19	7
MNH(해외 화교)	3	2
G(조지아)	7	3
NH지역	3	6
9개국 47개 지역	102	61

〈표 11〉 GMCM 현황표(2021)

▶ 사역 분야
- 지역 교회 개척, 신학 교육, 선교공동체 운동
- 리더십 훈련, 개척자 훈련 네트워킹
- 현지 탐방 및 정착
- 지원

제7장 현장 조사 결과에 의하면 동반자 사역이란 어떤 새로운 선교 방법이 아닌 성경과 선교 이론 그리고 실제 선교 상황에서 필요로 하는 선교의 기초가 된다는 것을 발견하였다.

파트너십 선교란 관계, 정신, 태도와 관련이 있다. 또한, GMCM 구성원들은 파트너십 상호 관계에서 인격적 신뢰 관계를 형성하고 자기부인, 겸손, 상호 의존과 책임, 문화 이해, 소통, 등등함과 하나 됨이라는 성육신적 성품과 사역이 더욱 요구된다는 것을 발견했다.

GMCM 파트너십 선교는 구체적으로 다음과 같이 변화할 필요성이 있다.

첫째, 하나님과 다른 사람과 연합하고 협력하려는 겸손과 희생과 섬김을 성찰하고, 상호 신뢰의 깊은 공감대가 형성되어야 한다. 안 되는 부분을 성령의 도우심으로 회개해야 한다.

둘째, 힘과 권위의 문제이다. 구성원 일부가 주도하는 관계가 아닌 상호 의존하는 대등한 관계, 계층적 관계가 아닌, 서로 네트워크를 이루는 방사형 관계가 되어야 한다.

셋째, 타문화 사역자 간에 상대방의 문화를 존중하며 하나 됨을 추구하기 위한 의사소통 방법과 기술을 습득해야 한다.

넷째, GMCM 타문화 동반자 사역자 사이에서 상호 책임의 협력 문화를 훈련해야 한다.

이를 개선하기 위해서는 진리와 성령 안에서 자신과 공동체를 성찰하는 가운데 서로의 문화를 더욱 이해하고 문화 간 의사소통 방법을 익히는 것이 필요하므로 파일럿 프로젝트를 통해 변화를 시도하기로 한다.

1) 이해 관계자

본 변화 적용에 관계된 사람들(Steak Holders)은 GMCM의 47개 지역을 대표하는 15명의 멘토(Mento)와 61명의 핵심 사역자 그룹(facilitators), 리더십들, 지역 사역자들이다. 각자의 필요와 역할은 다음과 같다.

① **멘토(Mento)**

파트너십 선교를 강화할 방안을 얻기 원한다. 이들은 프로젝트의 예산을 심의, 결재하고 출연한다.

② **핵심 사역자 그룹(Facilitators)**

자신의 사역지가 사역적, 관계적으로 공고해지고 GMCM과 연합해서 세계 선교에 동참하기 원한다. 이들은 프로젝트의 장소를 제공하고 소그룹을 인도하는 강의 요원이며, 프로젝트를 실행할 간사 등의 인적 자원도 제공한다.

핵심 사역자 중 일부는 바쁜 사역으로 시간을 내기 어렵다. 그래서 주로 단기적 효과를 기대하고 있기 때문에 '다가오는 미래를 현실화' 하는 변화에 대해 생소하거나 추상적인 일로 여기고 있어서 설득이 필요하다. 파일럿 스터디 시작 단계에서 시간이 많이 필요할 것으로 여겨진다.

③ 쭈우(Zu) 지역[1]의 KH 교회 리더십

이번 프로젝트에 대해 원론적으로는 찬성하지만 걱정도 한다. 이 사역은 몇 주간 동안 적은 인원과 함께 변화를 시도해 보는 것이고, 변화가 잘 이루어지면 참가자들이 파트너십 역량을 더 갖추게 되어 자립적으로 부흥·발전하게 될 것이라고 설득하였고, 시도해 보기로 하였다.

2) 연구 대상자

(1) 동북아 MF, ZU 지역 사역자들

동북아 MF와 ZU 지역 사역자들(Ministers)은 약한 지점(Soft Spot)이다. 이 지역 사역자들은 구성원 중에 취약하고 수용적인 그룹을 지칭한다.

현장 연구의 3단계 집단 면담에서 점검한 결과, GMCM 내의 소프트 스팟은 동반자 사역의 자원은 풍부하나 동반자 관계를 맺는 데 소극적인 동북아 Mf, Zu 지역의 교회 사역자 15명으로 선정되었다.

---

1 쭈우 지역은 동남부에 위치한 대도시다.

번호	이름 (성별/나이)	사역 기간과 은사
1	Hanna (여/55)	14년. 목회, 다스림, 차세대 양성
2	Phebe (여/42)	10년. 개척, 가르침
3	David (남/39)	16년. 목회, 순종, 십자가 정신
4	John (남38)	7년. 섬김, 가르침
5	Andrew (남40)	15년. 지혜, 타문화 선교, 훈련
6	Oce (남/35)	13년. 설교, 섬김 봉사, 격려자, 제자 훈련
7	Josh (남/37)	15년. 개척, 능력 사역, 다스림
8	Luke (남/65)	17년. 전도. 개척. 가르침
9	Tim (남/54)	24년. 목회, 가르침, 섬김, 희생
10	Peter (남/50)	21년. 목회, 타문화 선교, 신유, 지도력
11	Dev (여/49)	24년. 개척, 타문화 선교, 양육
12	Esther (여/50)	19년. 다스림, 설교와 양육, 찬양
13	Ross (남/39)	8년. 가르침, 믿음, 순종
14	M (여/52)	28년. 개척, 타문화 선교, 가르침, 코칭
15	Jay (남/43)	28년. 목양, 지혜, 다스림

〈 표 12 〉 파일럿 프로젝트 참가자

* 참가자들은 연구자와 7년에서 28년까지 협력 사역하였으며 14개 지역에서 사역하고 있다.

3. 요약

본 장에서는 타문화 파트너십 변화를 위한 파일럿 프로젝트 실행 계획과 변화 이론을 논의했다. GMCM의 동반자 사역 변화 적용을 위한 이론으로서는 변화 과정의 사회적 기술을 담은 U이론을 주된 이론으로 사용할 것이며, 그중에서 본질에 다가가는 실재화, 규범화, 원형 개발, 실행 단계를 참고로 하여 실행하게 될 것이다.

그 밖에 적응 리더십, PEST 분석과 긍정 탐구 이론을 부분적으로 사용할 예정이다.

파일럿 프로젝트 실행에 앞서 GMCM의 동반자 사역 현황과 다섯 가지 변화 필요성을 진단하였다. 파일럿 프로젝트를 통해 GMCM의 정체성과 사역의 본질을 진단하고 GMCM의 바람직한 동반자 사역 전략 모델을 발견하기를 기대한다.

본 변화 적용에 관계될 이해 관계자는 GMCM의 47개 지역을 대표하는 15명의 멘토와 52명의 핵심 사역자 그룹 그리고 동북아 Mf, Zu 지역의 사역자들이다.

사역자 그룹은 파트너십 선교를 강화할 방안을 얻기 원하고 멘토 그룹은 각국에 흩어진 다문화팀에게 가시적인 협력 결과가 있기를 바라고 있다.

이해 관계자들 사이에 이견을 좁히고 전략 적용에 참여하게 하는 것은 멘토들의 역할이며 약한 곳을 섬기기 위해 핵심 사역자들이 퍼실리테이터로 참가하게 될 것이다. 6개월 동안 공식적, 비공식적 만남을 통해 변화 적용과 점검 활동에 참가하게 될 것이다.

제9장

타문화 파트너십 변화를 위한 실험 연구:
PILOT PROJECT

　제9장에서는 GMCM의 타문화 동반자들의 협력 문화와 사역의 변화를 위한 파일럿 프로젝트를 실시할 것이다.

　문헌 연구의 이론들과 현장 연구의 실제를 접목하여 변화 적용을 실행하기 때문에 본 변화 적용 모델은 선교학적이고 현장에 실제적으로 접목할 수 있는 타문화 동반자 사역 전략이 될 것이며 지속적으로 배가 될 수 있는 결과를 산출하여 효과를 입증하게 될 것이다.

　이에 제9장에서는 파일럿 프로젝트의 개요와 목표, 계획표, 방법, 실행 단계, 예상되는 결과와 점검 방법을 다루게 될 것이다.

1. 개요

본 프로젝트는 타문화 선교공동체 운동인 GMCM의 동반자 관계와 사역의 변화를 유도하기 위한 것이다.

제6장의 현장 연구 결과를 보면 타문화 동반자 사역자들은 삶과 관계와 사역 면에서 변화할 부분이 나타났다. 이를 프로젝트 목표로 정하고 오토 샤머의 U이론을 중심으로 하여 U프로세스 과정을 따라 변화의 5단계를 설정하고 변화를 시도하기로 한다. 단계별 목표는 다음과 같다.

① 자신의 삶과 사역의 본질 되찾기
② 전체 관계의 변화를 위해 대화와 성찰을 통해 공감대 형성하기
③ 예수 그리스도의 성육신 원리를 적용하여 서로의 문화를 이해하고 의사소통 기술 훈련하기
④ GMCM의 다가오는 미래 비전과 목표를 함께 규정하기를 통해 타문화 파트너십 동반자 관계와 사역을 위한 원형(Prototype)을 전략으로 제시하기

일반적으로 전략은 목표 달성을 위해 총제적 상황을 정리, 분석하고 장단기적 대책과 목표 달성을 위한 방법들을 강구하는 것을 의미한다 (김성태, 2006, 18).

변화 대상은 동북아시아 MF, ZU 지역 15명의 사역자들이며 변화 내용은 현재의 동반자 정신, 관계와 사역을 진단하고 바람직한 선교 동반자 관계와 사역 모델을 함께 찾는 것이다.

이를 위한 단계는 다음과 같다.

① 전인격적 신뢰 관계 형성
② 생각과 마음을 열어 자신과 관계와 사역의 본질을 파악하고 실재화
③ 타문화권 파트너십 이해와 훈련
④ 성육신적 태도로 서로의 문화를 이해하고 소통하기
⑤ GMCM 파트너십 비전과 목표와 사역을 새로 확정
⑥ 작은 원형을 만들어 실행하기

그리고 미래에 이루어질 삶과 사역의 비전과 의도를 규정한 후, 효과적 동반자 관계를 위한 GMCM 타문화 파트너십(Cross-Cultural Partnership) 사역을 디자인하고 실행에 옮긴다.

파일럿 프로젝트 기간은 2022년 5월부터 6개월 동안 12회 만남 그리고 실험 연구와 결과를 점검하는 두 번의 피드백 과정을 거친다. 실행 방법은 퍼실리테이션 방법을 사용하여 3명의 퍼실리테이터가 참가자들과 함께 변화를 촉진한다.

매회 모임의 활동은 함께함, 예배, 각 단계 주제 소개, 대화와 성찰 나눔과 돌봄, 코칭 소그룹, 과제 등 7개 영역이다. 진행 형식은 두 개의 그룹으로 나눠 주1회 그룹 스터디 형식으로 모이고, 1회 모임에 5시간 정도가 소요되었다. ZU 지역 7명은 현장에서 진행했고 거리가 먼 MF 지역 6명은 화상 회의 방식으로 진행한다.

2. 목표

① 동반적 삶과 사역의 속성을 안다.
② 성육신 원리에 따른 동반자 관계의 요소를 배운다.
③ 타문화 파트너십을 위해 서로의 문화를 이해하고 문화 간 소통 방법을 익힌다.
④ 함께 GMCM 비전과 목적(Intention) 및 사역을 재설정한다.
⑤ 타문화 동반자 사역 모델의 원형을 만든다.

Session	회차	변화 주제	실행			진행자
1. 하나 됨과 신뢰 형성	1	타문화 사역 파트너들의 공감대 형성	관계자, 진행자 모임			Y퍼실
	2		오리엔테이션-과정 소개			S퍼실
	3		동반자 정신, 관계의 개념			함께
2. 삶과 사역의 본질에 다가가기	4	동반자 관계와 사역 성찰	삶과 사역의 본질 찾아가기 개인적 디브리핑(debriefing)			함께
	5		관계의 변화('나'에서 '우리'로)			함께
	6		서로 다른 문화를 가진 동반자들의 관계			함께
3. 상호 문화 이해와 의사소통	7-9	동반자들의 의사소통	7. 성육신적 동반자들	8. 수신자 중심 의사소통 원리 문화 내 의사소통	9. 타문화 파트너십 의사소통 기술	함께
						함께
4. 우리의 사명	10	비전과 사역 새롭게 하기 (Crystalizing)	GMCM 비전과 사역 정하기 -왕국 기반 파트너십 (과거의 비전과 사명선언문 비교, 나눔) 새로운 형태의 리더십과 구조를 토의함.			함께
	11					함께
5. 타문화 동반자 사역 전략	12	타문화 동반자 사역 디자인 (Prototype)	'타문화 동반자 사역 전략' 원형 만들기 (U이론 Toolkit 9단계를 사용하여 실시함)			함께

〈 표 13 〉 프로젝트명: BIHEJIAN[1] JOURNEY / 표어: 처음으로, 본질로, 서로 함께

---

1 서로 사랑하고 하나 되어 증거하자는 뜻이며 요한복음 17장 23절을 담고 있다.

진행 순서	목표	내용
1. 함께함	하나 됨을 확인하고 서로를 이해하는 시간	- 서로 알아 가기 - '하나 됨'의 힘
2. 예배	변화의 주도자는 하나님	[찬양, 말씀, 기도] 2인 1조로 준비하며 BIHEJIAN(BHJ) 여정과 전체 참가자를 위해 기도한다. '대계명'과 '대사명' – 요 17:23
3. 주제 소개	관계자, 진행자 모임	'함께함' 세션의 첫 번째 모임으로서 관계자, 진행자들이 서로를 알고 '하나 됨'의 열망을 갖는 시간이다. 또한, 진행자의 역할 및 각 과의 진행 순서와 방법을 숙지하여 원활한 모임이 되게 하며 필요한 세 가지 기술을 익힐 것이다.
4. 강의	변화에 도움을 주는 자료 제시	① 각 과 진행 순서와 방법 소개 ② 주제 토크, 퍼실리테이션, 소그룹 코칭 ③ 듣기와 대화 5단계 방법 나눔
5. 코칭 소그룹	성찰과 대화, 나눔과 돌봄	사역과 지역 소개 소그룹에서 강의에서 배운 것을 실천해 봄 함께 기도로 마침
6. 과제	[묵상, 독서] 요 14–21장 2번 읽고 느낀 점 쓰기	[저널링] 친구 알기, 강의 노트, 묵상 노트
7. 기타 활동	장소 데코, 간식 준비 순서 정하기	

〈 표 14 〉 실행 내용(범례)
Meeting 1: 관계자, 진행자 모임 [변화 주제: 하나 됨과 신뢰 형성]

이상은 제1회 모임의 진행 순서이며 전체 12회 모임의 세부 내용은 "부록B"에 첨부되어 있다.

3. 결과 분석

매회 모임의 진행자와 코치들을 통해 프로젝트 진행 상황과 과제를 점검하며 5개의 각 세션(Session)을 마칠 때마다 진행자 회의를 통해 참가자들이 반응과 관계, 변화 과정을 관찰하고 조정한다.

파일럿 프로젝트가 마쳐진 후에는 원형에서 발견된 개선할 점을 피드백하고 분석, 보완한 후 '타문화 동반자 사역자들의 파트너십 모델'(Cross-Cultural Partnership Model)을 만든다.

4. 방법

파일럿 검토 전략(Pilot Study)의 실행 방법은 퍼실리테이션(Facilitation)과 코칭(Coaching) 기법을 사용하기로 한다.

퍼실리테이션이란 어떤 목표를 달성하기 위한 활동을 촉진하고 쉽게 하는 기술을 말하며(카-키, 2019, 27) 퍼실리테이터는 자신의 의견을 주장하지 않으면서 다양한 의견을 촉진하고 정리해서 결과를 수렴한다.

또한, 소그룹 모임에서는 코칭 기법을 사용할 것이다. 코칭이란 피코치(Coachee)를 한 사람의 전문가로, 대등한 파트너로 여기고 그의 목표가 성취되도록 돕는 것이다.

그러므로 코치란 사랑의 하나님이 사람들을 품고, 들어주고, 깨닫게 하시는 것과 같이 피코치(Coachee)를 대하는 사람, 보혜사 성령님께서 우리 마음을 위로하고 감찰하시며 예수 그리스도의 말씀이 생각나게 하고, 깨닫도록 인도하시는 것처럼 코칭을 인도하는 사람이다(장성배, 2016, 344).

이런 코칭 기법은 교회를 개척하고 사역을 개척할 때도 중요한데 성공적인 개척을 위해서는 교회들 간의 연합과 협력에 힘쓰고 실제적 도움을 줄 수 있는 네트워크가 지역별, 교단별로 형성될 필요가 있다. 또한, 목회적 멘토링과 코칭이 지속적으로 제공될 수 있어야 한다(이상훈, 2017, 215-16).

본 실험 연구에서 소그룹 코치들은 이런 역할을 하게 될 것이다. 소그룹이 마쳐지면 퍼실리테이터와 코치들은 회고(Reflectiion)하는 시간을 갖게 될 것이다. '진행 시간'을 확인하고, 적절한 방법과 도구를 썼는지 '전체 프로세스를 리뷰'하며, '참여자들의 피드백'을 확인하는 것이다. 이 과정을 통해 같은 실수를 반복하지 않도록 돌아보는 기회를 가지게 될 것이다(박진, 2020, 245-46).

필자는 전체 실험 연구에서 참여 관찰자로 참여하게 될 것이다. 참여 관찰자는 일반 참여자와 몇 가지의 차이를 가지고 있다. 필자는 그중에서 내부자(Insider)이면서 동시에 외부자(Outsider)로서의 경험, 기록자의 특성을 가지고 참여하게 될 것이다(Spradley, 2009, 72).

5. 실행

GMCM의 타문화 사역자들의 동반 사역의 변화를 위한 파일럿 프로젝트는 주로 U-Process 4-7단계를 참고하여 실행했다.

2022년 5월부터 6개월간 5단계로 진행된 실험 과정은 다음과 같다.

첫 번째 세션(Session)은 타문화 동반자 사역자들이 서로 공감대를 갖고 신뢰를 형성하는 단계다.

두 번째 세션은 그동안 습관적으로 답습하던 사역 태도를 지양하고 삶, 사역, 관계의 진정한 본질에 다가가는 단계인데 동반자 관계와 사역을 성찰하여 개인에서 전체로 관계 변화를 시도하였다.

세 번째 세션은 동반자 관계의 장애 요인인 상호 간의 문화 차이를 극복하며 의사소통하는 단계다.

네 번째 세션은 전체가 하나 되면서 개인과 GMCM의 비전과 사역을 새롭게 규정하는 과정이다.

다섯 번째 세션은 모아진 비전과 사역을 토대로 효과적인 타문화 동반자 사역 전략을 수립하여 타문화 동반자 사역의 원형(Prototype)을 제시하는 과정이다.

각 세션에서 세부적으로 두세 번의 모임을 가졌으며, 전체 12번의 만남을 통해 변화를 유도하고 나머지 3개월은 만든 원형을 점검하였다.
실험 연구의 매회 세부 방안은 "부록 B"에 첨부하였다.

1) 1단계: 프로젝트 준비 회의 – 공감대와 신뢰 형성

파일럿 프로젝트를 시작하기 위해 연구 대상자(MF와 ZU시 사역자들)와 멘토는 퍼실(Facilitator) 모임을 갖고 공동체 식사를 하면서 과정의 목표 및 일정을 나눴다. 평소에는 사역을 위해 정기적으로 이런 모임을 갖지만 이번에는 동반자 관계의 변화를 위해 12주간 동안 특별히 모이기로 했다.

다같이 요한복음 17장 17-23절을 묵상하면서 예수 그리스도를 증거함에 있어 하나 됨과 연합이 왜 중요한지와 대사명을 수행하려면 먼저 대계명에 순종해야 함에 관해 나눴다. 이 시간은 관계자, 진행자들이 서로를 알고 '하나 됨'의 열망을 갖는 시간이다.

또한, 진행자의 역할 및 각 과의 진행 순서와 방법을 숙지하였고 그룹의 대화를 촉진하기 위해 필요한 토크, 퍼실리테이션, 코칭 기술을 간단히 익혔다. 그러나 그동안 일방적인 소통에 익숙하기 때문에 단번에 잘 되지는 않는다.

두 번째 시간은 참가자도 다 같이 모이는 오리엔테이션 시간으로서 GMCM의 역사를 회고하면서 변화의 필요성과 변화 프로젝트 전체 과정을 소개하였다. 이 시간을 통해서 그동안 다른 동역자들과 전체 협력 사역에 대한 자신의 태도를 성찰하였다. 3회차 때는 파트너십의 성경적 근거와 현실적 필요성에 대한 의견을 나눴다.

특히, S 퍼실이 인도한 소그룹에서 H는 두세 명에게 이제까지는 각자의 삶과 사역에 바빴을 뿐 GMCM 구성원과 동반자 의식이 희박했다는 것을 솔직히 인정하면서, 함께 사역을 했을 뿐 진정으로 한 몸으로 여기지 못했다는 고백을 했다.

동반자 정신이 취약하다는 것은 나눔을 하는 가운데도 드러났다. 정보와 인적 물적 자원을 많이 가진 회원이 말을 많이 하고 자신감을 가지고 주도하고 있는 분위기가 느껴졌다. 어떤 지역이나 선교 활동은 정보와 자원이 넘치는데 어떤 사역은 몇 년째 인적 자원이 부족하다.

예를 들면, 엔드류(Andrew)나 조시(Josh)는 코로나 기간 중에도 큰 무리 없이 예배가 진행되었다고 말한다. 줌(Zoom) 화상 회의의 연간 계정을 샀기 때문이다. 어떤 사역자가 꽤 부러워하면서 방법을 알고 싶어 했지만 앞의 두 사람은 적극적으로 도우려는 기색 없이 대화가 끝났다.

새로운 과정을 위해 자주 만나지 못하던 사람도 만났고, 그동안 주로 듣기만 했고 이렇게 대화하는 것이 익숙하지 않아서 아직 한 사람은 말하고 다른 사람은 주로 듣는 편이었다.

특히, 두 명의 한국인은 그동안 뒤에서 돕는 사역으로만 참여하다가 타문화 사이의 관계 형성을 위한 과정에 참석해서 그런지 대화의 주제와 자신들이 동떨어진 느낌을 받는 것 같았다.

한국과 중국은 같은 아시아권이지만 단일 문화권인 한국과 56개의 민족이 함께 사는 곳의 문화와 분위기는 매우 다르다는 것을 피부로 느끼는 것 같았다. 선교지에 따라 다르겠지만 한국 선교사들은 현지인들로부터 끼리끼리 어울린다는 평을 자주 듣는다고 한다.

이는 현지 사역자들과의 갈등뿐만 아니라 언어 습득에도 지장을 초래하여 현지인과 깊은 관계를 맺지 못하게 한다(박선기, 2021 173). 사랑하고 신뢰하는 동반자 관계를 맺기 위해서는 서도에 대한 이해가 깊어져야 할 것 같다.

2) 2단계: 삶과 사역, 관계의 본질에 다가가기

실행 2단계는 삶과 사역, 관계의 본질에 다가가기(Presencing)로 U이론에서 4단계에 해당된다.

첫 시간에는 예배와 기도 후 4단계 과정인 '자신과 사역의 본질에 다가가기' 시간을 보내면서 디모데전서 4장과 6장을 묵상한 후, 자신의 사역을 디브리핑(Debriefing)하였다. 이때 16개의 성찰 질문을 가지고 이런 주제로 성찰했다.

나와 나의 사역은 무엇인가?(Who is myself? What is my work?)

이어지는 4, 5회 모임에서는 긴밀한 동반자가 되기 위한 '자신의 변화', '관계의 변화', '새로운 리더십, 구조'의 본질을 발견하고 실재화하기로 했다.

참가자들은 묵상하고, 강의를 들은 후 자기 삶의 현실과 성경의 기준에는 큰 격차가 있고, 미래 가능성과 현재 사역에도 큰 격차가 존재한다는 것을 알게 되었다. 예를 들면, 지난 2년간 코로나 팬데믹과 여러 제한으로 교회의 모임이 위축되고 GMCM 사역자들도 자주 만나지 못했다.

> 그리스도의 말씀과 경건에 관한 교훈을 따르지 아니하면(딤전 6:3).

> 돈을 사랑함이… 믿음에서 떠나 많은 근심으로써 자기를 찔렀도다(딤전 6:10).

이런 말씀을 따라 살지 못하고 비본질적인 것들을 따랐다고 고백하는 이가 많았다. 참가자들은 복음 전하는 자와 교사로 부르신 본질을 따라 살 것을 다짐하였다.

또한, 5회 모임에서 타문화 파트너십 관계 변화에 대해 참가자들은 그동안 서로 존중하고 신뢰하면서 한 몸으로 사역하지 못했다는 것을 알게 되었다. 비전을 잃고 자신의 교회나 가정일들에 골몰했던 자신을 발견하고 하나님께서 이 모임 전체를 통해 하시고자 하는 일에 무관심했음을 인식하게 되었다.

참가자들의 관점이 '나'에서 '우리'로, 자기에서 전체로 넓어지는 것을 관찰할 수 있었다. 특히 서로 민족과 문화가 다르고 사는 지역도 다른 GMCM 구성원들은 대화를 통해 간격을 좁혀 가야 한다는 것을 알게 되었다. 관계를 배울 수 있는 최적의 장소는 관계 자체다(Georgel, 1999).

일반적인 대화의 특징과 미래 변화를 위한 대화의 특징 및 대화와 소통의 발전을 위한 네 단계를 소개했다. 과거에 GMCM의 대화는 구성원 전체의 참여보다 핵심 사역자들이 연례적으로 모여서 한 해의 목표를 정하고 사역의 일정을 조정했다. 주제 소개를 들으며 알게 된 것은 이런 대화는 일방적이고 직선적이며 참여도가 낮고 소수의 행복에 의해 주도된다는 것이다.

반대로 변화를 가져오는 소통은 일방적 내려받기, 조종의 단계에서 쌍무적 대화, 양방향식 토론, 의견 교환의 2단계에서 다른 사람의 눈으로 자기를 보는 성찰과 배움의 대화인 3단계로 나아가며 다각적이고 공동 창조적인 전체의 대화로 나아가 자아와 전체의 경계가 허물어지는 4단계 소통이 있다(Scharmer, 2014, 287-88).

여기에 '공감적, 영적 대화인 성령의 음성으로 분별하기'라는 5단계를 첨가하였다. '성령의 음성으로 분별하기'란 자신의 생각이 성령이 주시는 생명과 평안(롬 8:3)으로 가는 길인지 아닌지 분별하는 것이다. 하나님 말씀인 성경을 통해 생각을 바꿀 수 있다(조용기, 2005, 63).

주제 소개 후 참가자들은 자신과 사역의 본질을 정리하고 가장 안 되고 있는 것 3가지를 에세이로 작성한 후, 삶과 사역이 자기중심에서 전체로 변화하기 위한 질문에 답하는 과정을 갖고 코칭 소그룹을 통해 내용을 수렴하였다.

6회 모임 강의 단계에 왔을 때, 타문화를 이해하는 것이 중요하다는 것을 알게 되었다. 나와 다른 문화를 가진 사람을 만날 때 문화적 감수성을 가져야 한다. 이것을 '타문화 문화 지수'(Cultural Intelligence)라고 한다. 파트너십에서 타문화 지수가 의미하는 것은 우리의 다양성을 깊이 이해하고 하나님의 영광을 위한 연합을 뜻한다(Mischke, 2010, 37).

타문화를 이해하는 데 문화적 감수성을 가져야 한다는 것과 중국과 한국, 또한 제3국의 문화에는 우열이 없으므로 자문화와 타문화를 비교하여 초문화적인 사고를 가져야 한다는 것을 나눴다.

한국인 참가자들은 중국과 비슷한 유교 전통을 가지고 있지만 보다 활발하게 자기의 견해를 드러냈다. 사역과 가정 문제를 나눌 때 어떤 사역자들은 가정사를 비교적 모호하고 함축적으로 표현했으나 또 다른 사역자들은 더 직접적으로 공개했다.

같은 주제를 가지고 같은 장소에서 나눴지만 각자의 표현을 깊이 이해하지 못해서 관계의 변화까지 이르지 못했다. 서로 말하는 것은 듣고 있었지만 언어 이외에 다른 모습으로 전달되는 메시지를 공감하지 못하였다. 이런 현상은 더 깊은 소통과 공감을 위해서는 문화 간 커뮤니케이션(Intercultural Communication) 기술이 필요하다는 것을 의미한다.

즉, 상대방의 문화 이해와 의사소통 방법을 배우고 실습할 필요가 있는 것이다. 그러므로 실행 3단계에서는 타문화 상황에서 파트너십 의사소통 원리를 소개하고 적용해 보기로 한다.

3) 3단계: 타문화 파트너십 의사소통

문헌 연구 결과에서 발견한 것처럼 서로 다른 문화에서 이해를 깊게 하기 위해서는, 먼저 성육신적 의사소통 원리를 적용해야 한다.

성육신적 의사소통이란, 성육신하신 예수 그리스도의 삶의 자세와 소통의 방식을 배워야 한다는 것이다. 예수 그리스도는 수신자 중심의 의사소통을 하셨다. 인간으로 태어나셨고, 성장하시면서 문화를 익히셨으며 만나는 대상의 입장에서 대화하셨다.

GMCM의 구성원들은 다양한 문화를 가지고 있다. 이번 파일럿 프로젝트 참여자들은 5개의 서로 다른 민족 문화 배경을 가지고 있었다.

7회 모임에서는 성육신적 동반자가 되기 원하면서 서로의 문화를 존중하고 적응해 가는 것이 왜 중요한지, GMCM 안에서 문화가 서로 다른 지체들이 어떻게 의사소통을 해야 하는지에 대한 주제를 소개하고 토론과 코칭 소그룹 실습을 하였다.

주제 강의를 통해 우선 모든 문화는 상대적이며 문화에 우열이 없다는 것을 알게 되었다. 이어서 중국인과 한국인의 관계 맺기와 협력과 소통 방법과 문화 간의 소통을 방해하는 요소에 대해 두 사람이 발제하고 토론하였다.

8회 모임에서는 성육신적 원리에 따라 수신자 중심의 의사소통 원리를 설명하고 토론하였다.

폴 G. 히버트는 『성육신적 선교 사역』(Incarnational Mission)에서 선교 사역에서는 성경 본문과 인간적 상황을 넘어서는 것을 이해해야 하며, 사람들의 다양한 삶의 현장 속에서 거룩한 계시를 선포해야 함을 강조한다. 바로 이 부분에서 성육신은 우리가 사역에 임할 때 좋은 모델이 된다(Hiebert, 1998, 415).

또한, 서로 다른 문화 사이의 구성원들이 함께 있을 때 어떻게 의사소통을 해야 좋은지에 대해 희로애락의 감정을 표현하는 실습을 해 보고 중국인과 한국인 간에 수신자 중심 소통을 실습해 보았다.

모임 전, 과제를 나누는 시간에 중국인과 한국인의 협력 문화 장단점을 나누어 보았다. 참가자들이 다른 문화를 대하는 관점에는 자문화 중심주의가 발견되었다.

O국과 N국에 사역을 다녀온 참가자들은 그곳이 자국보다 경제적으로 낙후하고 사람들은 우상을 섬기며 현지 문화는 자국 문화에 비해 열등하다고 생각하고 있었다. 수개월 머무는 동안 몇 사람과 접촉했으나 대답은 잘 하고 거절은 안 하지만 지속적인 관계를 맺기 어려웠다고 술회했다.

그러나 모임을 지속하면서 타문화 파트너십에서 상호 존중과 문화 이해가 얼마나 중요한지 깨닫게 되었다면서, 그들을 이해하려는 노력과 현지인들과 소통하는 대화 방법을 몰랐음을 솔직히 털어놓을 때 모든 참가자가 깊은 공감을 표현했다.

그리스도인들의 삶과 사역은 사랑에 근거할 때에만 비로소 진정으로 타인의 세계관에 변화를 줄 수 있다는(김철수, 2010, 68) 것을 알 수 있었다.

퍼실리테이터는 도널드 K. 스미스의 사회 집단 의사소통의 여섯 가지 원리를 소개했다. 한국인 참가자들도 GMCM 안에서 다른 구성원의 문화에 성육신하기보다는 자신의 문화 스타일을 옳은 것으로 여기고 다른 사역자들을 대했다는 것을 나누게 되었다.

문헌 연구에서 밝힌 대로 한국인에게 농후한 유교적 가치관은 파트너십의 동등성과 상호성을 저해한다. 제3장에서 논의한 한국인 사역자들의 이 성향이 전체 파트너십의 균형을 깨지 않도록 조심해야 한다.

GMCM이 함께 파트너십을 이뤄 타문화권에 복음을 전하기 위해서는 이번 모임에서 나눈 타문화에서의 의사소통을 더 연구하고 심화할 필요가 있다는 것을 깨달았다.

이에 타문화 수용 능력 개발을 훈련하는 데 있어 김숙현의 문화 간 커뮤니케이션 과정 기술을 응용했다. 즉, 타문화 상황에서 필요한 덕목은 무엇이며 장애가 되는 요소가 무엇인지 성경이나 책을 통해 더 찾아보고 나중에 파일럿 프로젝트를 원형화할 때 역할극을 하나 넣기로 했다.

타문화 파트너십 의사소통은 예수 그리스도가 보여 주신 모범과 방법을 따라야 한다. 다시 말해, 수신자 중심의 의사소통을 해야 한다. 중국인이 다수인 GMCM은 중국인의 협력 방법과 소통 원리를 알고 소통하며 한국인의 의사소통 방식도 알아야 함을 알게 되었다.

중국인은 융화적인 민족으로서 전체 의식이 강하나 탁월한 전통문화 유산 때문에 자칫 자문화 우월주의에 빠질 수 있다는 것을 알게 되었다. 또한, 한국인은 단일민족으로 살았기에 역시 타문화에 잘 동화하지 못하고 배타적이라는 것을 알게 되었다.

단순한 배움으로는 동반자 관계로 변화되기는 쉽지 않다. 그러므로 주제 강의와 대인 커뮤니케이션인 소그룹 모임, 예배와 기도회를 통해 지적, 영적, 직관적 소통을 함께 사용하여 변화를 시도하였다.

9회 모임의 목적은 타문화 동반자들의 실제적 의사소통 기술을 습득하는 것이다. 커뮤니케이션의 과정을 이해하고 이문화 수용 능력 개발 방법을 기초적으로 습득해서 GMCM 안에 원활한 의사소통이 일어나기를 기대하였다.

참가자들은 전체주의, 집단주의가 강한 사회적 분위기 속에서 동반자로 사역하는 파트너들은 동반자 사역을 발전시킬 때 현지에서 무모하게 사역할 것이 아니라, 먼저 준거집단(Reference Group)을 인지하고 집단을 이해하는 가운데 친밀감을 발전시켜야 한다는 것을 새롭게 알게 되었다고 하였다.

O는 문화 간 커뮤니케이션 과정을 거쳐서 이문화 수용 능력도 개발될 수 있음을 알게 되어 타문화 동반자 사역을 시작할 때 준비 과정으로 삼자고 말하였다.

J는 O국에서 수개월 동안 O국인과 함께 사역하려 했으나 언어와 문화의 장벽에 부딪혀 낙심하고 있었다. 타문화 의사소통 기술들을 익히면서 존중과 사랑으로 다시 시도해 보겠다고 하였다.

D가 자기가 X시에서 만난 한국인 사역자가 한국식 식습관과 좌식 생활을 선호했기 때문에 불편했던 상황을 묘사하는 과정에서 모두 웃었다. 이로써 이문화 수용 능력은 타문화 사역자들이 서로에게 배우고 개발시켜 나아갈 수 있는 문제라는 것을 인식하게 되었다.

그 밖에 Zu 지역의 엔드류는 참가자 모두에게 외부 환경 문제로 서로 긴밀히 모일 수 없고 소통할 수 없는 제한 지역 의사소통 문제를 어떻게 해결해야 하는지에 관해 조언을 구했다.

Y퍼실은 외부 상황 분석틀인 PESTEL 분석을 소개했다. 외부 영향으로 파트너십 선교가 위축될 때 구성원들 지역의 정치, 경제, 사회 상황을 객관적으로 분석하여 변화에 적응하고 기도하며 동반자 사역을 계속

하고자 하는 마음을 나누었고 이에 대해 참가자들은 호응을 표시했다.

4) 4단계: 비전과 사역 재설정하기

이제 GMCM 파트너십의 보다 나은 미래를 현실화하는 비전의 결정화(Crystalizing) 단계에 도달하게 되었다.

10회 모임에서 15명의 참가자는 GMCM 파트너십의 속성과 의사소통 방법 그리고 구성원 서로 간의 문화 차이를 이해하고 인식하면서 함께 비전을 설정하는 단계에 왔을 때 긍정적 반응과 부정적 반응으로 잠시 나누어졌다.

긍정적 그룹의 의견은 현재보다 견고한 하나 됨과 협력 사역을 추구해야 한다는 의견이었고 부정적 그룹에서는 타문화에 속한 사역팀과 가족 같은 관계를 맺을 수 있는가에 대한 우려를 표했다.

긴밀한 동반자적 사역보다는 일종의 팀 사역 시스템에 머무르고 싶은 참가자들도 있는 듯했다.

Y퍼실은 이런 두 가지 입장을 중재하는 과정에서 적응적 리더십(Adaptive Leadership)의 효과적인 중재의 7단계에서 5단계를 활용하였다.

5단계는 '일관성을 유지하라'는 원리다. 여기서 일관성을 유지한다는 것은 '균형 잡힌, 경청하는 침묵'이다. 침묵은 그 자체로 중재이며, 중재안을 만들 때 아이디어는 스스로 시스템을 통해 길을 만들어 가게 된다.

이 단계를 유념하면서 전체 비전 설정에 대한 긍정적 반응과 부정적 반응을 중재하였다. 이때, 때로는 침묵하고 기도하면서 서로가 마음을 열고 더 깊이 대화하였다. 그러자 ZU의 R이 그동안 GMCM 5년을 돌아보면서 사역을 정리를 했다. 그의 주장은 그동안 미숙한 동반자 관계였음에도 불구하고 다른 지역과 문화의 사역자들과 모여 함께 사역했을 때 많은 (시너지) 효과가 나타났다는 것이다. 혼자서라면 할 수 없는 일들을 많이 했고 고독하지 않았다는 것이었다.

이렇게 과거의 경험을 통해 문제를 긍정적으로 해결해 보고자 하는 긍정 탐구(Appreciative Inquiry)의 결과로 프로젝트 참가자들은 GMCM이 현재의 공동체 방향과 활력을 유지하면서 더 긴밀한 동반자들로 발전하는 것이 하나님의 뜻임을 깨달았다.

참가자들이 나눴던 내용을 Y퍼실이 일단 메모를 한 후에 써서 공유하면서 순환적으로 고치면서 의도한 바가 정확하게 전달되도록 작성하였다(Minto, 2017, 8).

GMCM은 앞으로의 동반자 사역 비전과 사명을 다음과 같이 결정하였는데, 이는 앞으로의 정례 모임에서 계속 다듬어지게 될 것이다.

(1) GMCM 비전

우리는 모든 민족을 창조하시고 구원하신 하나님의 사랑을 입은 자녀로서 지상 온 교회에 주신 대위임령을 순종하기 위해 예수 그리스도를 본받아 서로 겸손과 사랑과 섬김의 동반자가 되어야 한다.

또한, 분열된 세상 속에서 동반적 삶을 추구하여 하나님의 영광을 높이고, 나아가 타문화권에서 이미 일하시는 하나님의 사역을 발견하고 그들과 함께 섬기기 위해 서로의 문화를 배우고 존중하고 소통하며 복음 전하는 선교 동반자가 되기를 바라본다.

(2) GMCM 사명과 사역

① 우리는 하나님 말씀과 기도와 순종으로 삼위일체 하나님의 사귐 안에 거하며 성육신하신 예수 그리스도의 겸손과 희생적 사랑을 본받는 선교적 제자로 훈련되어야 한다.
② 지역 교회는 선교적 자의식을 가지고 신자를 양육하고 차세대를 양육하며 지역의 긑요를 섬기고, 열방과 민족과 족속들에게 선교사를 파송하는 선교공동체를 지향한다.
③ GMCM공동체는 서로 돕고 나누며 책임과 사랑을 다하는 동반자이다. 동반적 삶과 사역을 적극적으로 실천하며 총체적 나눔을 실천한다.
④ 우리는 자신과 집단의 관점이 아닌, 하나님 말씀과 성령의 인도를 따라야 한다. 문화를 넘어 복음을 전하며, 서로의 문화를 존중하고 배우며 소통한다.
⑤ 우리는 복음이 닿지 않은 미전도, 미접촉 족속에게 복음을 전해 미완성 과업을 완수해야 한다. 이를 위해 타문화권 그리스도인 공동체들과 사랑과 평등의 상호적 파트너십을 맺고, 현지 공동체의 필요와 방식으로, 은사와 자원을 나누고 헌신한다.

11회 모임 주제는 리더십과 구조의 변화에 관한 것이었다. <나의 왕국이 아닌 하나님 나라 동반자 의식> 강의를 통해 GMCM 파트너들은 새로운 형태의 리더십과 구조를 가져야 한다는 것을 알게 되었다.

다양한 참가자는 전체의 비전과 사역을 실제화하기 위해서 어떤 형태의 구조와 리더십을 가져야 하는지 토의했다. 그 과정에서 중국과 한국 문화에서의 리더십 차이점을 발견할 수 있었다.

중국은 춘추 시대 이후로 사제 관계(师生关系)가 가족 관계나 군신 관계처럼 절대적이다. 이 관계는 직선적이며 복종적이다. 사회는 많이 변하고 있지만 교회공동체에는 아직 이 문화가 남아있다. 가족 관계의 친밀감을 느끼고 조직을 하나로 통일시키는 장점이 있지만 구성원 각자의 의견이나 제의가 수렴되는 것을 방해할 수 있다.

벤 엥겐(C. Van Engen)은 파트너십에 관한 논문에서 선교에서의 가부장주의가 선교 파트너십의 함정이 될 것이라고 지적했다(Van Engen, 2019, 53). 반면, 한국인 참가자들은 우리 단체가 서로 다양한 의견을 존중하고 평등한 입장에서의 의사 결정을 원한다고 하였다. 상호 신뢰하고 의존하며 기여하는 수평적인 파트너십이 가져올 많은 유익을 나누었다.

참가자들은 앞으로 피라미드 형태의 시스템보다 방사형 사역 구조를 가지는 것으로 정하고, 초대 교회의 사역 구조인 불가사리 구조로 발전하자는 데 인식을 같이하게 되었다(이상훈, 2017, 270).

이처럼 파트너십 참여자들이 서로 상이한 가정을 가지고 있다는 것과 어떤 문화도 잘못된 것은 아니라는 것을 인식하는 것은 파트너십 관계에 있어 많은 오해를 피할 수 있도록 만들 것이다(Plueddemann, 2013, 150).

GMCM은 자신에서 전체로 나아가는 변화 적용 단계를 거쳐서 겸손하고 상호적이며 평등한 동반자 정신에 입각한 비전과 사명을 재확립하였다.

다음 단계는 GMCM의 효과적 파트너십을 수립하고 공유하기 위한 작은 원형을 만드는 단계다.

5) 5단계: 원형 만들기

마지막으로 파일럿 프로젝트 15명의 참가자들은 어떤 원형을 만들지(Prototyping)에 대해서 U스쿨연구소에서 제공하는 공동 창조 과정 7단계를 응용하였다(Institute school. 2022). 진행 과정은 다음과 같다.

① 활동 설명
② 목적 진술
③ 열린 마음과 의지로 생각하기, 기도로 성령의 음성 듣기
④ 모든 참가자의 의견을 듣는 미러링
⑤ 적극적 대화 촉진
⑥ 코치들의 마지막 통찰과 결과 나눔
⑦ 개인적 결과 작성

여기에서 '모델'이라 함은 '패러다임'과 유사한 의미인데, 요하네스 니센은 이 두 용어의 공통성을 다음 두 가지로 설명한다(Nissen, 2005, 25).

① 특정 집단의 경험, 신념, 가치를 반영하는 서술적인(descriptive) 면
② 다소 강제적이고 규범적인(normative) 면

이 과정을 통해 모두의 아이디어를 수렴하고 대화한 결과, '타문화 사역자 파트너십 훈련 모델'(Cross-Cultural Partnership Program: CCP)이 만들어졌다. 이 모델은 타문화 사역자들의 지속적 동반자 사역을 위함이다.

그 내용은 파일럿 프로젝트의 실행 계획을 대부분 수용하였다. 앞으로 이 원형은 GMCM이 함께 사역 계획을 수립하거나 다른 단체와 협력하기 전에 사용하면서 업데이트될 것이다.

루이스 부쉬의 말대로 어떤 파트너십도 완벽하지 않다. 그리고 모든 파트너십은 어떤 종류의 시험을 만난다. 그러나 동반자들은 서로를 성장하도록 돕게 될 것이다(Bushi, 1990, 26-27).

다섯 단계의 파일럿 프로젝트를 마치면서 참가자들은 동반자 의식을 더욱 갖게 되었고 서로의 문화를 이해하고 소통할 수 있게 되었다. 그동안 다소 피라미드 형태로 소통했다면 이제는 서로 원형이 되어 함께 주님을 바라보는 모습을 느낄 수 있었다.

상대방에게 필요한 것을 적극 공급하려는 한 몸 된 모습을 보았다. 진정한 왕국 파트너십의 가장 강력한 요소 중 하나는 그리스도 몸의 모든 요소가 가치 있고 사역 안에서 역할이 부여되는 것이다(Butler, 2021). 그러나 최종 점검 과정에서 소그룹 코치들과 핵심 사역자들이 다음 두 가지를 제안하였다.

첫째, 각 세션을 넘어갈 때 세션의 목표가 분명치 않아서 진행하는 데 어려움이 있었다는 것과 이를 객관적으로 실행하기 위해서 지난 12회 동반자 여정을 도표로 정리해서 잘 기억할 수 있도록 파트너십 모델이 만들어져야 한다.

둘째, 각 지역의 파트너십 사역이 GMCM 비전의 진술대로 어떻게 전체와 연결되고, 각 지역과 세계 안에서 연결될 수 있는 구체적 설명이나 방안이 있으면 좋겠다.

이에 멘토 그룹과 5명의 퍼실리테이터와 코치들은 기도와 깊은 대화를 통해 위의 두 가지 문제를 보완한 작은 원형을 만들어 보기로 하였다.

이론적 토대로는 제3장에서 논의한 필 버틀러의 '하나님 나라 파트너십'(Kingdom Partnership)을 주조 개념으로 하고, 이상훈 박사의 '왕국 기반의 리더십'(Kingdom Based Leadership) 이론을(이상훈, 2008, 254) 왕국 기반 파트너십 모델의 기초로 삼았다.

내용은 파일럿 프로젝트 내용을 대부분 참고하였다. 이를 통해 지역과 교파와 사역 형태의 구분 없이 타문화 동반자 사역을 하는 사람이 누구나 사용할 수 있고 객관적이며 검증할 수 있는 모델을 만들기로 했다. 이 변화된 모델을 타문화 동반자 사역의 전략으로 삼기로 한다.

6. 타문화 동반자 사역 전략

선교 전략이란 제시되어진 선교의 목표를 달성하기 위한 계획을 의미한다. 또는 특정한 문화권 내에서 하나님의 뜻을 실현하는 실제적인 행동 방안을 의미하기도 한다(이현모, 2007, 270). 그러므로 본서의 주제인 한국인과 중국인 사역자들의 효과적인 동반자 사역 전략을 수립하기 위해 동반자 사역 이론들을 기술하고 검증했다.

변화가 필요한 부분을 변화 적용(Change Daynamics) 하기 위해 실험 연구와 검토를 거쳤다. 그 결과, GMCM의 효과적인 타문화 동반자 사역 전략(CCP: Cross-Cultural Partnership) 을 제시하게 되었다.

본서의 연구 주제인 한국인과 중국인 동반자 사역자들의 타문화 동반자들의 파트너십 전략은 제3장에서 논의한 하나님 나라 파트너십 개념에 의거한 '왕국 기반의 파트너십'을 변화의 중심 개념과 전략으로 한다.

타문화 동반자들은 먼저 신뢰하는 협력 관계를 형성해야 한다. 여기서 신뢰하는 협력 관계란 서로 존중하고 대등하며 상호 의존적이고 상호 책임을 지는 관계다.

또한, 다양한 삶과 사역을 통해 전체 하나님 나라에 기여할 수 있도록 자신과 전체 공동체 관계와 사역의 본질을 실제화해야 한다. 콜린 마쉬(Colin Marsh)의 말대로 선교 파트너십이 논의된 지난 수십 년간 기독교 선교에서 비록 효과적 파트너십 실행은 매우 드문 일이었지만, 선교의 파트너십이 불가능한 꿈이라고 결론 지을 수는 없다(Marsh, 2003, 379). 성경 시대와 2천 년 기독교 역사 속에서 교회는 동반자 선교를 이룰 많은 자원을 축적했고 실패 속에서 배웠다.

이제는 더 많은 논의보다 세계 선교 현장에서 실행에 옮겨야 할 시간이다. 그러므로 GMCM의 한국인과 중국인 사역자들은 서로의 문화적 배경과 사역 계획이 아닌, 하나님 나라 파트너십의 관점으로 겸손과 자기희생의 성육신적 태도를 가지고 협력하여 주 그리스도를 증거해야 한다.

타문화 사역자들의 효과적 파트너십을 위한 결과로서 다음과 같이 왕국 기반 파트너십을 제안한다.

7. 왕국 기반 파트너십

왕국 기반의 파트너십은 타문화 파트너들이 서로의 문화를 이해하고 대화하며 소통해서 자원을 공유함으로, 하나님 나라 중심의 하나 된 공동체로 발전하면서 새롭게 된 비전과 사역 아이디어를 함께 모아 전체 하나님 나라에 기여하기를 기대하는 사역 모델이다.

그 실행 과정을 도식화하면 다음과 같다.

```
A 타문화 파트너십                     시작 전, 개별 사역 주체들은 자신의
     시작                              조직에서 모든 지체가 상호 협력하며
                                      신뢰하는 동반자 관계가 형성되어
                                      있는지 점검 필요

    1단계                              해결 과제, TIPS
· 파트너십 주제 선정              ↔   · 파트너십 주제는 자생적으로
  파트너들의 공감대 형성                혹은 요청에 의해서 생김
  -하나 됨과 신뢰 형성                  -동기와 목적 점검

    2단계                              동반자 정신, 관계
· 신뢰하는 협력 관계              ↔   · 상호 의존하고 대등한가?
  예배와 만남으로 사역 방법 성찰과      -의사소통 해결
  토론, 타문화 이해, 의사소통       · 성숙한 리더 필요

    3단계                              전체 하나님 나라에
· 가치, 타당성 검토               ↔   · 필요하고 유익한가?
  모든 구성원의 가치가 존중되고,       · 상호 보완적인가?
  함께 기여해야 함                  · 중복이나 피해 가능성 확인
· 사역 비전과 사명 결정

    4단계                              공유, 결정
· 방법과 절차 결정                ↔   · 타문화 파트너들의 충분한 이해
  -권한과 책임                          여부 확인
  -인적, 물적 자원 계획                 -상호 책임: 자원 기간,
  -방법과 기간                           점검 방법등 협의문 작성

     실행              검토 후         A 타문화 파트너십
                      후속 실행              종료
```

⟨ 그림 8: 개별 모델 ⟩ 타문화 동반자 파트너십 모델
(CCP: Cross-Cultural Partnership) 프로세스

<그림 8: A 개별 모델>은 임의의 타문화 동반자 사역이다. 예를 들면, 중국어를 사용하는 아시아 A 지역에 교차 문화적으로 신학교 사역이나 개발 사역을 시작할 때 사용할 수 있는 모델이다.

다음의 <표 B 전체 모델>은 이런 사역들이 모여 있는 가상의 상태로서 제3장에서 논의한 하나님 왕국 개념에 기반한 파트너십 모델이다.

서로 다른 문화 배경에서 모인 동반자들은 나와 너의 개별적인 사역이 아니라 하나님 왕국에 초점을 맞출 때 더욱 협력하게 될 것이다.

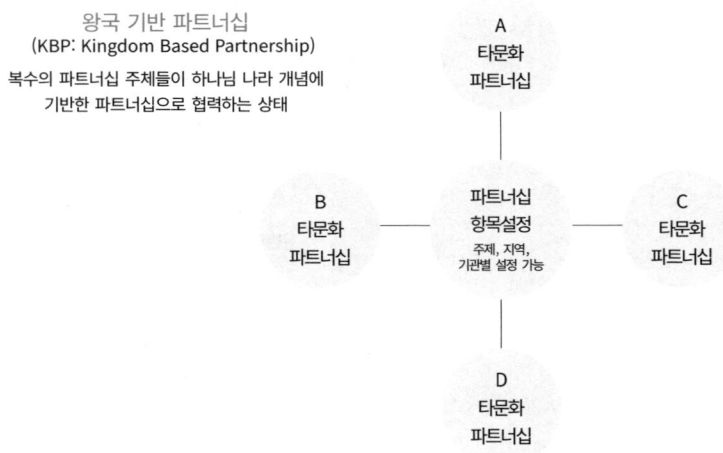

〈 그림 9: 전체 모델 〉 왕국 기반 파트너십 사역 모델
(Kingdom Based Partnership Model)

전체 모델(<그림 7>)의 목적은 타문화 사역에서 한 가지 파트너십 항목을 설정하고 함께 협력하는 상태를 말하며 파트너십 항목은 주제별, 지역별, 기관별로 설정할 수 있다.

예를 들어, 주제별 항목을 정한다면 효과적인 아시아 모 지역 선교를 위해서 각 신학교나 교회 개척, 선교 훈련 등 개별 사역자나 지역 담당자가 전체 파트너십에 참여할 수 있고, 기관이라 함은 각 교단이 교단 산하 개별 파트너십들과 형성할 수 있으며, 지역별 파트너십들이 지역을 위해 전체 파트너십을 형성할 수 있다.

구체적으로 적용한다면 GMCM의 한국인과 중국인 타문화 사역자들은 이 모델을 시행하면서 파트너십을 주제별, 지역별, 기관별로 특정 영역에서 협력할 수 있다.

예를 들면, 한국인 사역자와 중국 대륙, 화교 네트워크 사역자 등이 협력 무대를 만들 수 있다. 실제로 많은 곳에서 이런 파트너십이 일어나고 있다. KBP 모델의 강조점은 <표 A>와 <표 B>의 연속성에 있으며 목적과 실행 원리는 다음과 같다.

8. 왕국 기반 파트너십 모델의 목적

왕국기반 파트너십 모델(Kingdom Based Partnership Model)은 타문화 동반자 사역자들이 하나님 나라 파트너십 개념에 입각하여 상호 협력하여 사역을 촉진하고 효과적으로 실행하기 위한 모델이다. 이를 통해 개별 사역자는 먼저 자신의 개별 사역에서 효과적 파트너십을 형성하고 열매를 맺을 수 있다.

또한, 복수의 타문화 사역 주체들과 상호 협력하여 하나님 왕국 안에 있는 기독교 타문화 사역자들이 서로에게 필요한 사역을 발견하고 상호 보완하여 지원하며, 하나님 나라 파트너십 사역에 불필요하거나 중복되는 사역은 지양함으로 타문화 동반자 사역에 시너지 효과가 나타나기를 기대할 수 있다.

1) 왕국 기반 파트너십 모델의 실행 원리

① 개별 사역 주체들은 시작 전에 자신의 조직에서 신뢰하는 동반자 관계가 형성되어 있는지 점검한다.
② 주제, 지역, 영역을 선정하고 신뢰하며 인격적인 타문화 협력 관계를 이룬다.
③ 예배와 대화를 통해 하나님과 다른 구성원과 소통하고 성찰한다.
④ 전체 하나님 나라에 유용하고 유익하며 보완적인지 점검한다.
⑤ <표 A> 3-4단계의 결과는 협의문으로 작성하고 실행한다.
⑥ <표 A>가 우선적으로 일어나면서 <표 B>를 형성한다.
⑦ 전체 그리스도의 몸과 파트너십을 이루면서 좀 더 빠른 속도로 자원과 기회를 찾아내고 협력한다.
⑧ 부족한 부분을 서로 보충하고 중복되는 사역은 지양하여, 건강한 타문화 동반자 관계를 형성, 사역의 시너지 효과를 지향한다.

9. 요약

본 장에서는 GMCM의 타문화 동반자 사역 전략을 세우기 위한 파일럿 프로젝트를 진행하였다. 오토 샤머의 U이론을 중심 이론으로 하여 5

단계로 6개월 동안 실행과 점검을 실시했으며 실험 연구의 자료는 문헌 연구와 현장 연구를 심층 분석한 결과로 이루어졌다.

선교학적으로 실제적으로 재생산할 수 있는 타문화 동반자 사역의 전략으로서 이론과 실제를 접목하여 실행했기 때문에 지속적으로 배가될 수 있는 결과를 산출하였다.

변화 적용을 실행하면서 GMCM의 중국 한족과 한국인 타문화 사역자들은 그동안 소극적이고 방관적인 상태에서 서로 신뢰하고 협력하는 공감대를 형성하였다. 그동안은 사역만 같이하는 팀 사역 상태였다면 마음으로 한 몸을 이뤄 가는 변화가 있었다. 구체적으로 다음 7가지 변화가 있었다.

첫째, GMCM의 두 지역을 대표하는 핵심 리더들과 깊은 공감대를 형성할 수 있었다. 그동안 선교 제한 지역이라는 특수성 때문에 서로 열심히 자기 사역을 하고 강의나 사역, 선교 활동 위주로 만나서 함께했던 것보다, 실행 전반부의 3개월 동안 주 1-2회 식도 있는 만남을 가짐으로 친밀한 관계, 사역의 발전을 도모할 수 있었다.

또한, 참가자들은 자신과 사역에서 안고 있던 많은 한계점과 모순이 전체의 틀 속에서 해결될 수 있다는 인식 전환이 있었다. 실례로서 ZU 지역의 9명 사역자들은 2단계인 '삶과 사역, 관계의 본질에 다가가기' 과정에서 그동안 잘 알지 못했던 서로의 문제와 필요를 알고 협력하여 해결하게 되었다.

개인이나 개별 공동체가 가지고 있었던 문제는 코로나 기간 중 사역자 자신의 무기력과 목회자 자녀의 신앙 생활 문제 그리고 신학생 교육 자료에 관한 문제였다. 이것은 혼자서는 해결할 수 없고, 서로 깊이 대화하기 전에는 잘 꺼내지 않는 문제였다.

둘째, U이론을 통해 실제로 집단 지성이 활성화되고 생각하지 못한 많은 창의적 아이디어가 도출되며 나눔을 실천하는 변화가 있었다. 개인과의 관계, 시스템의 바람직한 변화를 프로젝트 진행 기간 동안 볼 수 있었다.

2단계에서 사역자의 영성과 이혼 위기에 있는 가정 문제를 위한 별도의 상담이 이루어졌고, 서로 공통적으로 갖고 있던 자녀의 신앙 생활 문제를 해결하기 위해 장소와 재정을 제공할 수 있는 한 교회가 지원하는 2박 3일의 MK수련회를 개최했다.

파일럿이 끝날 무렵에는 이들을 차세대 사역자로 키울 수 있도록 주말과 주일에 한 교회에서 장소를 내어 모임을 갖기로 했고 SZ 사역자가 사역자로 헌신했다. 교육 자료가 없었던 회원 교회에는 GMCM 안에서 검증된 교재를 제공하였다. 진정한 변화 적용이 일어난 셈이다.

셋째, GMCM 파트너십의 약점이 현지 문화 이해의 부족과 의사소통의 어려움이라는 것을 알고 보완할 수 있게 되었다. 내부적으로도 상호 간의 문화 이해가 부족했지만 아시아 각국의 파트너십 선교에 참여했던 사역자들의 실패 경험을 통해 문화 간 이해 부족과 자문화 우월주의의 폐해를 알게 되었다. 더불어 파트너십의 속성은 상호성, 평등성, 사랑의 바탕 위에 관계를 가지고 사역을 전개해야 함을 알게 되었다.

넷째, 결속이 느슨했던 원인은 서로에 대한 책임감 부족이라는 것을 발견하였다. 더욱 효과적인 파트너십 선교를 실행하기 위해 앞으로 정기적 변화 모임이 필요함을 느끼게 되어 지속적 모임을 위해 토의하기로 했다.

　서로의 문화를 더 이해하며 익숙해지고 파트너십의 갈등이나 도전을 해결하기 위해 연 4회 정도 중점 지역을 순회하는 정례 모임을 만들어, 견고한 파트너십을 지속하기로 했다.

　다섯째, 동반자 사역의 목적과 비전, 사역들을 새롭게 정립했다. 이전에는 단지 팀 사역의 유익을 얻기 위해 GMCM에 참여했다면 파일럿 프로젝트의 결정화 과정을 통해 마음과 생각과 의지가 하나 되어 동반적 관계를 맺고 사역하는 것이 성경적이며 효과적이라는 인식 변화가 이루어졌다.

　여섯째, 더 나아가서 하나님께서 전 세계 교회 가운데 일하시는 왕국 기반의 파트너십에 헌신하기로 하였다. 실행할 임무들을 멘토 그룹과 핵심 사역자 중심으로 3년 로드맵을 정해 보기로 했다.

　일곱째, MF 지역 6명 사역자들이 타문화권에서 시작되는 타문화 사역이나 다른 단체와 협력하려 할 때 동반자 사역 지침이 필요하다는 것을 제기하였다. 이에 '왕국 기반의 파트너십' 모델을 개발하였다.

제10장

결론

본서는 타문화 선교공동체의 연합인 GMCM을 중심으로 한 한국인과 중국인 사역자들의 동반자 사역 전략에 관한 것이다.

예수 그리스도의 대위임령은 어떤 한 지역이나 교회가 아닌 모든 지역의 교회와 기관에게 주신 것이다. 어떤 개인도, 개교회도, 한 민족의 교회도 독립적으로 감당할 수 있는 사역이 아니고, 머리 되신 그리스도의 서로 다른 지체이자 몸인 교회가 협력과 동반자 사역을 통하여 성취해야 한다.

21세기에 선교가 진행되는 모든 장소에서는 파트너십 사역이 일어난다. 파트너십은 둘 이상의 개인, 기관 또는 교회가 함께 모여 혼자서는 달성할 수 없는 공동의 목표를 이뤄 갈 때 발생하며(Butler, 2004), 파트너십 선교(Partnership in Mission)는 다수의 기독교공동체가 공통의 목표를 달성하기 위해 상호 신뢰와 헌신의 관계를 형성하고, 협력하여 선교에 참여하는 것이다.

지리적으로 변방에 위치한 미개척 족속이나 종교적, 문화적 장벽이 높은 타문화권에 복음을 전하기 위해서 파트너십 사역은 선택이 아닌 필수다(조용중, 2016). 영적, 인적, 물적, 전략적 자원의 효과적 협력과 배치가 필요하기 때문에 범세계적 시야에서 글로벌 미션 파트너십(Global Partnership in Mission)을 형성하고 시행할 필요가 있는 것이다.

이런 부르심에 순종하여 GMCM은 중국 한족 사역자와 한국인 사역자 간의 타문화 동반자 사역을 시작하였다. 그러나 5년이 지나도록 적극적인 동반자 사역을 이루지 못했다.

타문화 사역자들은 어떤 동반자 관계와 사역을 이루어야 하는가?

이 연구 질문에 답하기 위해 동반자 사역의 성서적 관점과 선교학적 관점과 사회과학적 관점 그리고 GMCM 동반자 사역의 상황을 문헌 연구와 현장 조사, 실험 연구 방법으로 연구하였다.

제1부는 문헌 연구로서 타문화 동반자 사역에 관한 성경적 관점, 선교학적 관점, 사회과학적 관점 그리고 상황적 관점을 연구하고 한국인과 중국인 사역자 간의 동반자 사역을 위한 동반자 개념, 정신, 관계와 사역 방법에 대한 새로운 관점을 얻게 되었다.

건강한 타문화 파트너십 요건은 먼저 존중과 신뢰의 관계를 형성하고 상호 의존성, 대등성, 호혜성의 본질을 지키면서 갈등 해결에 필요한 타문화 이해와 의사소통 기술, 효율적 구조를 갖추어야 한다.

성경과 기독교 파트너십 선교 역사가 교훈하는 것은 타문화 사역자들은 성부, 성자, 성령 삼위일체 하나님과 다른 사람의 헌신적 청지기로서 동반자 관계를 맺는 데 먼저 노력을 기울여야 하고, 교회와 선교회들은 삼위일체 하나님의 공동체적 인격성인 동등성과 상호성에 기반해서 서로 참여하며 하나님 나라의 관점에서 대화하고 협력하는 하나님 나라 파트너십(Kingdom Partnership)을 실행해야 한다는 것이다.

　이를 실천하기 위한 방법으로 크래프트와 폴 히버트의 이론인 '겸손과 희생의 성육신적 사역 원리'를 발견하였다.

　또한, GMCM 타문화 사역자들이 함께 사역할 때 서로 상황을 이해하고 소통할 수 있도록 문화 내 커뮤니케이션 이론과 동반자 그룹 내의 원활한 의사소통과 커뮤니케이션을 위한 사회 집단 의사소통 원리, 예수님의 의사소통, 수신자 지향적 커뮤니케이션의 기본 원리들을 발견하였다.

　파트너십 모델의 구조는 조직 이론과 초국적 파트너십 모델, 상생적 파트너십 원리가 GMCM 파트너십 선교에 응용될 수 있음을 발견했다.

　상황적 연구에서 중국 한족과 한국인 사역자들은 문화적으로 유사점이 있지만 가치관과 관계 문화, 협력 방법이 다르다는 것을 발견했다.

　중국인과 한국인 사역자가 타문화권에서 동반자 관계를 유지해 나아가려면 서로의 문화적 특성을 이해하며 협력해야 한다.

　한국인 문화 유전자는 관계 맺음과 소통, 창의성에 좋은 요소로 작용하며 중국인의 중용적 성격과 실사구시의 태도, 근면함, 진취성은 안정적 사역과 꾸준한 발전에 기여할 수 있다.

　한국과 중국 두 민족은 유사 문화권으로서 문화적 공감대가 이미 형성되어 있다. 그러므로 공통점을 바탕으로 서로를 이해하고 상이한 문화적 특성은 상호 보완하여 사역한다면 시너지 효과를 창출할 수 있다.

　반면에 한국인과 중국인 사역자가 제3국 타문화 사역자와 함께 협력 사역을 할 때는 두 민족의 공통적 특성인 유교적 권위 의식과 자문화 우월감을 내려놓고 타문화권 사역자들과 파트너십을 이뤄야 한다.

이를 위해 전인적 노력이 요구되는데, 문화 간 소통을 배우고 학습하는 지적 요소와 더불어 존중과 사랑의 마음, 상호 협력과 겸손, 자기 낮춤, 순종, 성육신적 태도를 의지적으로 유지해야 하며, 성령님으로 충만하여 하나 됨을 이루어 그 인도하심을 민감하게 따라야 한다(행 8:29; 11:12).

한국 교회의 초기 산동성 선교 그리고 중국 내 한국인 디아스포라 교회와 중국 교회의 협력 사역을 통해 이 사실을 확인할 수 있었다.

제2부에서는 문헌 연구 내용을 기초로 하여 GMCM 파트너십의 취약점을 알기 위한 현장 조사를 실시하였다. 통합 연구 방법론을 통해 양적, 질적 연구 단계를 설계하였고 포커스 그룹 인터뷰를 나선형으로 분석하여 설문 문항에 반영하였다. 이때, 68개의 설문지를 배부하고 51개를 수거하였다.

GMCM 타문화 사역자들이 성경의 진리와 성령의 인도하심으로 타문화권 동반자 사역자가 되었으나 인격적 관계 수립에 어려움을 겪고 진정한 파트너십을 맺지 못했으며 상호 책임감, 성육신적 태도가 결여되어 있다. 그 요인으로 타문화 이해와 소통이 GMCM 파트너십에 장애 요인이 된다는 것을 발견했다.

보다 나은 동반자 관계로 발전하기 위해서는 공감적 대화를 통한 친밀한 공동체 문화 형성, 갈등 해결을 위한 타문화 의사소통, 공통의 비전 발견이 요구된다는 것을 현장 연구에서 발견하였다.

제3부에서는 이를 개선하기 위해 현장 변화의 역학(Change Dynamics)을 실시했다. 문헌 연구를 통한 이론적 통찰력과 현장 조사를 통하여 얻은 상황을 기초로 한국인 타문화권 사역자들과 중국인 타문화권 사역

자들 간의 동반자 사역 전략 변화를 위한 실제적 제언을 하였다.

또한, 서로 문화가 다른 타문화 동반자 사역자들의 효과적 파트너십 형성을 촉진하고 실행할 수 있는 객관적 모델로서 '왕국 기반의 파트너십'(Kingdom Based Partnership: KBP)을 전략적 방안으로 제안하였다.

'왕국 기반의 파트너십'이란 타문화 동반자 사역자들이 먼저 자신의 사역 현장에서 서로의 문화를 이해하고 대화하며 소통하면서 효과적 파트너십을 형성하여 열매를 맺고, 또 다른 복수의 타문화 사역자들과 함께 여러 분야에서 파트너십을 이뤄 사역하기 위한 모델이다. 이를 활용한다면 하나님 나라 관점에서 자원과 정보, 사역 아이디어를 공유하며 타문화 사역 파트너십이 활성화 될 것이다.

자신의 개별 사역인 <그림 8: 개별 모델 A>와 <그림 9: 전체 모델 B>로 구성되어 있는데 <그림 9: 전체 모델 B>를 통해 타문화 선교에 참여하는 전체 예수 그리스도의 몸이 서로 보완하고 중복 사역을 지양함으로써 타문화 동반자 사역의 시너지 효과를 기대한다.

타문화 선교나 프로젝트에서 주제별, 지역별, 선교 기관별로 협력할 수 있고, 창의적인 영역을 설정하는 데 활용할 수도 있다. 예를 들면, 한국인 사역자와 중국 대륙, 화교 네트워크 사역자 등이 협력 무대를 만들 수 있다.

중국인과 한국인 타문화 사역자들의 동반자 사역을 연구하면서 필자 자신에게 가장 많은 변화가 있었다.

연구 전에는 파트너십 사역은 구성원들이 협약에 의해서 함께 일하여 시너지 효과를 내는 것으로 생각했다. 그러나 연구를 마친 지금은 효율적 타문화 사역 파트너십은 타민족 지체들과 한 몸 되어 하나님의 성품으로 일하는 신앙의 여정이며 필수적 선교 전략임을 발견하였다. 이로써 중국과 중국 교회를 더 이해하고 사랑하게 되었고 왕국 기반의 동반자로 함께 일하면서 서로 많은 유익을 누리게 될 것 같다.

서두에 쓴 하나님께서 15년 전 시카고 휘튼대학(Wheaton College) 교정에서 말씀하신 질문의 답을 찾게 되어 송구하면서 또한 기쁘다. 선교는 하나님 나라를 꿈꾸며 복음 들고 산을 넘는 동반자들의 발걸음이다. 함께 일하는 GMCM의 지체들에게는 많은 변화가 있었고 지금까지 계속되고 있다. 변화의 여정을 함께 겪은 타문화 사역자들은 2-3개월에 한 번씩 만나 함께 여러 일을 논의하고 활발하게 사역한다.

선교 기관이나 학교에서 만나는 사람들도 서로 소중한 하나님 나라 파트너임을 강조하며 사역할 수 있게 되었다. 연구를 통해 파트너십의 본질, 타문화 소통에 필요한 기술, 구조의 상태를 선교 현장에서 수시로 점검하면서 사역하게 되었고, 전략 모델을 사용해 다른 민족 사역자들과 파트너십 방법을 구체적으로 나눌 수 있게 되었다.

21세기 첫 20년이 지난 지금, '세계화'(globalization)의 유효 기간이 다했다는 목소리가 심심치 않게 들린다. 코로나 팬데믹과 우크라이나 전쟁, 중동 사태는 세계화의 흐름을 '탈세계화'(deglobalization)로 바꾸어 놓고 있고 빈곤 국가들의 고립은 심화되고 있다. 때문에 세계 교회의 동반자적 연대가 더욱 필요하다.

좋은 소식은 글로벌 경제 시대에 파트너십 선고가 세계 복음화의 중요한 전략이었듯이, 각국 보호주의 및 탈세계화 시대에 더욱 긴요한 선교 전략으로 활용될 수 있다는 것이다.

지구상에는 아직 7,250개의 미전도 종족 그룹(Unreached People Groups:

UPGs)과 수천, 수만 개의 미전도 방언 종족 지역들이 복음을 기다리고 있고, 그들은 여러 겹의 장벽 안에 숨겨져 있다(Parsons Greg, July, 2024).

그곳에 예수 사랑의 복음을 전하고 속히 교회공동체가 세워져야 한다. 이를 위해 국가와 지역, 교단과 교회, 선교 단체들과 개인이 마음과 힘을 모아 글로벌 미션 파트너십을 구축하고 역량을 집중할 때 마지막 산들을 넘을 수 있을 것이다.

모든 존귀와 영광을 온 세계 교회의 머리 되신 예수 그리스도께 바친다!

부록(APPENDIX)

APPENDIX A

현장 조사 연구 결과 도표와 설명

1. 도표

1) 연구 대상자의 일반적 특성

(N=51)

변수	분류	빈도	%
성별	남자	34	66.67
	여자	17	33.33
연령	40대 이하	26	50.98
	50대 이상	25	49.02
	평균(표준편차)	49.71세(12.34)	
사역 국가	UN	1	1.96
	네팔	5	9.80
	방글라데시	2	3.92
	인도	3	5.88
	중화권	30	58.82
	한국	10	19.61

선교 지역	제한 지역	37	72.55
	일부 규제	3	5.88
	자유 지역	11	21.57
사역 기간	10년 미만	16	31.37
	10년-20년 미만	19	37.25
	20년 이상	16	31.37
	평균(표준편차)	14.55년(8.74)	
협력 사역 기간	10년 미만	30	58.82
	10년 이상	21	41.18
	평균(표준편차)	10.51년(6.91)	

2) 연구 대상자의 동반자 선교의 의미, 실천 요건, 장애 요인, 지속적 발전 요소 정도

(N=51)

변수	최소값	최대값	평균	표준편차	범위
동반자 선교의 의미	2.86	5.00	4.25	.53	1-5
동반자 선교의 실천 요건	2.33	5.00	3.83	.76	1-5
동반자 선교의 장애 요인	2.43	5.00	3.86	.60	1-5
동반자 선교의 지속적 발전 요소	2.80	5.00	4.06	.64	1-5

3) 연구 대상자의 동반자 사역 요건과 동기

(N=51)

분류	빈도	%
예수 그리스도의 성육신, 십자가 정신	8	24.24
하나님 가족의 마음과 순종	7	21.21
사귐을 통한 인격적 신뢰 관계 형성	12	36.36
서로 문화 존중	1	3.03
상호 부조(영적, 물적 필요 나눔)와 보완	4	12.12
사역 전문성 있어야	1	3.03
성경의 가르침과 성령의 감동 때문에	33	64.71
우연한 기회로 협력이 시작되었음 (환경적 인도하심)	22	43.14
인적 물적 자원이 필요해서	6	11.76
교단이나 기관의 프로젝트 때문에	12	23.53

4) 동반자 사역 지속의 장애 요인 및 동반자 선교의 발전을 위한 요소

변수	분류	빈도	%
동반자 사역 지속의 장애 요인 (N=26)	인종적 문제	5	19.23
	상호 문화 이해 부재	3	11.54
	건강한 의사소통 부재	3	11.54
	외부 환경 변화를 대응하지 못함	6	23.08
	사역 방법이나 훈련 부재	5	19.23
	영적 공급이 부족함	2	7.69
동반자 선교의 발전을 위한 요소 (N=28)	사람이 아닌 하나님 말씀의 다스림을 받음	1	3.57
	성령의 인도에 순종과 기도	6	21.43
	체계적 돌봄, 정기적 모임 참여	7	25.00
	파트너 간의 문화 이해와 약점 보완	3	10.71
	관계와 사역 방향에 대한 논의, 훈련, 연구	7	25.00
	공동의 가치, 권리와 사역 열매의 공유	4	14.29

2. 설명

일반적 특성에 따른 동반자 선교의 의미, 실천 조건, 장애 요인, 지속적 발전 요소 정도를 비교하였다.

1) 일반적 특성에 따른 동반자 선교의 의미 정도 비교

일반적 특성에 따른 동반자 선교의 의미 정도 비교 결과는 <표 5>와 같다. 성별은 남자, 연령은 40대 이하, 사역 국가는 한국, 선교 지역은

자유 지역, 사역 기간은 10년 미만, 협력 사역 기간은 10년 미만이 동반자 선교의 의미 정도가 높지만, 모두 통계적으로 유의하지 않았다.

2) 일반적 특성에 따른 동반자 선교의 실천 요건 정도 비교

일반적 특성에 따른 동반자 선교의 실천 요건 정도 비교 결과는 <표 6>과 같다.

사역 국가에서는 한국이 4.44점(.69)으로 가장 높고, 기타(UN, 네팔 등) 3.99점(.49), 중국 3.57점(.75)이었으며, 통계적으로 유의한 차이가 있었다($p=.004$, post hoc: 한국>중국).

선교 지역은 자유 지역이 4.39점(.68)으로 가장 높고, 제한 지역 3.68점(.73), 일부 규제 지역 3.67점(.67) 순이었으며, 통계적으로 유의한 차이가 있었다($p=.021$, post hoc: 자유 지역>제한 지역). 그리고 나머지 특성은 유의한 차이는 없었다.

3) 일반적 특성에 따른 동반자 선교의 장애 요인 정도 비교

일반적 특성에 따른 동반자 선교의 장애 요인 정도 비교 결과는 <표 7>과 같다.

사역 국가에서는 한국이 4.42점(.66)으로 가장 높고, 기타(UN, 네팔 등) 3.87점(.50), 중국 3.68점(.51)이었으며, 통계적으로 유의한 차이가 있었다($p=.002$, post hoc: 한국>중국).

선교 지역은 자유 지역이 4.37점(.65)으로 가장 높고, 제한 지역 3.73점

(.50), 일부 규제 지역 3.67점(.73) 순이었으며, 통계적으로 유의한 차이가 있었다(p=.005, post hoc: 자유 지역>제한 지역). 그리고 나머지 특성은 유의한 차이는 없었다.

4) 일반적 특성에 따른 동반자 선교의 지속적 발전 요소 정도 비교

일반적 특성에 따른 동반자 선교의 지속적 발전 요소 정도 비교 결과는 <표 10>과 같다.

사역 국가에서는 한국이 4.51점(.66)으로 가장 높고, 기타(UN, 네팔 등) 4.17점(.58), 중국 3.88점(.61)이었으며, 통계적으로 유의한 차이가 있었다(p=.016, post hoc: 한국>중국). 그리고 나머지 특성은 유의한 차이는 없었다.

5) 동반자 사역 지속의 장애 요인 및 동반자 선교의 발전을 위한 요소

동반자 사역 지속의 장애 요인은 '외부 환경 변화를 대응하지 못함'이 6명(23.08%)으로 가장 많고, '인격적 문제', '사역 방법이나 훈련 부재'가 각각 5명(19.23%), '상호 문화 이해 부재', '건강한 의사소통 부재'가 각각 3명(11.54%), '영적 등급이 부족함' 2명(7.69%) 순이었다.

동반자 선교의 발전을 위한 요소는 '체계적 돌봄, 정기적 모임 참여'와 '관계와 사역 방향에 대한 논의, 훈련, 연구'가 각각 7명(25.00%)으로 가장 많았고, '성령의 인도에 순종과 기도' 6명(21.43%) 등 순이었다.

APPENDIX B

파일럿 프로젝트 진행 자료

본 프로젝트는 기독교 타문화 동반자 사역 전략을 제시하기 위한 타문화 동반자 사역 파트너십 프로그램(Cross-Cultural Partnership Program: CPP)이다.

5개 세션에 걸쳐 12회의 모임을 갖게 되며 집중적으로 일주일 혹은, 6개월 동안 실시할 수 있다.

실행 방법은 퍼실리테이션 방법을 사용하여 3명의 퍼실리테이터가 참가자들과 함께 소그룹에 참여하여 변화를 촉진하는 방법으로서, 매회 모임은 함께함, 예배, 주제 소개, 강의, 코칭 소그룹, 과제, 활동 등 7개의 요소로 구성하였다.

이를 통해 참가자들의 전인적 변화, 즉 영적, 지적, 관계적 변화를 유도하기로 한다.

1. CPP

프로젝트명: BIHEJIAN

[표어: 처음으로, 본질로, 우리 함께]

Session	회차	변화 주제	실행 요약			진행자
1단계 함께함	1	타문화 사역 파트너들의 공감대 형성	관계자, 진행자 모임			Y퍼실
	2		오리엔테이션-과정 소개			S퍼실
	3		동반자 정신, 관계의 개념			함께
2단계 하나 됨	4	동반자 관계와 사역 성찰	삶과 사역의 본질 찾아가기 개인적 디브리핑(debriefing)			함께
	5		관계의 변화('나'에서 '우리'로)			함께
	6		서로 다른 문화를 가진 동반자들의 관계			함께
3단계 문화 이해와 의사소통	7-9	동반자들의 의사소통	7. 성육신적 동반자들	8. 수신자 중심 의사소통 원리 문화 내 의사소통	9. 타문화 파트너십 의사소통 기술	함께 함께
4단계 우리의 사명	10	비전과 사역 새롭게 하기 (Crystalizing)	GMCM 비전과 사역 정하기 (과거의 비전과 사명선언문 비교, 토론, 나눔) 새로운 형태의 리더십과 구조를 토의함			함께
	11					함께
5단계 타문화 동반자 사역 전략	12	타문화 동반자 사역 원형 (Prototype)	타문화 동반자사역 촉진을 위한 작은 모델 (U이론 70분 모델) 사용			함께

2. 파일럿 프로젝트 실행 일지

Meeting 1: 관계자, 진행자 모임
[변화 주제: 타문화 파트너들의 공감대 형성]

진행 순서	목표	내용
1. 함께함	하나 됨을 확인하고 서로를 이해하는 시간	- 서로 알아가기 - '하나 됨'의 힘
2. 예배	변화의 주도자는 하나님	[찬양, 말씀, 기도] 2인 1조로 준비하며 BHJ 여정과 전체 참가자를 위해 기도한다. '대계명'과 '대사명' – 요 17:23
3. 주제 소개	관계자, 진행자 모임	'함께함' 세션의 첫 번째 모임으로서 관계자, 진행자들이 서로를 알고 '하나 됨'의 열망을 갖는 시간이다. 또한, 진행자의 역할 및 각 과의 진행 순서와 방법을 숙지하여 원활한 모임이 되게 하며 필요한 세 가지 기술을 익힐 것이다.
4. 강의	변화에 도움을 주는 자료 제시	① 각 과 진행 순서와 방법 소개 ② 주제 토크, 퍼실리테이션, 소그룹 코칭 ③ 듣기와 대화 5단계 방법 나눔
5. 코칭 소그룹	성찰과 대화, 나눔과 돌봄	사역과 지역 소개 소그룹에서 강의에서 배운 것을 실천해 봄. 함께 기도로 마침
6. 과제	[묵상, 독서] 요 14-21장 2번 읽고 느낀 점 쓰기	[저널링] 친구 알기, 강의 노트, 묵상 노트
7. 기타 활동		장소 데코, 간식 준비 순서 정하기

Meeting 2: 오리엔테이션 - 과정 소개
[변화 주제: 타문화 파트너들의 공감대 형성]

진행 순서	목표	내용
1. 함께함	하나 됨을 확인하고 서로를 이해하는 시간	[선과제 나눔] 요 14-21장 2번 읽고 느낀 점 써 온 것, 강의 노트 나누기 휴식 및 교제
2. 예배	변화의 주도자는 하나님	[찬양, 말씀, 기도] 2인 1조로 준비하며 BHJ 여정과 전체 참가자를 위해 기도한다.
3. 주제 소개	오리엔테이션	'공감대 형성' 세션의 두 번째 모임으로서 참가자들이 서로를 알고 '하나 됨'의 열망을 갖는 시간이다. 참가자들에게 BHJ 전체 여정을 소개하고 매 과의 흐름을 알게 한다.
4. 강의	변화에 도움을 주는 자료 제시	GMCM의 어제와 오늘 전체 과정 소개
5. 코칭 소그룹	성찰과 대화 나눔과 돌봄	개인 여정과 사역 디브리핑, 함께 기도로 마침
6. 과제	[독서, 저널링] ONE PEOPLE Ch. 1. (John Stott) 묵상 노트	[과제] 딤전 4:6-16 자신의 소명과 하나님이 주시는 개인적 명령들을 나누고 이 명령들에서 개인적 변화가 필요한 3가지를 에세이로 써 와서 나눔.
7. 기타 활동		

Meeting 3: 동반자 정신, 관계의 개념
[변화 주제: 타문화 파트너들의 공감대 형성]

진행 순서	목표	내용
1. 함께함	하나 됨을 확인하고 서로를 이해하는 시간	2과 과제 나눔 휴식 및 교제
2. 예배	변화의 주도자는 하나님	[찬양, 말씀, 기도] 2인 1조로 준비하며 BHJ 여정과 전체 참가자를 위해 기도한다. 엡 1:8-10. "그리스도 안에서 통일"
3. 주제 소개	동반자 정신, 관계의 개념	3차 모임의 주제는 동반자 정신, 관계의 개념을 성경적으로, 사회적으로 이해하는 것이다. 겸손과 희생, 상호 부조, 상호 의존 등의 개념과 관계에 대해 알고 방해 요인에 대해 알 때 변화를 기대할 수 있다.
4. 강의	변화에 도움을 주는 자료 제시	성경이 말하는 동반자 정신과 관계 삼위일체 하나님과 인간의 동반자 관계 (창조, 청지기 정신, 하나님 나라 파트너십) 서로 사랑-연합-증거 하나 됨과 다양성 신약성경-동반자들의 사역 동반자 관계에 관한 아티클 읽기 동반자 사역의 방해 요소(필립 버틀러)
5. 코칭 소그룹	성찰과 대화, 나눔과 돌봄	강의 내용 나눔 함께 기도로 마침
6. 과제	[묵상, 독서 저널링] 요 14:1-24 강의 노트 ONE PEOPLE Ch. 2. (John Stott)	[과제] 현재 함께 사역 중인 동반자들과 관계 성찰과 바람직한 동역에 대해 2page
7. 기타 활동		

Meeting 4: 삶과 사역의 본질 찾아가기
[변화 주제: 동반자 관계와 사역 성찰]

진행 순서	목표	내용	
1. 함께함	하나 됨을 확인하고 서로를 이해하는 시간	[선과제 나눔] 딤전 4:6-16 자신의 소명과 하나님이 주시는 개인적 명령들을 나누고 이 명령에서 개인적 변화가 필요한 3가지를 에세이로 써 와서 나눔.	
2. 예배	변화의 주도자는 하나님	[찬양, 말씀, 기도] 2인 1조로 준비하며 BHJ 여정과 전체 참가자를 위해 기도한다.	
3. 주제 소개	미래를 실제화하기 (프리젠싱)	4과는 '나는 누구며, 무엇을 해야 하는가?' 하는 삶과 사역의 본질을 찾는 것이다. 개인 신앙, 동반자 관계, 사역 디브리핑(debriefing)을 통해 자신의 삶과 사역에서 현실과 본질의 괴리를 찾아내고 정리한다.	
4. 강의	변화에 도움을 주는 자로 제시	개인의 변화: '나'에서 '우리'로 변화를 위한 제안들	
5. 코칭 소그룹	성찰과 대화, 나눔과 돌봄	조별로 개인 여정과 사역 디브리핑 나누고 16개의 성찰 질문에 답하며 의지를 열어 3가지 개선 사항을 정하고, 기도로 마침	
6. 과제	독서, 저널링	현재 함께 사역 중인 동반자들과 관계 묘사와 바람직한 동역에 대해 요 14:25-31 2번 읽고 느낀 점 쓰기	ONE PEOPLE Ch. 3. (John Stott) 묵상 노트
7. 기타 활동			

Meeting 5: 관계의 변화
[변화 주제: 동반자 관계와 사역 성찰]

진행 순서	목표	내용	
1. 함께함	하나 됨을 확인하고 서로를 이해하는 시간	[선과제 나눔] ① 묵상 노트 나눔 ② 현재 함께 사역 중인 동반자들과 관계 묘사와 바람직한 동역에 대해 ③ ONE PEOPLE Ch. 3.	
2. 예배	변화의 주도자는 하나님	[찬양, 말씀, 기도] 2인 1조로 준비하며 BHJ 여정과 전체 참가자를 위해 기도한다. 엡 4:1-16; 롬 8:1-4; 골 3:9-17	
3. 주제 소개	GMCM 관계 점검	"나 중심에서 전체 중심으로"	
4. 강의	변화에 도움을 주는 자료 제시	5과는 현장 조사 결과를 소개하며 GMCM의 동반자 관계의 현재 상태를 인식하고 대화를 통해 친밀한 관계가 되도록 한다. 예수 그리스도의 성육신적 삶과 사역	
5. 코칭 소그룹	성찰과 대화, 나눔과 돌봄	예수 그리스도의 성육신적 삶과 사역 대화의 5단계(대화가 관계의 장애를 극복한다)	
6. 과제	독서, 저널링	현재 함께 사역 중인 동반자들과 관계 묘사와 바람직한 동역에 대해 요 15:1-14(새 계명) 2번 읽고 느낀 점 쓰기	ONE PEOPLE Ch. 4. (John Stott) 묵상 노트
7. 기타 활동			

Meeting 6: 서로 다른 문화를 가진 동반자들의 관계
[변화 주제: 동반자 관계와 사역 성찰]

진행 순서	목표	내용
1. 함께함	하나 됨을 확인하고 서로를 이해하는 시간	[선과제 나눔] 현재 함께 사역 중인 동반자들과 관계묘사와 바람직한 동역에 대해 요 15:1-14(새 계명), 갈 5:16-26.
2. 예배	변화의 주도자는 하나님	[찬양, 말씀, 기도] 2인 1조로 준비하며 BHJ 과정과 전체 참가자를 위해 기도한다. 갈 3:26-29
3. 주제 소개	실제화 (프리젠싱)	6과는 서로 다른 문화를 가진 동반자들의 관계 형성에 관한 것이다. 문화의 의미, 자문화와 타문화를 이해하고 자신의 문화에서 친밀한 동반자가 되는 데 필요한 요소를 나눈다
4. 강의	변화에 도움을 주는 자료 제시	① 문화의 의미 ② 자문화와 타문화, 자문화 중심주의 ③ 비교문화, 초문화
5. 코칭 소그룹	성찰과 대화, 나눔과 돌봄	① 동반자 관계를 세우는 결-긍정 탐구이론(IA) 실습 ② 자신 지역에서 상호 신뢰하는 인간관계 나눠 보기 ③ 함께 기도로 마침
6. 과제	독서, 저널링	① 강의 노트 ② 요 15:14-27 2번 읽고 느낀 점 쓰기	역사적 인물이나 제자백가 중 존경하는 인물과 그 이유
7. 기타 활동		① 명절 문화를 그림이나 글로 써 보기 ② 호칭과 복식 문화를 서로 소개

Meeting 7: 성육신적 동반자들
[변화 주제: 동반자들의 의사소통]

진행 순서	목표	내용
1. 함께함	하나 됨을 확인하고 서로를 이해하는 시간	[선과제 나눔] 딤전 4:6-16 6과 강의 노트 리뷰 나누기 요 15:14-27.
2. 예배	변화의 주도자는 하나님	[찬양, 말씀, 기도] 2인 1조로 준비하며 BHJ 여정과 전체 참가자를 위해 기도한다. 마 18장; 막 10:42-45; 빌 2:2:5-11; 4:15-20
3. 주제 소개	성육신적 동반자 되기	7과는 서로 다른 문화 배경을 가진 참가자들이 성육신적 동반자로 변화되기 위한 것이다. 친히 인간이 되신 예수 그리스도의 성육신적 소통을 이해하고 중국인과 한국인의 문화 특성을 알고 이해하며 존중하는 동반자로 변모해 가기 위함이다.
4. 강의	변화에 도움을 주는 자료 제시	예수 그리스도의 성육신과 동반자들의 문화 적응 자료: 중국인의 문화 특성, 관계 문화, 협력 방법
5. 코칭 소그룹	성찰과 대화, 나눔과 돌봄	문화적 차이를 정리해 보기, 강의와 관련된 소그룹 나눔
6. 과제	독서, 저널링	요 16:1-12 2번 읽고 느낀 점 쓰기	소논문 읽고 중국인의 타문화 협력 문화 장점과 단점 비교
7. 기타 활동		친밀한 관계를 묘사하는 사자성어나 속담 8개씩 찾아서 묘사하기

Meeting 8: 수신자 중심의 의사소통
[변화 주제: 동반자들의 의사소통]

진행 순서	목표	내용	
1. 함께함	하나 됨을 확인하고 서로를 이해하는 시간	[선과제 나눔] 요 16:1-12 ① 중국인의 협력 문화 장단점 나눔 ② 7과 기타 활동 소감 나누기	
2. 예배	변화의 주도자는 하나님	[찬양, 말씀, 기도] 2인 1조로 준비하며 BHJ 여정과 전체 참가자를 위해 기도한다. : 수신자에게 적절했던 예수님의 메시지들	
3. 주제 소개	수신자 중심의 의사소통	8과는 수신자 중심의 의사소통에 관한 것이다. GMCM 사역자들의 문화 배경은 각각 다르다. 이런 차이가 서로를 이해하고 사역하는 데 방해가 된다는 것을 발견하였기 때문에 의사소통의 기본 방법인 수신자 지향적 커뮤니케이션(Receptor-orientied communication)을 이해하고 실습해 보면서 타문화 사역자들이 효과적으로 소통하고 사역할 기반을 마련하기로 한다.	

4. 강의	변화에 도움을 주는 자료 제시	① 수신자 중심 의사소통 원리의 6단계
		  (1) 인식 (2) 흥미(평가) (3) 선택
		  (4) 실행 (5) 재조정 (6) 재평가
		② 문화 간, 타문화 의사소통
		③ 중국인과 한국인 상호 간의 수신자 중심 소통	

5. 코칭 소그룹	성찰과 대화, 나눔과 돌봄	수신자 중심 소통 실습, 함께 기도로 마침	
6. 과제	독서, 저널링	① 강의 노트 복습 ② 요 16:25-33 2번 읽고 느낀 점 쓰기	수신자 중심 의사소통 참고 자료 쿡상 노트
7. 기타 활동			

Meeting 9: 타문화 파트너십 의사소통 기술
[변화 주제: 동반자들의 의사소통]

진행 순서	목표	내용
1. 함께함	하나 됨을 확인하고 서로를 이해하는 시간	[선과제 나눔] ① 강의 노트 복습 ② 요 16:25-33 2번 읽고 느낀 점 쓰기
2. 예배	변화의 주도자는 하나님	[찬양, 말씀, 기도] ① 마 16:9-11 제자들의 동문서답 ② 2인 1조로 준비하며 BHJ 여정과 전체 참가자를 위해 기도한다.
3. 주제 소개	타문화 파트너십의 의사소통 기술	9과는 타문화 동반자들의 실제적 의사소통 기술을 습득하는 것이다. 커뮤니케이션의 과정을 이해하고 이문화 수용 능력 개발 방법을 기초적으로 습득해서 GMCM 안에 원활한 의사소통이 일어나기를 기대한다.
4. 강의	변화에 도움을 주는 자료 제시	① 문화 간 커뮤니케이션 과정 ② 이문화 수용 능력 개발 방법 이해(김숙현) ③ 제3의 이방인 문화
5. 코칭 소그룹	성찰과 대화, 나눔과 돌봄	① 자신의 문화 간 커뮤니케이션 과정 성찰 수용 능력 개발 방법에서 안 되는 점 나누기 ② 함께 기도로 마침
6. 과제	독서, 저널링	① 9과의 소감 그림이나 글로 써 오기 ② 요 17:1-12 2번 읽고 느낀 점 쓰기 ③ 묵상 노트
7. 기타 활동		

Meeting 10: 비전과 의도 재설정하기
[변화 주제: 비전과 사명 새롭게 하기]

진행 순서	목표	내용
1. 함께함	하나 됨을 확인하고 서로를 이해하는 시간	[선과제 나눔] ① 강의 노트 복습 ② 요 17:1-12 2번 읽고 느낀 점 쓰기
2. 예배	변화의 주도자는 하나님	[찬양, 말씀, 기도] ① 창 13:1-5; 롬 8:1-6; 고전 12:3-12 ② 2인 1조로 준비하며 EHJ 여정과 전체 참가자를 위해 기도한다.
3. 주제 소개	비전과 사명 새롭게 하기	10과는 GMCM 비전과 사역 정하기다. 우리의 비전은 글로벌 선교공동체사역원으로서 타문화권에 선교적 교회나 공동체를 세워서 그 지역의 교회들과 연합하여 하나님 나라를 세우는 것이었다. 이 일은 모든 구성원이 동반자로 섬겨야 하는 일인데 당신의 비전은 무엇인가?
4. 강의	변화에 도움을 주는 자료 제시	① Vision & Dream ② 소명과 비전의 발견 ③ 참가자의 비전 하나로 묶기 　: '적응 리더십'의 중재의 7 단계 활용
5. 코칭 소그룹	성찰과 대화, 나눔과 돌봄	① 비전을 토대로 사역 정하기(지역별, 전체) ② 함께 기도로 마침
6. 과제	독서, 저널링	① 강의 노트 복습 ② 요 17:13-26 2번 읽고 느낀 점 쓰기-묵상 노트
7. 기타 활동		

Meeting 11: 새로운 형태의 리더십과 구조
[변화 주제: 비전과 사역 새롭게 하기]

진행 순서	목표	내용
1. 함께함	하나 됨을 확인하고 서로를 이해하는 시간	[선과제 나눔] ① 강의 노트 복습 ② 요 17:13-26 2번 읽고 느낀 점 쓰기
2. 예배	변화의 주도자는 하나님	[찬양, 말씀, 기도] ① 막 10:35-45; 눅 22:24-27; 요 13:13-17; 골 3:22-24 ② 2인 1조로 준비하며 BHJ 여정과 전체 참가자를 위해 기도한다.
3. 주제 소개	새로운 사역 구조	11회는 새로운 형태의 리더십과 구조를 토의하는 것이다. 다양한 참가자가 전체의 비전과 사역을 실재화하기 위해서는 개인적으로, 전체적으로 어떤 형태의 구조와 리더십을 가져야 하는지에 관한 것이다.
4. 강의	변화에 도움을 주는 자료 제시	① 초대 교회 불가사리 모델: 처치 시프트 제6장 ② 피라미드가 아닌 방사형 사역 구조 ③ 나의 왕국이 아닌 하나님 나라 동반자 의식
5. 코칭 소그룹	성찰과 대화, 나눔과 돌봄	① 강의 내용 소그룹 성찰 ② 변화가 필요한 부분 저널 쓰기
6. 과제	독서, 저널링	① 요 18장 2번 읽고 느낀 점 쓰기-묵상 노트 ② 향후 GMCM의 모임과 리더십의 제안 써 보기
7. 기타 활동		

Meeting 12: 타문화 파트너십 사역 디자인-원형 만들기
[변화 주제: 타문화 동반자 사역 전략]

진행 순서	목표	내용
1. 함께함	하나 됨을 확인하고 서로를 이해하는 시간	[선과제 나눔] ① 강의 노트 복습 ② 요 18장-묵상 노트 ③ 향후 GMCM의 모임과 리더십의 제안 써 오기-나눔
2. 예배	변화의 주도자는 하나님	[찬양, 말씀, 기도] ① 엡 4:15-16 ② 2인 1조로 준비하며 BHJ 여정과 전체 참가자를 위해 기도한다.
3. 주제 소개	실제화 (프리젠싱)	12회는 수렴된 비전과 사역을 실행할 기초적 원형을 만드는 것이다. 다양한 아이디어를 실제로 만들어 시행해 보면서 더 나은 타문화 동반자 사역 모델을 만들 수 있을 것이다. U이론 tools에서 70분간 실시할 수 있는 자료를 사용해 실시해 보기로 한다.
4. 강의	변화에 도움을 주는 자료 제시	① 원형 만들기 자료 준비(4-5명) ② 상황 설명 - 목적 진술, 긍정적 분위기 조성 ③ 기도와 성찰 ④ 전체 대화: 새로운 관점, 관찰 대화, 발표 ⑤ 기록과 작성 - 원형 완성 ⑥ 감사
5. 코칭 소그룹	성찰과 대화, 나눔과 돌봄	3. 주제 소개를 사용하여 코치가 기도와 성찰을 인도하고 아이디어를 수렴한다. 4. 강의에서 실시한 '타문화 파트너십 원형 모델 만들기'를 전체 아이디어에 반영한다. 코치는 확정하거나 조언하지 않는다.
6. 과제	독서, 저널링	① 원형을 개인적, 전체적으로 실시한 후 피드백을 통해 수정 ② 요 19장 2번 읽고 느낀 점 쓰기-묵상 노트
7. 기타 활동		

영문 초록(ABSTRACT)

"A Study on Partnership Ministry Strategy Between Chinese and Korean Cross-Cultural Workers: With Special Reference to GMCM." Fuller Theological Seminary, School of Mission and Theology. Doctor of Intercultural Studies. p. 218

The main objective of this study is to explore partnership strategies for Chinese and Korean cross-cultural workers, with a special reference to the Alliance of Missional Communities in the Global Missionary Partnership(GMCM). Jesus Christ's Great Commission is given not merely to one region or church, but rather to all churches and institutions worldwide. Therefore, Chinese and Korean cross-cultural workers must work closely together as partners in global missions. To accomplish the research objective, this study examines biblical, missiological, and sociological perspectives on Cross-Cultural partnership, as well as the situational perspective of GMCM partnership through literature review, field research, and pilot studies. Part I of the study explores the biblical, missiological, sociological, and situational perspectives of Cross-Cultural partnership and gains new insights into the concept, spirit, relationships, and methods of partnership for Korean and Chinese workers. Part II, based on these new perspectives, conducts quantitative and qualitative research to identify the current status of partnership between Korean and Chinese cross-cultural workers in GMCM, revealing a lack of trust-building, Cross-Cultural understanding and communication, and training for God's kingdom partnership. A pilot study addressing these hindrances, finds that the promotion of GMCM's Cross-Cultural partnership can be achieved. Part III provides practical suggestions for strategic changes in partnership between Korean and Chinese cross-cultural workers based on theoretical insights from literature review and field research on the dynamics of change. This study eventually presents a "Kingdom Based Partnership" model as a strategic plan to promote effective partnership formation and training for cross-cultural workers.

Mentor: Timothy Kiho Park, Ph.D.

한글 초록

　본서의 중심 과제는 선교적 공동체들의 연합인 GMCM(글로벌선교공동체사역원)을 중심으로 한 중국인과 한국인 타문화권 사역자들의 동반자 사역 전략에 관한 것이다. 예수 그리스도의 대위임령은 어떤 한 지역이나 교회가 아닌 모든 지역의 교회와 기관에게 주신 것이다. 그러므로 중국인과 한국인 타문화 사역자들은 세계 선교의 파트너들로서 긴밀히 협력해야 한다.

　연구 목적을 달성하기 위해 동반자 사역의 성서적 관점과 선교학적 관점과 사회과학적 관점 그리고 GMCM 동반자 사역의 상황을 문헌 연구와 현장 조사, 실험 연구를 통해 연구하였다.

　제1부는 문헌 연구에서 타문화 동반자 사역에 관한 성경적 관점, 선교학적 관점, 사회과학적 관점 그리고 상황적 관점을 연구하고 한국인과 중국인 사역자 간의 동반자 사역을 위한 동반자 개념, 정신, 관계와 사역 방법에 대한 새로운 관점을 얻게 되었다.

　제2부는 현장 조사로서 문헌 연구를 통해 얻어진 새로운 관점을 통해 GMCM을 중심으로 한 한국인 타문화권 사역자들과 중국인 타문화권 사역자들의 동반자 사역 현황이 신뢰하는 동반자 관계 형성과 성육

신적 타문화 이해와 소통, 하나님 나라 파트너십 훈련의 결여임을 양적 조사와 질적 조사를 통하여 검증하였다.

또한, 이 방해 요소들을 해소할 실험 연구(Pilot Project)를 하게 되면 GMCM의 타문화 동반자 사역이 촉진될 수 있다는 결과를 얻었다.

제3부는 현장 변화의 역학(Change Dynamics)으로 문헌 연구를 통한 이론적 통찰력과 현장 조사를 통하여 얻은 상황을 기초로 한국인 타문화권 사역자들과 중국인 타문화권 사역자들 간의 동반자 사역 전략 변화를 위한 실제적 제언을 하였고 타문화 동반자 사역자들의 효과적 파트너십 형성을 촉진하고 훈련할 수 있는 '왕국 기반 파트너십'(Kingdom Based Partnership) 모델을 전략적 방안으로 제안하였다.

참고 문헌(REFERENCES CITED)

[국내 도서]

강성광. 1995. 『중국은 지금』. 서울: 죠이선교회출판부.

강승삼. 1991. 『21세기 선교 길라잡이』. 서울: 생명의말씀사.

김기홍. 2016. 『논문 작성 이렇게 하라』. 서울: 시대의창.

김성태. 2006. 『세계선교 전략사』. 서울: 생명의말씀사.

김숙현 외 6인. 2007. 『한국인과 문화 간 커뮤니케이션』. 서울: 커뮤니케이션북스.

김에녹. 2019. 『도시 선교』. 서울: 죠이선교회출판부.

김인숙. 2006. 『사회복지연구에서 질적방법과 분석』. 서울: 집문당.

김정은. 2021. 『한국인의 문화 간 의사소통』. 서울: 한국문화사.

김창원. 2012. 『학술적 글쓰기 입문』. 서울: 시와진실.

김학관. 2008. 『중국서울: 생명의말씀사. 선교의 전망』. 서울: 예영커뮤니케이션.

박기호. 2005. 『타문화권 교회개척』. 서울: 개혁주의신행협회.

박도순. 2004. 『질문지 작성 방법론』. 서울: 교육과학사.

박선기. 2021. 『선교사 갈등 전환』. 서울: 동서선교연구개발원.

박 진. 2020. 『퍼실리테이션을 만나다』. 서울: 플랜비디자인.

박해영. 2021. 『교회가 교회 되게: 인디저너스 처치』. 서울: 기독교문서선교회.

백정성. 2012.『한국 교회의 초기 산동성 선교』. 서울: 동서선교연구개발원.

안승오. 2006.『현대 선교의 핵심 주제 8가지』. 서울: 기독교문서선교회.

이상훈. 2017a.『처치 시프트』. 서울: 글로벌워십미니스트리.

―――. 2017.『리뉴처치』. 서울: 교회성장연구소.

이인석. 2019.『조직행동 이론』. 서울: 시그마프레스.

이정아. 이승형. 2014.『글로벌 조직문화에 따른 평가와 그에 따른 보상』. 서울: 황금사자.

이태웅. 1996.『한국 교회와 국제 기관의 협력 방안-동반자적 선교의 이론과 실제』. 서울: 도서출판햇불.

이현모. 2007.『현대선교의 이해』. 대전: 침례신학대학교출판부.

조용기. 2005.『사차원의 영성』. 서울: 교회성장연구소.

주영하 외. 2014.『한국인의 문화 유전자』. 서울: 아모르문디.

[외국 번역서]

Bartlett, Ghoshal and Christopher A. Sumantra. 2020.『국경 없는 경영』(*Managing Across Borders*). 서울: 도서출판청람.

Berkhof, Louis 1999.『조직신학(상)』(*Systematic Theology*. Grand Rapids: Eerdmans.Vol. 1.). 이상원, 권수경 역. 서울: 크리스챤다이제스트.

Bosch, David. 2017.『변화하는 선교』(*Transforming Mission: Paradigm Shifts in Theology of Mission*). 김만태 역. 서울: 기독교문서선교회.

Blauw, Johannes. 2002.『교회의 선교적 본질』(*The Missionary Nature of the Church*). 전재옥, 전호진. 송용조 역. 서울: 한국장로교출판사.

Charmaz, Kathy.2013.『근거 이론의 구성 질적 분석의 실천지침』(*A Practical Guide Through Qualitative Analysis*). 서울: 학지사.

Engen, Charles V. 2000.『모이는 교회 흩어지는 교회』(*God's Missionary People*). 임윤택 역. 서울: 두란노.

George, Carl F. 1999. 『다가오는 교회혁명 이렇게 대비하라』(*Prepare Your Church for the Future*). 전의우 역. 서울: 요단출판사.

Glasser, Authur F. 2008. 『성경에 나타난 하나님의 선교』(*Announcing the Kingdom of God*). 임윤택 역. 서울: 생명의말씀사.

Hesselgrave. D. J. 1994. 『현대 선교의 도전과 전망』(*Today's Choices for Tomorrow's Missions*). 장로회신학대학교 세계선교원 역. 서울: 한국장로교출판사.

Hiebert, Paul G. 1996. 『선교와 문화인류학』(*Anthropological Insights for Missionaries*). 김동화 외3 역. 서울: 죠이출판사.

―――. 1997. 『인류학적 접근을 통한 선교현장의 문화이해』(*Anthropological Reflections on Missiological Issues*). 김동영, 안영권 역. 서울: 죠이출판사.

Hiebert, Eloise G. Paul Meneses. 1998. 『성육신적 선교 사역』(*Incarnational Ministry: Planting Churches in Band, Tribal, Peasant, and Urban Societies*). 이대헌, 안영권 역 서울: 기독교문서선교회.

Hifetz, Linsky and Grashow Ronald Marty Alexander. 2012. 『적응 리더십』(*The Practice of Adaptive Leadership*). 김충선 역. 서울: 더난출판.

Kraft, Charles H. 2001. 『기독교 커뮤니케이션론』(*Communication Theory for Christian Witness*). 박영호 역. 서울:기독교문서선교회.

Kraft, Charles H. 2005. 『기독교 문화인류학』(*Anthropology for Christian Witness*). 안영권, 이태헌 역. 서울: 기독교문서선교회.

―――. 2006. 『기독교와 문화』(*Christianity in Culture*). 임윤택, 김석환 공역. 서울: 기독교문서선교회.

Ladd, George E. 2002. 『하나님 나라의 복음』(*The Gospel of Kingdom*). 박미가 역. 서울: 도서출판서로사랑.

Luzbetak, Louis J. 1993. 『문화인류학』(*The Church and Culture*). 채은수 역. 서울: 한국로고스연구원.

Lingenfelter, Sherwood G. 2011. 『타문화 사역과 리더십』(*Leading Cross-Culturally*). 김만태 역. 서울: 기독교문서선교회.

Marc and Samantha Hurwitz. 2019. 『완벽한 팀』(*A Fresh Look at Followership, Leadership, and Collaboration*). 이종민 역. 서울: 플랜비디자인.McGavran, Donald A. 1987. 『교회 성장 이해』(*Understanding Church Growth*). 전재옥, 이요한, 김

종일 역. 서울: 한국장로교출판사.

──. 『하나님의 선교 전략』(The Bridges of God). 이광은 역. 서울: 한국장로교출판사.

McLean, Gary N. 2011. 『조직개발의 이해』(Organization Developement: Principles, Processes, Performance). 우하영, 이유진, 김호굉 역. 서울: 민음사.

Minto, Babara. 2017. 『논리적 글쓰기』(The Minto Pyramid Principle Self-Study Course Workbook). 이진원 역. 서울: 주)더난콘텐츠그룹.

Miroslav, Volf. 2018. 『배제와 포용』(Exclusion and Embrace). 박세형 역. 서울: IVP.

──. 2014. 『삼위일체와 교회』(After Our Likeness: The Church as the Image of Trinity). 황은영 역. 서울: 새물결플러스.

Morrow, Scott A. ed. 2014. 『선교학 사전』(Evangelical Dictionary of World Missions). 김만태 외 12명 역. 서울: 기독교문서선교회.

Morgan, Gareth. 2012. 『조직 이론』(Images of Organization). 김주엽, 박상언 역. 서울: 경문사.

Neill, Stephen. 2008. 『기독교 선교사』(A History of Christian Missions). 홍치모, 오만규 역. 서울: 성광문화사.

Newbigin, Lesslie. J. E. 2007. 『다원주의 사회에서의 복음』(The Gospel in a Pluralist Society). 홍병룡 역. 서울: IVP.

Nissen, Johannes. 2005. 『신약성경과 선교』(New Testament and Mission). 서울: 기독교문서선교회.

Plueddemann, James E. 2013. 『범세계적 교회와 선교적 리더십』(Leading Across Cultures). 변진석, 김동화 역. 서울: GMF.

Pierson, Paul E. 2009. 『선교학적 관점에서 본 기독교 선교운동사』(The Dynamics of Christian Mission: History Through a Missiological Perspective). 임윤택 역. 서울: 기독교문서선교회.

Rich Karlgaard. Michael S. Malone. 2017. 『팀이 천재를 이긴다』(Team Genius). 김성남, 오유리 역. 서울: 틔움출판.

Shenk, Wilbert R. 2001. 『선교의 새로운 영역』(Changing Frontiers of Mission). 장훈태 역. 서울: 기독교문서선교회.

Spradley, James P. 2009. 『참여 관찰법』(*Participant Observation*). 신재영 역. 서울: 센게이지러닝코리아㈜.

Steffen, Douglas and Tom Lois M. 2010. 『선교사의 생활과 사역』(*Encounting Missionary Life and Work*). 김만태 역. 서울: 기독교문서선교회.

Stewart, Shamdasani and David Prem. 2015. 『포커스 그룹 연구방법론』(*Focus Groups: Theory and Practice*) 3rd ed. 김종구 외 3명 역. 서울: 학지사.

Sunquist, Scott. 2015. 『기독교 선교의 이해: 고난과 영광에의 참여』(*Understanding Christian Mission*). 이용원, 정승현 역. 경기: 주안대학원대학교출판부.

Sogaard, Viggo. 2011. 『현장 사역 조사 연구 방법론』(*Research in Church and Mission*). 김에녹 역. 서울: 기독교문서선교회.

Stott, Jhon. R.W. 1997. 『현대 사회 문제와 기독교적 답변』(*Issues Facing Christians Today*). 박영호, 역. 서울: 기독교문서선교회.

———. 2000. "살아 계신 하나님은 선교하시는 하나님이시다"(The Living God is a Missionary God). Winter, Ralph, Hawthorne Steven C., and Chulho Han, eds. 2010. 퍼스펙티브스 1(Perspectives on the World Christian Movement) 개정 4판. 정옥배, 변창욱, 김동화, 이현모 공역. 서울: 예수전도단.

———. 2006. 『기독교의 기본진리』(*Basic Christianity*). 황을호 역. 서울: 생명의말씀사.

Scharmer, C. Otto, and Katrin Kaufer. 2014. 『본질에서 답을 찾아라』(*Leading from the Emerging Future*): MIT 대학의 18년 연구 끝에 나온 걸작 'U프로세스'. 엄성수 역. 서울: 티핑포인트.

Taylor, D. William. 2004. 『글로벌 선교학』(*Global Mission for the 21st Century: The Iguassu Dialogue*). 최형근 외 4명 역 서울: 기독교문서선교회.

Whitney, Bloom Diana Amanda T. 2014. 『긍정 조직 혁명의 파워』(*The Power of Appreciative Inquiry*). 이영석, 김명언, 이지영 역. 서울: ORP연구소.

Winter, Ralph D. 2012. 『비서구 선교 운동사』. 고양시: 예수전도단.

Wood, Leon J. 1985. 『이스라엘 역사』(*A Survey of Israel's History*). 김의원 역. 서울: 기독교문서선교회.

Wright, Christopher J. H. 2012. 『하나님 백성의 선교』(*The Mission of God's People*). 한화룡역. 서울: IVP.

Zeihan, Peter. 2023. 『붕괴하는 세계와 인구학』(*The End of the World Is Just the Beginning: Mapping the Collapse of Globalization.*). 홍지수 역. 서울: 김앤김북스.

[일] 료 사카마키. 2019. 『세상에서 가장 쉬운 회의 퍼실리테이션』. 전경아 역. 고양시: 이다미디어.

[외국 도서]

Barnes, Jonathan S. *Power and Partnership: A History of the Protestant Mission Movement*(American Society of Missiology Monograph Series Book 17). Pickwick Publications, Eugene: Pickwick Publications.

Bonk, Jonathan. J., *Missions and Money*. 2006. The Rigteous Rich in the Old Testament. New York: Orbis Books.

Butler, Phillip. 1994. *Kingdom Partnerships in the '90s: Is There a New Way Forward*, William D. TaylorEd., Kingdom Partnerships for Synergy in Missions. Pasadena: William Carey Library.

———. 2005. *Well Connected: Releasing Power, Restoring Hope through Kingdom Partnership*. Colorado Springs: Authentic Publishing.

Bush, Luis &, Lutz, Lorry. 1990. *Partnering Ministry*. Downers: IVP.

Coghlan, Anne T. & Preskil, Hallie, ed., 2003. *An Overview of Appreciative Inquiry*. San Francisco: Josse-Bass.

Cooperrider, et al., 2003. *Appreciative Inquiry Handbook*. Ohio: Lakeshore Publishers.

Hesslgrave J. David. *1980 Planting Churches Cross-Cuturally*. Grand Rapids: Baker.

Hiebert, G. Paul. 2008. *Transforming Worldviews: An Anthropological Understanding of How Peolleple Change*. Grand Rapids: Baker Academic.

Jennings, A. Mark. 2019. *The Price of Partnership in the Paul to the Philippians*. New York: T&T Clark.

Ka-lunLeung. 1999. *Evangelists and Revivalists of Modern China*. Hong Kong: Christianity & Chinese Culture Research Centre.

Kim, Enoch Jinsik. 2018. *Receptor-Oriented Communication for Hui Muslims in China With Special Reference to Church Planting*.(American Society of Missiology Monograph Series vol. 34). Eugene: Pickwick Publications.

K. Park Timothy & Steve K. Eom. 2017. *Globalization and Mission*. East-West Center Press. Kung, Hans. 1967. The Church. Garden City: Image Books.

Latourett Scott Kenneth, 1973. *Advance Through Storm: A History of the Expansion of Cristianity*. Grand Rapids: Zondervan.

Lederleitner, T. Mary. 2010. *Cross-Cultural Partnership*. Downers Grove: IVP.

Mischke, Werner ed. 2010. *The Beauty of Partnership*. Scottdale: Mission ONE.

Moltmann, Jurgen. 1977. *The Church in the Power of the Spirit: A Contribution to Messianic Ecclesciology*. London: SCM Press.

Niell, Stephen. 1952. *Christian Partnership*. London: SCM press.

Newbigin, Lesslie. 1967. *The Open Secret*. Grand Rapids: Wm.B. Eerdmans Publishing Co. Otto, Scharmer. Katrin, Kaoufer. 2013. *Leading from the Emerging Future: From Ego-System to Eco-system Economies*. Oakland: Berrett-Koehler Publishers, Inc.

Taylor D. William, ed, 1994. *Kingdom Partnerships for Synergy in Missions*. Pasadena: William Carey Library.

―――. ed. 2000. *Global Mission for the 21st Century: The Iguassu Dialogue*. Grand Rapids: Baker Academic. Warren Max. 1952. Christian Partnership. London: SCM press.

Watkins, Jane ed al., 2011. *Appreciative Inquiry: Change at the Speed of Imagination*. Sanfrancisco: Pfeiffer.

林语堂. 2002. From Pagan to Christianity 北京: 金瀑出版社

楼宇烈. 2016. 中国文化的根本精神. 北京: 中华书局.

吕思勉. 2019. 中国通史. 南京: 江苏人民出版社.

―――.2020. 中国文化史. 北京: 人民大学出版社.

王暉. 2017. 中国文化与跨文化交际. 北京: 商务印书馆.易中天. 2018a. 闲话中国人. 上海: 上海文艺出版社.

―――.2018. 中国人的智慧. 上海: 上海文艺出版社.

方克立编. 2001. 中国文化概论. 北京: 北京师范大学出版社.

黄保罗, 罗明嘉. 2004. 基督宗教与中国文化. 北京: 社会科学出版社.中韩基督教交流会. 2014. 今日中國教會. 中韩基督教交流会.资料.桌新平. 2003. 基督宗教与当代社会. 北京: 宗教文化出版社.

孙伟平. 2019. 中华文化可以向世界贡献什么?. 广西: 广西人民出版社.

吕叔湘 丁声树. 2019. 现代汉语词典(第七版). 商务印书馆.李宽淑. 1998. 中国基督教史略. 社会科学文献出版社.

김명혁. 1991. "선교의 파트너십". 「신학정론」, 303.

김영동. 2019. "동반자 선교의 신학정립과 실천적 방향 연구." 「선교신학」 제53집, 65-66.

김영호. 2015. "선교 중국을 위한 중국교회의 특수성과 보편성." 「선교와 신학」 37집: 195-196.

김종만, 김은기. 2020. 가치관을 통해 본 한국인의 문화적 정체성: 유교와 무교를 중심으로. 「신학과 사회34」(3) 193-235.

노윤식. 2013. "복음과 선교, 중국선교의 상호 협력." 「복음과 선교」 제23집. 87.

우심화. 2012. "한국 교회의 중국 선교에 대한 진단과 제언." 「기독교사상」, 50-63.

유전명. 2009. "한국 교회는 화교 네트워크를 진정으로 원하고 있나?" 「중국을 주께로」(111호). 50.

한강희. 2017. "한국기독교장로회의 국제협력 관계에 있어서 파트너십 선교 개념 설정과 실천적 전망". 「신학연구」, 71, 309-338.

[웹사이트]

김은홍. 2018. "삼위일체 하나님의 본질인 페리코레틱 관계로부터 통전적선교의 이해". 「한국개혁신학 58」(2018년 4월 26일), : 254-291. 검색된 날짜: 2021년 3월 6일 https://www.kci.go.kr/kciportal/landing/article.kci?arti_

id=ART002350671#none.

문상철. 2010. "동반자 선교: 서구형에서 글로벌형으로"(KWMA)한국세계선교협의회, 편집자) 세계 선교 전략회의 [NCOWE V]. 검색된 날짜: 2020년 12월 20일. http://kcm.kr/dic_view.php?nid=40928.

이선진. 2023. "뉴노멀 시대 딥택트 사역 방안에 대한 고찰." KRIM: https://krim.org/gmtc-84-5.

장훈태. 2014. "동북아 정세 변화와 한, 중 관계 속에서 선교." 「한국기독교 신학논총」 295-96. 검색된 날짜: 2020년 12월 1일. https://www.dbpia.co.kr/Journal/articleDetail?nodeId=NODE06288821에서

장성배. 2016. "선교 코칭 모델 연구." 「신학과 세계」, 325-359. doi: http//dx.doi.org/10.21130/tw.2016.12.88.325.

Bush Luis. 1991. "빌립보서의 성경적 기초를 통하여 본 성도의 협력추구"(In Pursuit of True Christian Partnershipa Biblical Basis from Philippians). 「신학정론」, 제9권 1호. pp.245-258/www-dbpia-co-k에서 검색된 날짜: 202년 1월 7일.

[저널 논문]

Wang, Chan and Thomas Sharon. 2010. "중국인을 향한 전도"(Christian Witness to the Chinese People). Winter, Ralph, Hawthorne Steven C., and Chulho Han, eds. 2010. 퍼스펙티브스 2(Perspectives on the World Christian Movement), 401-407. 개정 4.

Aagaard, Johannes. 1973. "Trends in Missiological Thingking During the Sixties", International Review of Mission, v. 62, 8-25.

Aagaard, Marie Anna. 1974. "Missio Dei in katholischer Sicht", vol 34, pp. 420-433.

Engen, van C. 2001. "Toward a Theology of Mission Partnerships. Missiology". An International Review.

―――. 2019. "Present-day Mission Partnerships". Acta theol. [online], 2019, vol.39(suppl.28), pp.53-71. doi: http://dx.doi.org/10.18820/23099089/actat.sup28.4.

Klagba, Charles.1997. "Salvador and Relationships in Mission: Partnership in Mission".

International Review of Mission. pp.340-341; Jan-Apr 1997; 86; Research Library. pg. 133.

Marsh, Collin. 2003."Partnership In Mission: To Send or To Share?". International Review of Mission. pp.370-81. VOL. XCII No. 366.

Mohr, J & Spekman, R.1994. "Characteristics of Partnership Success: Partnership Attributes", Strategic Management Journal 15:2, 135.

Ross, Cathy. 2010. "The Theology of Partnership,". International Bulletin of Missionary Research", 34-3: 145.

Parsons H. Greg. 2024. "Mission Frontiers: Pressing Forward in God's Global Mission", 10th KWMC Conference.

김에녹. 2020. "문헌연구 세미나"(Literature Review Seminar), KM 702, 강의안. Pasadena: Fuller Theological Seminary. School of Intercultural Studies.

김철수. 2010. "문화인류학"(Cultural Anthropology Seminar), MK 753, 강의안. Pasadena: Fuller Theological Seminary. School of Intercultural Studies.

박기호. 2009. "한국선교역사"(Korean Mission History). MH 541, 강의안. Pasadena: Fuller Theological Seminary. School of Intercultural Studies.

신선묵. 2022. "Change Dynamics Seminar", KM 706A, 강의안. Pasadena: Fuller Theological Seminary. School of Intercultural Studies.

이준우. 2021. "통합 연구 방법론"(Mixed Research Methodology Seminar), KM 704, 강의안.

Pasadena: Fuller Theological Seminary. School of Intercultural Studies.

윤정숙. 2012. "선교적 교회 신자의 신앙훈련 모델에 관한 연구-중국 소주 한인연합교회를 중심으로, A Study of The Spirituality Training Model for A Missionary Church: with Special Reference to The United Korean Church in Suzhou, China.' D.min 박사학위 논문. Pasadena: Fuller Theological Seminary, School of Intercultural Studies.

———. 2010. "중국 소주시에 거주하는 사람들의 음력설(春节) 풍속에 나타난 문화적 테마 연구, MK 752 Anthropology Termpaper." pasadena:Fuller Theological Seminary. School of Intercultural Studies.

———. 2010. "한국 선교사의 중국선교 협력 과제." MK 733(Crucial Issues in Korean Missions Seminar). Termpaper Pasadena: Fuller Theological Seminary. School of Intercultural Studies.

중어권사역임원. 대담자: 윤정숙. "타문화 중어권 사역자와 중국 한인선교사협 의회 의 협력 사역"(2021년 8월 11일).

나라미션. 대담자: 윤정숙. "중국인과 한국인의 효과적 동반자 사역"(2021년 9월 1 일). 김병천 외 4명, 대담자: 윤정숙. "효과적인 타문화 파트너십"(2021년 5월 19일). 조용중 외 3명, 대담자: 윤정숙. "효과적인 타문화 파트너십의 요건과 실제"(2021년 8월 7일).

[온라인·사전]

Butler, Phill. "The Power of Partnership: Transformation & Hope." Kingdom Resources: https://kingdom-resource.org/2021/02/23/the-power-of-partnership-transformation-hope.

Engen Van. 2009. "MK731." Pasadena: Fuller Theological Seminary. Institute school. 2022/09/19. https://www.u-school.org/case-clinic.

Lausanne Movement.2011/01/25. "Lausanne Movement" https://www.lausanne.org/ko/content-ko/ctc-ko/ctcommitment-ko.

王守常. "中国文化的特质."2017년 12월 20일 기사 2022년 4월 11일 접속 https://www.sohu.com/a/211877913_298577.

百度百科. "百度百科." baike. Baidu: 2023년 4월 11일 접속 https://baike.baidu.com/item/2022%E4%B8%AD%E5%9B%BD%E6%B4%BB%E5%8A%9B%E5%9F%8E%E5%B8%82%E7%99%BE%E5%BC%BA%E6%A6%9C?-from Module=lemma_search-box에서 검색됨.

百度百科. "苏州市." baike. Bai du 2023년 4월 11일 접속 https://baike.baidu.com/item/%E8%8B%8F%E5%B7%9E%E5%B8%82/6743370#%E5%8E%

참고 문헌(REFERENCES CITED) 323

86%E5%8F%B2%E6%B2%BF%E9%9D%A9에서 검색됨.

강동현. "PEST 분석"(PEST Analysis). 커리어너스. 2022년 10월 12일 접속 https://blog.naver.com/careerners/222631649377에서 검색됨.

국어사전. 네이버 지식백과사전 2021년 3월 20일 접속 https://search.naver.com/search.naver?where=nexearch&sm=top_hty&fbm=1&ie=utf8 &query=%EB%AC%B8%ED%99%94.

두산백과. "조직 이론." 네이버 지식백과사전 2023년 1월 5일 접속. https://terms.naver.com/entry.naver?docId=5772996&cid=40942&categoryId=31910에 서 검색됨.

위키백과. n.d. "PEST 분석" 위키백과 온라인 백과사전 2022년 4월 26일 접속. "https://ko.wikipedia.org.": https://ko.wikipedia.org/wiki/PEST_%EB%B6%84%EC%84%9D.

위키백과. n.d. "조직 이론 " 위키백과 온라인 백과사전 2023년 4월 3일 접속. https://ko.wikipedia.org/wiki/%EC%A1%B0%EC%A7%81%EC%9D%B4%EB%A1% A0.

CLC 선교학 시리즈

불확실성 시대 하나님의 선교
존 드레인 지음 | 최형근 옮김 | 신국판 | 220면

개혁하는 선교신학
찰스 밴 엥겐 지음 | 임윤택, 서경란 옮김 | 신국판 | 488면

세계 선교 역사(개정판)
허버트 케인 지음 | 변창욱 옮김 | 신국판 | 372면

변화하는 선교
데이비드 J. 보쉬 지음 | 김만태 옮김 | 크라운판 양장 | 856면

선교신학의 도전
크레이그 오트 외 지음 | 변진석 외 5인 옮김 | 신국판 양장 | 752면

21세기 선교학 개론
마이클 W. 고힌 지음 | 이대헌 옮김 | 신국판 | 508쪽

선교 전략 총론
J. 마크 테리, J. D. 페인 지음 | 엄주연 옮김 | 신국판 | 472면

현대 선교신학
안승오 지음 | 신국판 | 276면

선교로 묻고 삶으로 답하다
김기대 지음 | 신국판 | 208면

에젤 선교신학
홍정희 지음 | 신국판 | 304면

현대 선교의 목표들
안승오 지음 | 신국판 | 316면

한국 교회와 아프리카 선교
김태연 지음 | 신국판 | 335면

중국 선교 전략
한동훈 지음 | 국판변형 | 184면

동부아프리카의 문화와 세계관에 기초한 기독교 지도자 양성
강병권 | 신국판 | 332면

선교사와 긍휼 사역
박찬수 지음 | 신국판 | 404면